主　　编　孙晓勇　国家法官学院院长
　　　　　　　　　最高人民法院司法案例研究院院长
副 主 编　彭永和　最高人民法院司法案例研究院副院长
　　　　　刘　畅　最高人民法院司法案例研究院规划部主任
　　　　　黄　斌　国家法官学院科研部负责人
主编助理　边疆戈　国家法官学院科研部编辑
　　　　　赵文轩　最高人民法院司法案例研究院规划部编辑
　　　　　刘丽媛　最高人民法院司法案例研究院规划部编辑

《中国法院年度案例》编辑人员（按姓氏笔画）
刘　畅　朱建伟　朱　琳　李晓果　杨小利
罗胜华　胡　岩　赵文轩　唐世银　袁登明
曹海荣　梁　欣　程　瑛

本书编审人员　朱　琳

中国法院
2021年度案例

国家法官学院
最高人民法院司法案例研究院◎编

婚姻家庭与继承纠纷

中国法制出版社
CHINA LEGAL PUBLISHING HOUSE

《中国法院年度案例》通讯编辑名单

序

党的十八大以来，以习近平同志为核心的党中央高度重视法治在推进国家治理体系和治理能力现代化中的重要作用，中央全面依法治国工作会议更是明确习近平法治思想在全面依法治国中的指导地位，为全面依法治国提供了根本遵循和行动指南。近年来，人民法院始终将加强司法案例研究作为推进全面依法治国的重要途径，通过发布具有普遍指导意义的典型案例，统一法律适用、提高审判质量，不断推进人民法院严格公正司法。《中国法院年度案例》丛书，旨在完善中国特色案例指导制度，总结提炼典型案例的裁判规则和裁判方法，发挥司法规范、指导、评价、引领的重要作用，大力弘扬社会主义核心价值观，增强全民法治意识和法治素养，展现新时代我国法治建设新成就。

《中国法院年度案例》丛书自2012年编辑出版以来，已连续出版9套，受到读者广泛好评。近年来，为更加全面地反映我国司法审判执行工作的发展进程，顺应审判执行实践需要，响应读者需求，丛书2014年度新增金融纠纷、行政纠纷、刑事案例3个分册，2015年度将刑事案例调整为刑法总则案例、刑法分则案例2个分册，2016年度新增知识产权纠纷分册，2017年度新增执行案例分册，2018年度将刑事案例扩充为4个分册。自2020年起，丛书由国家法官学院与最高人民法院司法案例研究院共同编辑，每年年初定期出版。在全国各级人民法院的大力支持下，丛书编委会现编辑出版《中国法院2021年度案例》系列丛书，共23册。

《中国法院年度案例》丛书以开放务实的态度、简洁明快的风格，在编辑中坚持以下方法，努力把案例书籍变得“好读有用”：一是高度提炼案例内容，控制案例篇幅，每个案例基本在3000字以内；二是突出争议焦点，剔除无效信息，尽可能在有限的篇幅内为读者提供有效、有益的信息；三是注重对裁判文书的再加工，大多数案例由案件的主审法官撰写“法官后语”，高度提炼、总结案例的指导价值，力求引发读者思考，为司法工作提供借鉴，为法学研究提供启迪。

《中国法院年度案例》丛书编辑工作坚持以下原则：一是广泛选编案例。国家法官学院和最高人民法院司法案例研究院每年通过各高级人民法院从全国各地法院汇集上一年度审结的典型案例近万件，使该丛书有广泛的精选基础，优中选优，可提供给读者新近发生的全国各地多种类型的典型性案例。二是方便读者检索。为体现以读者为本，丛书分卷细化，每卷下还将案例主要根据案由分类编排，每个案例用一句话概括裁判规则、裁判思路或焦点问题作为主标题，让读者一目了然，迅速找到目标案例。

中国法制出版社始终全力支持《中国法院年度案例》丛书的出版，给了作者和编辑们巨大的鼓励。2021年，丛书将继续提供数据库增值服务。购买本书，扫描前勒口二维码，即可在本年度免费查阅往年同类案例数据库。我们在此谨表谢忱，并希望通过共同努力，逐步完善，做得更好，真正探索出一条编辑案例书籍、挖掘案例价值的新路，更好地服务社会主义法治国家建设、服务法治社会建设、服务学习研究法律的读者。

《中国法院年度案例》丛书既是法官、检察官、律师等法律工作者的办案参考和司法人员培训的实用教材，也是社会大众学法用法的经典案例读本，同时是教学科研机构案例研究的良好系列素材。当然，案例作者和编辑在编写过程中也难以一步到位实现最初的编写愿望，客观上会存在各种不足甚至错误，欢迎读者批评指正。我们愿听取各方建议，不断扩宽深化司法案例研究领域，实现中国特色案例研究事业的新发展。

国家法官学院

最高人民法院司法案例研究院

2021年2月22日

目　录

Contents

三、离婚后财产纠纷

四、同居关系纠纷

五、抚养纠纷

八、分家析产纠纷

九、继承纠纷

十、人身安全保护令

一、婚约财产纠纷

1

彩礼返还案件中“婚前给付并导致给付人生活困难”的合理认定

——张某甲诉张某乙婚约财产案

【案件基本信息】

1. 裁判书字号

山东省淄博市中级人民法院（2019）鲁03民终750号民事判决书

2. 案由：婚约财产纠纷

3. 当事人

原告（被上诉人）：张某甲

被告（上诉人）：张某乙

【基本案情】

2016年12月6日，张某甲与张某乙依据当地传统习俗举行了订婚仪式，张某甲按照习俗给付张某乙彩礼61800元。双方于2017年2月27日登记结婚。张某乙于2017年5月中旬从张某甲家离开。2018年6月22日，经法院调解张某甲与张某乙离婚。张某甲的父母均为残疾人，母亲患有乳腺癌，家庭生活困难。张某甲起诉要求依法判令张某乙返还彩礼。张某乙辩称双方已在一起共同生活，涉案彩礼大部分用于置办结婚用品及共同生活的开支费用，即使尚有剩余也不应予以返还，本案不属于法律规定的应当予以返还彩礼的情形。

【案件焦点】

张某甲要求张某乙返还彩礼有无事实和法律依据。

【法院裁判要旨】

山东省桓台县人民法院经审理认为：双方已在一起共同生活。办理结婚登记后已共同生活的，在没有证据证实存在因给付彩礼导致给付人生活困难的情况下，彩礼原则上不应返还。但是结合山东省桓台县的经济水平，张某甲给付彩礼 61800 元，数额较大，致其家庭负担较重，且双方结婚时间较短，应予以考虑适当放宽"给付人生活困难"的认定标准。因此，对张某甲要求张某乙返还彩礼的主张，应予以支持。鉴于双方虽已登记结婚，但未按照当地习俗举行结婚仪式，且共同生活时间短暂，后因张某甲起诉离婚导致双方婚姻关系解除。此外，张某乙为筹备结婚购买了婚纱等物品，双方还拍摄了结婚照。因此，涉案彩礼不应全部返还。综合考虑双方之间的感情因素、共同生活的情况、负担能力及当地的经济水平等，应以返还 60% 彩礼数额为宜，故酌定张某乙返还张某甲彩礼 37080 元。张某乙辩称彩礼已用于置办结婚用品，且双方已在一起共同生活，不应予以返还，但未能提交证据予以证明，对其主张不予采信。

张某乙不服一审判决，提起上诉。山东省淄博市中级人民法院经审理认为：张某甲向张某乙支付彩礼 61800 元，数额较大，结合张某甲家庭状况及父母身体、患病情况，客观上对张某甲家庭生活造成一定程度困难影响，且双方共同生活时间短暂，现已离婚，张某乙应当返还部分彩礼。一审判决综合诸多因素，酌定张某乙向张某甲返还彩礼 37080 元并无不当。一审判决认定事实清楚，适用法律正确，应予维持。据此，二审判决：驳回上诉，维持原判。

【法官后语】

本案主要涉及彩礼返还案件中"婚前给付并导致给付人生活困难"的合理认定问题。

彩礼是中国古代婚嫁习俗之一。我国自古以来婚姻的缔结，就有男方在婚姻约定初步达成时向女方赠送聘金、聘礼的习俗，目的是促成婚姻关系的成立，这种聘金、聘礼即为俗称的"彩礼"。这一习俗虽然历经数千年的历史演变，但目前婚前给付彩礼的现象在我国仍然相当普遍。而且随着我国经济社会的不断发展，人民生活水平日益提高，彩礼给付的数额也逐渐水涨船高，有些地方甚至出现了天价的彩礼数额。彩礼数额的不断升高客观上也成为许多困难家庭甚至普通家庭的一种较重的经济负担。而受当前各种因素的影响，离婚现象愈加普遍，尤其是许多年轻人的短婚现象频出。这也导致要求返还彩礼的纠纷不断增多。

关于彩礼返还问题，以往并无明确规定。2003 年出台的《最高人民法院关于适用〈中华人民共和国婚姻法〉若干问题的解释（二）》① （以下简称《婚姻法解释二》）第十条对此问题首次作出较为明确的规定，为彩礼返还案件的解决提供了相对明确的依据。该条规定："当事人请求返还按照习俗给付的彩礼的，如果查明属于以下情形，人民法院应当予以支持：（一）双方未办理结婚登记手续的；（二）双方办理结婚登记手续但确未共同生活的；（三）婚前给付并导致给付人生活困难的。适用前款第（二）、（三）项的规定，应当以双方离婚为条件。"但该条规定仍存在较为原则化的问题，尤其是其第（三）项中的"生活困难"只是一个概括性的说法，这造成其在实践认定中不容易正确把握。

从目前审判实践中的主流观点来看，《婚姻法解释二》第十条中的"生活困难"更多地被理解为"绝对困难"。其依据在于《最高人民法院关于适用〈中华人民共和国婚姻法〉若干问题的解释（一）》（以下简称《婚姻法解释一》）第二十七条规定，《中华人民共和国婚姻法》（以下简称《婚姻法》）第四十二条所称"一方生活困难"，是指依靠个人财产和离婚时分得的财产无法维持当地基本生活水平。《婚姻法解释二》同样作为对《婚姻法》的司法解释，其第十条中对"生活困难"的理解也应当与上述规定相一致。也就是说，这里的"生活困难"不是指"相对困难"，而应当理解为因给付彩礼导致给付人生活"绝对困难"。这种"绝对困难"应当是实实在在的困难，即因为给付彩礼造成其生活依靠自己的力量已经无法维持当地最基本的生活水平。

将"生活困难"理解为"绝对困难"是合理的，但对其内容的把握过于机械。

---

① 《中华人民共和国民法典》于 2021 年 1 月 1 日起实施，《中华人民共和国婚姻法》《中华人民共和国继承法》《中华人民共和国民法通则》《中华人民共和国收养法》《中华人民共和国担保法》《中华人民共和国合同法》《中华人民共和国物权法》《中华人民共和国侵权责任法》《中华人民共和国民法总则》同时废止。最高人民法院对相关司法解释也进行了废止或修改。本书收录的案例均裁判于《中华人民共和国民法典》生效前，适用的是当时有效的法律法规及司法解释，下文将不再对此进行提示。

《婚姻法》第四十二条规定“离婚时，如一方生活困难，另一方应从其住房等个人财产中给予适当帮助”。结合《婚姻法解释一》第二十七条对一方生活困难的解释，不难看出，《婚姻法》第四十二条规定的一方生活困难是指夫妻一方在离婚时依靠个人财产和离婚时分得的财产无法维持当地基本生活水平。这一点无论是从理论上来讲还是从实践中来看都应是一种极其特殊的情况，毕竟正常情况下夫妻离婚时已经对共同财产进行了分割，且夫妻离婚后互相之间已经属于独立个体，彼此之间也已经无扶养义务，故《婚姻法》第四十二条的这一规定其实是一种法律对于离婚时出现极端现象时的特殊应对，不应简单套用于其他普遍情形。而《婚姻法解释二》第十条中规定的则是另一种具体的普遍的情形，即婚前给付彩礼而导致给付人生活困难。这种情形从现实来看通常都是为了缔结婚姻关系由男方家庭出资将彩礼在婚前交付于女方。即便是在双方登记结婚后，彩礼款一般都视为女方的个人财产，原则上女方在婚姻缔结后也无须返还彩礼。但司法解释之所以规定“婚前给付并导致给付人生活困难”彩礼可返还情形，就是考虑到现实中彩礼通常数额较大且呈不断增多趋势，客观上已经成为许多男方家庭的一种较重的经济负担，而这种现象又带有普遍性；从实践看，要求返还彩礼的情形往往均为双方结婚时间短。在此情况下，如果仍简单套用对《婚姻法》第四十二条这一特殊情形下的规定解释“生活困难”，显然不具有合理性，也不符合公平原则。因此，对于《婚姻法解释二》第十条规定的“生活困难”，可以理解为一种绝对困难，但其程度不宜按照《婚姻法解释一》第二十七条对一方生活困难的解释来判定，即不应非要达成男方家庭因给付彩礼而无法维持当地基本生活水平这一相对苛刻的标准。换句话说，如果给付人给付的彩礼数额较大，对于当地家庭而言负担较重，即给付彩礼客观上确实对给付人的家庭生活造成一定程度困难影响的，在双方结婚时间较短的情况下，可以认定构成给付人生活困难并判决另一方适当返还彩礼。具体返还数额则应根据当地经济发展水平和家庭经济情况并结合双方之间的感情因素、婚姻持续时间、共同生活情况、负担能力等综合考虑加以合理确定。本案即是如此。结合山东省桓台县的经济水平，张某甲给付彩礼61800元，数额较大，对于当地家庭而言确实是一个较为沉重的负担，且双方结婚时间偏短，故本案应当考虑支持张某甲要求张某乙返还彩礼的主张。关于应返还的彩礼数额，综合考虑双方之间的感情因素、共同生活的情况、负担能力及当地的经济水平等，酌情确定返还彩礼的数额以60%为宜，亦属相对公平合理。本案一、二审法院对本案彩礼返还问题的处理坚持了对法律和司法解释的正确理解，处理结果公平合理，该案判决实现了法律效果和社会效果的有机统一。

编写人：山东省淄博市中级人民法院　荣明潇　杨富元　朱倩茹

2

少数民族风俗习惯可直接作为涉彩礼返还纠纷司法裁判的依据

——刘某诉吴某芳等婚约财产案

【案件基本信息】

1. 裁判书字号

湖南省湘西土家族苗族自治州中级人民法院（2019）湘31民终1403号民事判决书

2. 案由：婚约财产纠纷

3. 当事人

原告（被上诉人）：刘某

被告（上诉人）：吴某芳

被告：吴某成、欧某云

【基本案情】

被告吴某成、欧某云系被告吴某芳父母。2018年11月，原告刘某经媒人介绍与吴某芳相识后，按照被告要求，在媒人见证下，于被告家中将149800元（包含礼金120000元、三金费用15000元及酒席费用14800元）送给三被告，刘某与吴某芳于2018年11月22日按照农村习俗举办婚礼，2019年2月1日在湖南省花垣县民政局登记结婚，同年2月14日两人一起外出务工，同年6月双方发生争吵后一起辞职回家，吴某芳回娘家居住，与刘某未共同生活。后刘某认为与吴某芳不能共同生活，没有夫妻感情，且因送彩礼已造成其家庭生活困难，遂向一审法院提起诉讼，请求法院判决离婚并要求被告方返还原告彩礼149800元。诉讼中，吴某芳与刘某经法院调解，于2019年8月12日协议离婚。一、二审法院认定：彩礼没有争议的部分：购买三金首饰原告出资15000元，三金首饰现由吴某芳保管使用；刘某给付三被告礼金120000元，其中52588元三被告已用于购买嫁妆，现嫁妆置于刘某家中，双方均同意抵扣礼金。彩礼有争议的部分：刘某主张支付女方酒席钱14800元，三被告辩称只收到14000元，依据双方陈述和证人证言，法院认定刘某向女方支付酒席钱为14800元；被告方以两张光盘为据，拟证明还购买其他嫁妆花费20000余元，法院认为，两张光盘拍摄的内容为婚礼活动现场实况，拍摄内容多，事项不特定，无法据此认定嫁妆详情及价格，且拍摄光盘是为了结婚纪念，不能达到被告方证明目的，故对吴某芳家一方关于另外购买其他嫁妆花费20000余元的主张不予认定。

被告吴某芳向二审法院申请证人吴某强、向某芳、吴某重作证，三证人证明吴某芳与刘某离婚前共同生活。对上述证人证言，法院予以采信。

【案件焦点】

刘某所诉彩礼是否应当返还以及如何返还。

【法院裁判要旨】

湖南省花垣县人民法院经审理认为：彩礼是否应当返还以及如何返还应当坚持公平原则，充分考量当地风俗习惯予以确定。彩礼是否应当返还：送彩礼是我国的婚嫁习俗，是以缔结婚姻为目的的赠与行为。刘某与吴某芳在婚姻关系存续期间未能真正开启正常的夫妻生活。诉讼中，双方已协议离婚，缔结婚姻的目的已无法实现并且现刘某家庭生活困难，故被告方收取的彩礼应当合理合法地予以返还。

彩礼如何返还：收受彩礼系被告吴某芳、吴某成、欧某云三人的共同行为，三人应承担连带返还责任。（一）因首饰具有佩戴性、依附性、专属性，15000元的三金首饰仍然由吴某芳享有为宜，故吴某芳家返还刘某15000元；（二）14800元的酒席钱属于消费性支出，认定为刘某自愿负担更符合当地的风俗习惯，故该

14800 元不予返还；（三）礼金 120000 元，其中有 52588 元女方已用于购买嫁妆，嫁妆现置于刘某家中，当事人双方均主张以该部分支出抵扣礼金，尚余 67412 元（120000 元 - 52588 元），依据公平原则，结合当地风俗习惯，剩余礼金应返还 60% 即 40447.2 元（67412 元 × 60%）。

吴某芳不服一审判决，提起上诉。

湖南省湘西土家族苗族自治州中级人民法院于 2019 年 10 月 24 日作出民事判决：驳回上诉，维持原判。

【法官后语】

本案裁决应把握和处理好以下几方面关系。

一、司法裁判向来以实现法律效果与社会效果的统一为目标

送彩礼是我国的婚嫁习俗，是以缔结婚姻为目的的附解除条件的赠与行为，当结婚的目的未能达到时，这种赠与的解除条件即已实现，受赠方理应返还。具体到本案，如果法官机械地按照原《婚姻法》规定判定彩礼不予返还，不采纳、不运用当地民族风俗习惯作为说理手段适用到纠纷解决中，裁判彩礼返还原告，那么该案将无法获得妥善处理，判决结果很难达到预期的社会效果、获得当地少数民族社会文化所认可，原告由于生活困难等因素必将上诉、上访。

二、本案将民族风俗习惯直接作为涉彩礼返还纠纷司法裁判的依据，于法有据

我国少数民族风俗习惯不管在调解中，还是司法裁判中，都起到十分重要的作用。但是，从实地调查和中国裁判文书中适用的各种习惯司法判决文书看，很少有直接作为司法判决的规范依据，甚至在裁判文书中很少出现风俗习惯的表述。分析中国司法出现这种现象的原因，主要是我国国家法中很少明确规定可以直接适用习惯。这导致适用习惯裁判缺乏法律依据，使大部分法官不敢贸然在判决中直接援引习惯作为依据，在判决时，法官一般会凭借自身经验和智慧，运用相关法律所授予的自由裁量权，对习惯加以“技术性转化”或以法律的外衣对习惯重新解读，再选择相关条文作为依据，通过该原则灵活地作出符合当地习惯的判决。但事实上，2017 年随着《民法总则》第十条的生效，民俗习惯在国家法中获得了正式法律渊源地位，法官直接适用民俗习惯裁判纠纷，于法有据。本案的一、二审法院援引当地风俗习惯，在裁判文书中直接表述说理，并作为裁判彩礼返还的根据，是我国司

法对《民法总则》第十条又一次重要的实践探索。

三、本案的裁判，让风俗习惯成为裁量彩礼返还标准的依据，为司法实践开创了彩礼返还方式的参考新范式

本案中，一、二审法院判定：结婚时购买的三金首饰由实际占有人吴某芳享有、已购买且现置于原告家中的嫁妆由刘某享有，这是法官树立的尊重当地风俗习惯的裁判理念，即裁判实物的归属时，以“实物当前所处位置、人对实物的实际使用价值与情感认同”为标准。而判定14800元的酒席钱不予返还、礼金120000元中尚余的67412元应按60%即40447.2元返还，这是法官在坚持公平原则的前提下，根据当地风俗习惯，分别秉持了“消费性支出不作彩礼返还，缔结婚姻时间长短、缔结婚姻目的不能实现时的剩余礼金酌情返还的标准”。因此，本案的裁判对日后风俗习惯在涉彩礼返还纠纷中的适用具有重要的案例指导价值。

编写人：湖南省花垣县人民法院　吴安荣　罗诗华

3

女方对彩礼给付事实全部否认时，彩礼应否返还

——裴某某诉陈某甲等人婚约财产案

【案件基本信息】

1. 裁判书字号

河南省濮阳市中级人民法院（2018）豫09民终1092号民事判决书

2. 案由：婚约财产纠纷

3. 当事人

原告（被上诉人）：裴某某

被告（上诉人）：陈某甲

被告：陈某乙、武某某

【基本案情】

陈某乙、武某某系女方陈某甲父母。介绍人陈某丙、赵某某，其中陈某丙系男方裴某某同村街坊，与武某某系熟人关系。媒人赵某某，与男方不认识，与女方是同村街坊。“见小面、见大面、送好”均是当地的婚俗。

男方裴某某与女方陈某甲经陈某丙、赵某某二人介绍，按照当地农村风俗，于2017年农历二月初二“见小面”，在陈某甲家中，陈某丙、赵某某经手，给陈某甲及其父母2000元现金。通过陈某丙、赵某某，裴某某与陈某甲商定于2017年农历四月初十“见大面和送好”。当日，裴某某与亲属及介绍人陈某丙、赵某某等人一同去陈某甲家中，陈某丙、赵某某与裴某某母亲同乘一辆轿车，带去四件套、被子、瓜子、糖等物品，陈某丙、赵某某经手清点现金后，将现金包裹在被子里。在陈某甲家的堂屋里间，陈某丙、赵某某将102600元现金交付于武某某，陈某甲也在现场。陈某甲及其父母向裴某某回礼1000元。后双方未对结婚事宜达成一致意见，未能结婚。裴某某认为在协商结婚时陈某甲提出的物质条件过高，其无法承担，导致无法缔结婚姻。故向法院提起诉讼，请求判令陈某甲、陈某乙、武某某返还彩礼款103600元及彩礼物品。

【案件焦点】

鉴于彩礼给付方式的特殊性，在陈某甲、陈某乙、武某某均否认收到彩礼的情况下，如何认定彩礼是否实际给付。

【法院裁判要旨】

河南省南乐县人民法院经审理认为：裴某某与陈某甲订立婚约，因彩礼款问题产生纠纷，裴某某诉至法院，法院应当受理并依法予以审理。本案裴某某要求陈某甲、陈某乙、武某某返还彩礼款的诉求，由证人陈某丙、赵某某证言与裴某某陈述相佐证，可以认定陈某甲、陈某乙、武某某收受彩礼款103600元的事实，因给付彩礼给裴某某造成了一定的经济困难，裴某某、陈某甲因故未能确立婚姻关系，陈某甲、陈某乙、武某某依法应予返还彩礼款103600元（2000元+102600元-1000元）。关于裴某某所陈述给付陈某甲、陈某乙、武某某物品的诉求，系其为订婚自愿赠与物品，不予支持。综上所述，陈某甲、陈某乙、武某某应当依法返还裴某某彩礼款103600元。依照《最高人民法院关于适用〈中华人民共和国婚姻法〉若干问题的解释

(二)》第十条、《中华人民共和国民事诉讼法》第一百四十四条规定，缺席判决：

陈某甲、陈某乙、武某某于本判决生效后十日内返还给裴某某彩礼款103600元。

陈某甲不服一审判决，提出上诉。其主要事实和理由：1. 一审程序违法。一审法院在明知陈某乙、武某某外出打工的情况下，仍采用在家张贴传票的方式留置送达，在没有通知其二人的情况下缺席开庭不当。一审法院就本案件发两次传票开两次庭，与效率原则和集中原则相违背。陈某甲代理人参加一审庭审并在庭审笔录上签字，一审采用缺席判决的方式不当。2. 一审认定事实不清。其没有收到所谓的彩礼款，一审法院仅依据裴某某的陈述及介绍人陈某丙、赵某某的证言就认定陈某甲收到了彩礼，属认定事实不清。

二审期间，裴某某提供了2017年5月4日（农历四月初九）其母亲姚某某在中国工商银行股份有限公司南乐支行取款102444.17元（存款本金100000元、利息2444.17元）的取款凭证、其与陈某甲的通话录音。

河南省濮阳市中级人民法院经审理认为，关于彩礼问题，裴某某提供了其与陈某甲的微信聊天记录、通话录音、银行取款凭证、证人证言等证据，一审开庭时陈某丙、赵某某出庭接受询问，上述证据可以证明裴某某、陈某甲经人介绍后开始交往，按照当地风俗习惯，裴某某通过陈某丙、赵某某给付陈某甲家彩礼102600元，且裴某某提供的银行取款凭证证明了彩礼款的来源。陈某甲虽对裴某某的主张予以否认，但其并未提供相关证据予以证明，因此陈某甲称其未收到彩礼款的上诉请求，不予支持。二审法院亦对陈某甲提出的一审程序问题进行了审查。

河南省濮阳市中级人民法院依照《中华人民共和国民事诉讼法》第一百七十条第一款第（一）项规定，作出如下判决：

驳回上诉，维持原判。

【法官后语】

在我国，婚约是一种重要的民间习惯并对人们的社会生活产生重要影响。按照我国的民间婚俗，订婚的男女往往会有一些财物往来，俗称彩礼。虽然婚约对当事人并无法律上的约束力，解除婚约也不需要诉诸法律程序，但因解除婚约往往会产生向对方索还彩礼的情况，因而产生财产纠纷。

在司法实践中，婚约财产类案件中的女方一般对男方为订婚而给付彩礼的事实予以认可，只是对给付彩礼的数额持有异议，认为男方主张返还彩礼的数额偏高；或者以彩礼已用于双方共同生活为由进行抗辩，拒绝返还。这类案件审查的重点是女方是否符合返还彩礼的条件。本案与一般彩礼返还案件的不同之处在于，女方及其父母对男方给付彩礼的事实予以全部否认。一审中，女方陈某甲的父母陈某乙、武某某未出庭应诉，致本案缺席判决，陈某甲上诉时亦对一审程序提出异议。因此，彩礼是否实际给付及给付的数额，成为本案的争议焦点和审查重点。

根据证据规则，在女方否认收到彩礼的情况下，应当转由男方对其给付彩礼的事实和数额进行举证。由于婚约财产案件的特殊性，给付彩礼没有明确的书面合同约定，当事人一般无法提供书证、物证、视听资料等证明力较强的证据，这就需要主张给付彩礼事实的男方提供彩礼款项的来源、交付彩礼的过程、与女方就订婚特别是彩礼相关问题的聊天记录、女方及其家长实施的与订婚特别是彩礼有关的行为、介绍人的证言等。上述证据一般为间接证据，证明力较弱，故要求男方所举证据能够形成彩礼已支付的完整的证据链条。本案中男方裴某某提供的证据有证人证言、银行取款凭证、裴某某与陈某甲的微信聊天记录、通话录音。首先，取款凭证证明裴某某母亲于“见大面”前一天，将其名下的存单连本带息从银行取款102444.17元，说明了彩礼款项的来源，能够间接证明给付彩礼的事实。其次，两位介绍人的证言能够证明彩礼支付的经过。根据风俗习惯，介绍人是男女双方相识、订婚的见证人，其亲历事件的经过，且往往是交付彩礼的经手人。本案的两位介绍人出庭对“见小面、见大面、送好”时给付彩礼的情况进行陈述，对给付彩礼的经过、数额等具体情节予以说明，其证言应属于原始证据，证明力较强。最后，裴某某与陈某甲的聊天记录、通话录音，能够证明陈某甲曾认可彩礼已给付的事实。该类证据记录了双方交往的事实经过，包括因彩礼数额问题发生争执的事实。该录音并非以侵害他人合法权益或法律禁止的方法取得，亦应予以采信。综上，裴某某提供的证据能够证明其给付彩礼的事实。加之日常生活经验法则的补强，因为根据当地农村风俗，“见小面、见大面、送好”时男方均应向女方给付彩礼，这是订立婚约的必经程序，裴某某和陈某甲已经进入商谈结婚的阶段，说明之前的订婚程序已经完成，裴某某已经给付彩礼的概率显然大于未给付彩礼的概率，这就更增加了法官对彩礼已支付的内心确信。而陈某甲及其父母称其从未收到彩礼，既未进一步提供新的证据，亦与当地风俗不符，其简单的否认不能获得法律的支持。

需要说明的是，鉴于双方在诉讼中争议较大，二审进一步审查了彩礼款项来源、证人证言、男女双方的聊天记录等证据的真实性、关联性、合法性，综合日常生活经验法则进行判断。并对陈某甲提出的一审程序问题进行审查，并未发现一审程序违法的情形，从而认定男方给付彩礼事实的存在，驳回了女方的请求。该案的审理，能够引导当事人在民事诉讼活动中遵循诚实信用原则，进而为培育文明乡风，不断提高乡村社会文明程度，促进农村移风易俗，弘扬社会主义核心价值观提供了司法案例示范。

编写人：河南省濮阳市中级人民法院　王利霞

二、离婚纠纷

4

不以共同生活为目的的婚姻关系效力问题

——蒋某诉王某离婚案

【案件基本信息】

1. 裁判书字号

北京市朝阳区人民法院（2019）京0105民初42197号民事判决书

2. 案由：离婚纠纷

3. 当事人

原告：蒋某

被告：王某

【基本案情】

蒋某与王某系经人介绍相识，于2018年5月29日登记结婚，双方均系再婚，婚后未生育子女。蒋某以双方草率结婚，且自结婚起并未共同生活，未能建立深厚的感情基础为由要求离婚，以使其从这段名不副实的婚姻中得以解脱。王某则称，双方登记结婚是因为蒋某要出售自己名下的北京市机动车购车指标；双方自相识至本案诉讼共见面三次，第一次见面是至民政部门办理结婚登记，第二次见面是至车管部门办理车辆过户手续，第三次见面是离婚诉讼。王某在庭审中认可其与蒋某登记结婚后并未共同生活，但不同意离婚，因为双方之间的债务问题尚未处理清楚；起初双方商谈蒋某共向王某转让数个购车指标，谈妥价格及付款方式后，双方至民政部门办理结婚登记；此后不久，双方即完成了三辆车的变更登记，但之后由于蒋某反悔并提出涨价，双方未谈妥，剩余购车指标亦未能过户。

【案件焦点】

不以共同生活为目的的婚姻关系效力应如何认定。

【法院裁判要旨】

北京市朝阳区人民法院经审理认为：夫妻感情是维系婚姻关系的基础。蒋某、王某均系再婚，登记结婚并非以共同生活为目的，婚后亦未实际共同生活、无共同子女，未能建立夫妻感情。王某虽不同意离婚，但理由主要系基于债务尚未处理清楚。现无证据显示双方有建立夫妻感情、共同生活的可能，故蒋某请求离婚，予以支持。

依照《中华人民共和国婚姻法》第三十二条、《中华人民共和国民事诉讼法》第六十四条第一款规定，判决如下：

准原告蒋某与被告王某离婚。

【法官后语】

本案的争议焦点是蒋某与王某的婚姻关系解除。婚姻关系解除的前提是该婚姻关系是合法有效的婚姻关系。本案蒋某与王某登记结婚建立婚姻关系，并非以共同生活为目的，那么本案涉及的问题为不以共同生活为目的的婚姻关系效力应如何认定。

一、婚姻无效的概念及法律规定

“婚姻无效，是指男女两性的结合因违反了法律规定的结婚要件而不具有法律效力的一种婚姻形式，其实质是违法婚姻。”1994年，国务院批准发布的《婚姻登记管理条例》规定了未到法定结婚年龄的公民以夫妻名义同居的，或者符合结婚条件的当事人未经结婚登记以夫妻名义同居的，其婚姻关系无效，不受法律保护；申请婚姻登记的当事人弄虚作假、骗取婚姻登记的，婚姻登记管理机关应当撤销婚姻登记，对结婚、复婚的当事人宣布其婚姻关系无效并收回结婚证，对离婚的当事人宣布其解除婚姻关系无效并收回离婚证，并对当事人处以200元以下的罚款。该条例明确了婚姻无效的情形，并赋予婚姻登记管理机关宣布婚姻关系无效的权力。

2001 年修改后的《中华人民共和国婚姻法》（以下简称《婚姻法》）首次以法律的形式确立了婚姻无效制度以及法院可以受理宣告婚姻无效案件。2020 年，《中华人民共和国民法典》第一千零五十一条规定："有下列情形之一的，婚姻无效：（一）重婚；（二）有禁止结婚的亲属关系；（三）未到法定婚龄。"

二、不以共同生活为目的的婚姻关系的性质认定

目前，我国部分省市实行房屋限购政策、车辆限购政策，这些限购政策虽然会以家庭为单位，又与户籍相关，但夫妻双方在婚姻关系存续期间或在离婚分割财产时，转移房屋、车辆的登记不受限购政策的影响。因此一些群体通过"结婚"又"离婚"的方式，规避限购政策，"弥补"指标资格缺失，通过离婚时的财产分割，进行房屋、车辆的转移登记，实现购房、购车目的。此过程中，双方的"结婚"行为与传统社会伦理概念下的结婚完全不同，其目的是进行房屋、车辆的交易，并非以共同生活为目的，双方也未建立夫妻感情，可认定为通谋虚伪的婚姻关系。

三、通谋虚伪的婚姻关系的效力问题

《中华人民共和国民法总则》第一百四十六条规定："行为人与相对人以虚假的意思表示实施的民事法律行为无效。以虚假的意思表示隐藏的民事法律行为的效力，依照有关法律规定处理。"本案中，蒋某与王某之间通谋虚伪的婚姻关系能否适用该规定认定为无效是核心问题。蒋某与王某登记结婚，婚姻关系存续期间，蒋某将其名下的北京市机动车购车指标转让给王某；转让购车指标是蒋某与王某登记结婚的目的，属于动机范畴，但动机不是意思表示的构成要件。蒋某与王某结婚虽另有目的，但双方就结婚的真实意思表示一致。此种婚姻关系效力的认定及处理，不仅关系到双方真实交易的财产问题，更重要的是关乎双方身份关系的认定；因此，蒋某与王某的婚姻关系效力问题还应按照原《婚姻法》第十条进行判断，不具备第十条列举的情形，即不应认定无效。

编写人：北京市朝阳区人民法院　陈扬

5

夫妻房产赠与的认定及法律适用选择

——朱某诉倪某离婚案

【案件基本信息】

1. 裁判书字号

上海市闵行区人民法院（2019）沪0112民初1919号民事判决书

2. 案由：离婚纠纷

3. 当事人

原告：朱某

被告：倪某

【基本案情】

原告朱某与被告倪某于2013年9月9日登记结婚，2015年5月26日生育一子朱某甲。

结婚登记日，原、被告双方作为买受人签订房地产买卖合同一份，购买房屋一套，合同转让价为160万元，实际总价为230万元。被告作为借款人签订个人住房组合抵押借款额合同一份，公积金贷款60万元、商业性贷款50万元，用于购买该房屋，原告作为抵押人于落款处签字。房屋产权登记于原、被告名下。截至2019年6月24日，该房屋公积金贷款剩余借款本金为376666.89元、商业贷款剩余借款本金为360416.89元。2019年5月8日，上海信衡房地产估价公司就吴宝路房屋的市场价值出具房地产估价报告，估价结果为估价对象在全部假设和限制条件下的市场价值为408万元。为此，原告支付评估费11000元。

2016年6月15日，朱某父亲朱某乙报警称：×××路×××号×××室发生家庭纠纷，请民警到场处理。民警到场后，告知双方自行协商解决。

被告持有原告于2016年6月25日书写的信函一份，主要内容为：“最近我们两家人的关系急转直下，到了快要无法挽回的情况，我认为主要的原因是我在两家关系之间没有起到应该有的作用……在这里我代表我妈和我三伯伯向倪某和我岳母大人进行道歉：对不起。并且我保证在今后的日子里，要经常审视自己是否在处理双方关系的问题中起到了润滑剂的作用，不能再像以前那样处理问题，该说的一定要明确地表达出来，要多站在对方角度考虑问题。希望在今后的日子里，大家的心情都能缓和过来，使生活走上正轨。”

同年7月16日，原、被告双方签订《婚内协议书》，载明：男女双方于2013年9月9日领取结婚证，婚后有一处共同房产，位于×××，现协议此套房产归女方一人所有。

原告朱某向本院提出诉讼请求：1. 判令原、被告双方离婚；2. 依法分割夫妻共同财产；3. 判令婚生子朱某甲由原告抚养，被告每月支付抚养费1500元（人民币，下同），至朱某甲18周岁止。诉讼中，原告陈述系争房屋首付款120万元，由其向父母借款1123000元以及个人存款77000元支付。被告提供的《婚内协议书》，系原告在受到被告及其母亲胁迫下书写，并非其真实意思表示，即便协议有效，双方并未就相关房屋完成变更登记，其有权撤销对被告相关房屋份额的赠与，故要求该房屋归原告所有，原告向被告支付35%房屋产权的折价款。被告认为其出资10万元用于吴宝路房屋首付，根据原、被告双方签订的《婚内协议书》，属于夫妻财产约定，应归被告一人所有。

【案件焦点】

原、被告双方所签的《婚内协议书》属于“夫妻赠与约定”还是“夫妻财产约定”。

【法院裁判要旨】

原、被告双方名下的吴宝路房屋，系原、被告双方婚后购买，且登记于原、被告双方共同名下，属双方夫妻共同财产性质。

被告依据原告签字确认的《婚内协议书》主张该房屋归其一人所有，但根据协议的内容，财产处分仅涉及吴宝路房屋，且仅包含原告所享有的产权份额无偿归被告所有之意思。双方于2016年6月爆发家庭矛盾，从该《婚内协议书》的制定背景、双方当事人的日常生活、分居时间等来判断，应认定朱某有极力挽回夫妻感情、婚姻关系之意图，故而写下该协议。因此，根据《婚内协议书》载明的内容及形成过程，协议书应理解为原告将其产权份额赠与被告之意思表示，属夫妻间房产赠与协议。鉴于该房屋并未办理产权变更手续，现原告要求撤销赠与的主张，符合相关法律规定，本院予以采纳。

据此，依照《最高人民法院关于适用〈中华人民共和国婚姻法〉若干问题的解释（三）》第六条规定，判决如下：一、准予原告朱某与被告倪某离婚；……四、登记于原告朱某与被告倪某名下房屋（含房屋内家具家电）归被告倪某所有，该房屋剩余贷款由被告倪某负责清偿；被告倪某于本判决生效之日起十日内向原告朱某支付房屋产权折价款145万元，原告朱某应于被告倪某支付前述款项之日起十日内协助被告倪某办理产权变更手续，由此产生的相关费用，依据有关规定各自负担。

一审宣判后，被告不服，提起上诉。二审法院审理后判决：驳回上诉，维持原判。

【法官后语】

本案主要难点在于夫妻间房产赠与协议的认定及法律适用选择。总体而言，夫妻互赠房产的约定应属于夫妻财产约定的一种，《最高人民法院关于适用〈中华人民共和国婚姻法〉若干问题的解释（三）》第六条的法条依据之一就是《中华人民共和国婚姻法》第十九条，可理解为是将夫妻之间有关房产具有赠与意思表示内容的约定予以特别规范调整，这两个条文的关系可理解为特殊与一般的关系。本案中，从协议文本内容、协议形成原因及协议关联因素三方面入手，落脚于当事人意思表示内容的审查，判断是“夫妻赠与约定”还是“夫妻财产约定”，进而做出法律适用选择。

1. 从协议文本内容入手，审查协议有无赠与合同“单务、无偿”之特性。夫妻财产协议具有“财产内容复合”和“权利义务复合”的特点。当协议标的财产为所有权种类、性质不同的多个婚姻财产时，无偿性与否就应审查有无受赠一方在其他夫妻财产折价上取得对价之可能。当协议另有诸如夫妻忠诚义务等以婚姻关系为内容的其他约定时，该约定内容会对赠与合同的“单务性”产生冲击，不易按照一般财产法上的赠与规则处理。

2. 从协议形成原因入手，审查协议赠与之动因是否以夫妻关系为前提。夫妻赠与之通常动因有二：一是情谊表达性质的赠与；二是行为补偿性质的赠与，包括贡献补偿和过错补偿。与之相对，非赠与性质的夫妻财产协议，则以婚姻析产为主要内容，旨在就个人财产与夫妻共同财产进行分割及确认，常见于夫妻财产发生重大变化时，如房屋因动拆迁而发生产权置换时，又见于再婚、复婚时，后者应视为夫妻财产约定依据《中华人民共和国婚姻法》第十九条调整为宜。

3. 从协议关联因素入手，审查有无与协议内容前后不一致的意思表示情形。当夫妻双方就同一房产的归属问题存在前后多个意思表示，且各意思表示不一致时，应从整体性角度出发，将该约定归入夫妻财产约定适用《中华人民共和国婚姻法》第十九条之规定，不宜单独对其中部分符合赠与性质的房产约定单独予以评价。尤其需注意，物权变更登记本身亦是意思表示的方式之一，在夫妻一方作出赠与房产的意思表示之后，赠与合同尚未履行之前，即未办理房屋产权变更登记手续之前，出现了与前意思表示内容相冲突的其他物权变更登记行为，则应视为该所有权变动的物权登记行为对原协议内容的变更。

编写人：上海市闵行区人民法院　陈献茗　黄湛

6

夫妻共同债务可能涉及债权人诉讼权利和举证责任时，债务问题不宜在离婚诉讼中一并处理

——李某某诉彭某某离婚案

【案件基本信息】

1. 裁判书字号

北京市顺义区人民法院（2019）京0113民初10422号民事判决书

2. 案由：离婚纠纷

3. 当事人

原告：李某某

被告：彭某某

【基本案情】

李某某与彭某某于2009年12月23日登记结婚，婚后双方与李某某的父母共同居住于北京市顺义区××镇××村。2010年9月2日，双方生育一女李甲。原告李某某起诉称：1. 请求判令原告、被告离婚。2. 婚生女李甲归原告抚养，被告每月支付抚养费600元。3. 案件受理费由被告负担。

庭审中，双方均表示同意离婚并就财产分割和子女抚养的方案基本达成一致。但对被告提出的诉讼请求：夫妻共同债务，包括建房借款7万元要求双方各承担一半，购车借款3万元原告自行承担2万元，由被告承担1万元，原告不予认可且不同意承担。

关于被告主张的两笔借款，被告称3万元的借款是用来买车的，7万元的借款是用来修建原、被告共同居住的农村房屋，且对于这两笔借款的存在原告是知情的。原告称对被告所称的两笔借款均不知情，且认为不存在借款的事实，购置车辆双方有经济实力，建房是原告父亲出资，不需要借款。被告提供了2张借条作为证据，其中，金额为3万元的借条上载明：借款人为被告，出借人为薛某某，借款期限自2017年12月23日至2022年1月1日共48个月，全部于2022年5月1日还清。该借条约定了违约金和其他违约责任，落款处有借款人彭某某、出借人薛某某、担保人曹某某签字并按手印。金额为7万元的借条上载明：借款人为被告，出借人为王某某，借款期限自2015年7月16日至2020年5月16日共58个月，全部于2020年7月16日还清。该借条约定了违约金和其他违约责任，落款处有借款人彭某某、出借人王某某、担保人孙某某签字并按手印。在原告对借条提出细节上的质疑后，被告称两张借据并非借款当时出具，而是后补。出借人薛某某在出庭作证的过程中描述了其借款给被告的过程，经法院向另一位出借人王某某调查，王某某亦认可借款经过。原、被告双方对这两份证人证言及王某某的谈话笔录均未发表新的质证意见。

【案件焦点】

被告主张的两笔借款是否实际存在以及是否属于夫妻共同债务。

【法院裁判要旨】

北京市顺义区人民法院经审理认为：关于被告提出两笔债务应作为夫妻共同债务由原告共同承担相应的份额的诉讼请求，原告既不认可借款的实际发生，亦不认可其对这两笔借款知情，故举证责任应当由被告承担。根据《最高人民法院关于审理涉及夫妻债务纠纷案件适用法律有关问题的解释》（以下简称《解释》）第一条规定："夫妻双方共同签字或者夫妻一方事后追认等共同意思表示所负的债务，应当认定为夫妻共同债务。"由于被告所提供的两张借条上均只有被告一方的签字，虽然被告提供了录音举证原告对于上述债务知情，但是在该录音中，一方面并无原告对上述具体债务明确予以认可的有关内容，另一方面原告也没有作出追认上述债务的意思表示，故本案中被告所主张的两笔债务并不属于《解释》第一条规定的认定夫妻共同债务的情形。至于是否能够以夫妻一方在婚姻关系存续期间以个人名义所负的债务中的特定情形来主张共同债务成立，本院认为，即使这两笔债务本身能够成立，在此情形之下，对债务本身是否实际成立以及是否能够认定为夫妻共同债务的问题实际涉及案外人，即债权人和担保人的利益，且可能涉及债权人的诉讼权利和举证责任。故上述债务问题不宜在原、被告的离婚诉讼中一并处理，所涉及的双方之间以及双方与债权人之间的纠纷，应当另案解决。

综上，依照《中华人民共和国婚姻法》第三十二条、《最高人民法院关于民事诉讼证据的若干规定》第二条、《解释》第一条、第二条、第三条之规定，作出如下判决：

一、准予李某某与彭某某离婚；

二、双方生育之女李甲由彭某某抚养，李某某于本判决生效之次月起，每月十日前支付抚养费900元，至李甲年满18周岁时止；

三、自本判决生效之日起，车牌号为×××的雪佛兰小轿车归彭某某所有，彭某某给付李某某折价款8350元；

四、驳回李某某的其他诉讼请求；

五、驳回彭某某的其他诉讼请求。

【法官后语】

本案的裁判思路反映了近十年间，法院在夫妻共同债务认定上的认识变化，即认定标准逐渐趋向严格的变化趋势。2018年1月《解释》的出台正是这一趋势的集中反映。夫妻共同债务认定问题是一个异常复杂的法律问题，其复杂性源于：一方面，在具体案件中，保护债权人的利益的法律价值与保护夫妻中非直接举债人一方的利益的法律价值时有冲突；另一方面，婚姻家庭纠纷涉及情感关系，婚内的举债也常常发生在亲友之间，熟人社会中复杂的亲疏关系会成为案件审判中，当事人和证人进行虚假陈述，甚至不惜伪造证据的动因，给法庭调查带来很大的挑战。

2003年最高人民法院出台《最高人民法院关于适用〈中华人民共和国婚姻法〉若干问题的解释（二）》后，在司法实践中，夫妻一方在婚内的举债在很大程度上可以说是以认定为共同债务为一般，以认定为个人债务为例外，这是为了应对当时多发的"假离婚、真逃债"问题。但是十多年来，人民的家庭财产结构和理财方式发生了巨大的变化，债务风险亦有所扩大，夫妻一方与债权人恶意串通损害另一方利益的事件时有发生，"被举债一方"在毫不知情的情况下背负大量债务的情况成为现实。如果一直遵循原有规则裁判，是有碍公平的，且会引发社会不满。近年来，一方面相关裁判规则不断完善，另一方面司法实践中对裁判思路也变得相对灵活，以适应社会现实的变化。《解释》的出台就是上述变化的集中反映，至此我们处理相关问题也有了更为明晰的法律依据。

适用《解释》时，还应注意到婚姻家庭纠纷的案外人，即债权人的诉讼权利问题。根据《解释》中的规定，夫妻双方共同签字或一方事后追认等共同意思表示的所负债务是典型的夫妻共同债务。在没有上述共同意思表示的情况下，是否认定为夫妻共同债务则要区分是否属于为家庭日常生活所需债务，如果属于，债权人以夫妻共同债务为由主张权利就能得到法院的支持；如果超出了家庭日常生活需要所负的债务，除非债权人能够证明该债务用于夫妻共同生活、共同生产经营或夫妻共同意思表示，否则债权人以夫妻共同债务为由主张权利将无法得到法院的支持。可见，债权人主张、债权人举证也是认定夫妻共同债务是否成立的一环，但是在离婚纠纷或离婚后财产纠纷的诉讼中，债权人作为案外人，无法享有与案件当事人同等的诉讼权利和义务，故在这种情况下，对夫妻共同债务的认定须谨慎，必要时应该为债权人另行起诉留有余地。

在本案判决的过程中，承办人最初想以减少当事人的诉累为出发点，就夫妻共同债务作出是非认定，但经过分析发现，这样的处理方式在本案中并不可取。从证据上来看，一是现有证据无法证明原、被告双方在借债上存在共同的意思表示；二是被告虽然提供了借条并申请出借人出庭作证以证明借款事实，但是当原告在庭审中指出上述证据的疑点后，被告承认借条是后补的，且称借款均以现金形式给付，就钱款的交割亦无法提交证据予以佐证。可见，本案中关于借款是否实际发生以及借款的实际用途，这两个主要待证事实并非十分确凿。在这种情况下，如果对夫妻共同债务直接作出认定，等于是忽视了债权人的诉讼权利，特别是其举证权，是有悖公平的。

编写人：北京市顺义区人民法院　陈英　朱子健

7

夫妻一方不履行扶养义务时，如何认定夫妻感情确已破裂

——朱某诉马某离婚案

【案件基本信息】

1. 裁判书字号

北京市第三中级人民法院（2019）京 03 民终 5646 号民事判决书

2. 案由：离婚纠纷

3. 当事人

原告（被上诉人）：朱某

被告（上诉人）：马某

【基本案情】

朱某、马某于 1996 年经人介绍相识，同年 7 月 9 日登记结婚，双方均系初婚，婚后生育一女朱小某，已成年。双方婚后共同生活居住于北京市朝阳区某房屋，双方在与长辈相处、子女教育、家庭财务等方面存在矛盾。朱某于 2017 年底查出肝癌晚期、结肠癌晚期，之后双方矛盾激化。

朱某以双方长期分居、马某不尽扶养义务为由将马某诉至北京市朝阳区人民法

院，要求解除双方婚姻关系，并分割夫妻共同财产。朱某第一次起诉离婚，马某不同意离婚，认为其并非长期不在家居住，只是吵架的时候离开，不属于分居。一审过程中，马某提出管辖权异议，申请将案件移送至北京市顺义区人民法院审理，但未就此举证。一审法院裁定驳回马某对管辖权提出的异议。马某不服，提出上诉，二审法院裁定驳回上诉，维持原裁定。

朱某称双方婚后各自收入归各自所有，马某收入自行支配，家庭支出及孩子教育费用均由朱某负担，税前年薪24万元左右，还要负担家庭开支以及朱小某上学费用，目前缺少治疗癌症的费用，其在2018年12月停止化疗，服用进口药物，并希望在离婚后将房屋出售，所得款项用于治病。一审期间，朱某曾另行起诉马某要求支付扶养费。

马某称婚后朱某负担孩子教育费用，马某负担家里开支，家庭投资理财的钱都是朱某控制，其曾在2012年、2013年左右给朱某19万元，并自2018年8月底开始每月给朱小某生活费2000元。马某认可没有为朱某支付过医疗费，称其想照顾朱某，但朱某患病后脾气暴躁，其不敢招惹朱某，称朱某年薪30多万元，可以自行负担治病费用，不需要出售房屋。马某还称自己退休金每月7000元左右，再就业收入4000～5000元，自身患有重度抑郁症、冠心病、高血压，目前也在治疗中，每月再给父母和孩子一些费用，已身无分文。马某表示不清楚朱某病情。

双方夫妻共同财产，包括登记在原告名下的一套房屋，两辆轿车。双方查询的各自名下财产属于各自的日常花销，双方均不再主张处理和分割。

【案件焦点】

朱某、马某夫妻感情是否完全破裂。

【法院裁判要旨】

北京市朝阳区人民法院经审理认为：应从朱某、马某的婚姻基础、婚后感情、离婚原因、夫妻关系现状以及有无和好可能方面，综合认定双方夫妻感情是否完全破裂。第一，朱某、马某虽共同生活多年，但婚后在子女教育、亲属关系、家庭财务等方面存在矛盾，在朱某罹患癌症后，家庭负担增加。从双方婚后长期生活状态、朱某患病后双方矛盾加剧以及马某经常离家的事实能够反映出双方感情不和。

第二，马某虽不同意离婚，但并无改善夫妻关系的想法也未认识到影响夫妻感情问题的实质。朱某治病心切，马某虽表示希望照顾朱某，却不同意支付朱某治疗费用，没有尽到夫妻相互扶助的义务。马某明知朱某处于癌症晚期，身体孱弱，在否认分居且未举证的情况下，坚持对管辖权提出异议并在裁定作出后坚持上诉。马某拖延诉讼的行为，显见其对夫妻感情缺乏珍视、对改善夫妻关系缺乏诚意。第三，双方在庭审中均言语激烈、互相攻击，起诉时处于分居状态，矛盾加深，夫妻感情也进一步恶化。据此，法院支持朱某的离婚诉讼请求，并对夫妻共同财产进行了分割。

北京市朝阳区人民法院依照《中华人民共和国婚姻法》第二十条第一款、第三十二条、第三十九条之规定，作出如下判决：

一、朱某与马某离婚；

二、位于北京市朝阳区某房屋归朱某所有，朱某于本判决生效之日起十日内给付马某折价款 150 万元；

三、车牌号为京×××丰田小型轿车归朱某所有；

四、车牌号为京×××思迪牌小型轿车归马某所有。

马某不服一审判决，提出上诉。北京市第三中级人民法院同意一审法院裁判意见，对于马某上诉请求分割的其他财产，因双方在一审中并未要求分割，二审中双方不同意调解，双方可就其他财产问题另行解决。

北京市第三中级人民法院依照《中华人民共和国民事诉讼法》第一百七十条第一款第（一）项规定，作出如下判决：

驳回上诉，维持原判。

【法官后语】

该案例主要涉及一方不履行扶养义务，需要扶养的一方起诉离婚的情况下，能否认定夫妻感情确已破裂的问题。

一、相互扶养是夫妻之间的法定义务

原《中华人民共和国婚姻法》第二十条规定："夫妻有互相扶养的义务。一方不履行扶养义务时，需要扶养的一方，有要求对方付给扶养费的权利。"夫妻之间的"扶养"是指夫妻在经济上相互帮助，在生活上相互扶持的权利和义务。从义务角度来说，夫妻之间互相扶养不仅是一种道德层面上的义务，也是法律赋予的一种强制性义务。基于夫妻之间特定的身份关系，有扶养义务的一方应当对需要扶养的一方提供经济上的保障或生活上的必要照顾。

法定的扶养义务不受夫妻财产制度的限制。我国夫妻财产制包括“法定财产制”和“约定财产制”两种形式。夫妻约定财产制，是指夫妻以书面形式约定婚姻关系存续期间所得的财产以及婚前财产归各自所有、共同所有或部分各自所有、部分共同所有。夫妻之间采取约定财产制，不能对抗或免除夫妻之间互相扶养的法定义务。

二、夫妻间不履行扶养义务与遗弃的关系

原《中华人民共和国婚姻法》第三十二条规定，夫妻一方起诉离婚，如存在“遗弃家庭成员”情形的，人民法院应准予离婚。遗弃，是指对于需要扶养的家庭成员，负有扶养义务的人拒绝扶养的行为，表现为经济上不供养，生活上不照顾，使被扶养人的正常生活不能维持，甚至生命和健康得不到保障。遗弃行为的主体应当是夫或妻一方，关于遗弃行为的客体为“家庭成员”，包括配偶及其他被扶养人。而不履行夫妻间的扶养义务主客体均较为明确，主体是有扶养义务的一方，客体是需要扶养的一方。

就被扶养人的经济和身体情况来说，夫妻间不履行扶养义务与遗弃之间还存在一定差异。以本案中的情况举例，男方身患重病，女方没有尽到扶养义务，但是男方仍具备一定的经济收入，仍然能够维持基本生活和生存的条件。女方不尽扶养义务不构成遗弃。因此，在判决双方是否具备离婚的法定条件时，不应直接适用“遗弃家庭成员”的条款。

三、夫妻间不履行扶养义务时，如何认定夫妻感情确已破裂

原《中华人民共和国婚姻法》将“夫妻感情确已破裂”作为解除婚姻关系的基础条件和裁判标尺。原《中华人民共和国婚姻法》第三十二条以及《最高人民法院关于人民法院审理离婚案件如何认定夫妻感情确已破裂的若干具体意见》规定并列举了认定夫妻感情确已破裂的法定情形，同时也规定了“因其他原因导致夫妻感情确已破裂”的兜底条款。

司法实践中，如遇到需要扶养一方起诉离婚，不履行扶养义务一方不同意离婚，而且不具备法定离婚条件时，不宜直接认定夫妻感情破裂，应当结合婚姻基础、婚后感情、夫妻关系的现状和有无和好的可能等方面综合分析。需要重点审查

如下几方面情况：一是具有扶养义务一方，是否有扶养的意愿和条件；二是具有扶养义务一方，有无改善夫妻感情、缓和夫妻矛盾的想法；三是双方在家庭财产的使用、管理、处分、收益上是否存在矛盾；四是双方婚后长期生活情况、目前的生活现状；五是双方是否存在和好的可能等。本案中，除了综合审查上述几方面情况外，还结合了马某在离婚诉讼期间恶意拖延诉讼，朱某和马某在庭审中言语攻击等实际情况，最终认定双方夫妻感情确已破裂。

编写人：北京市朝阳区人民法院　毕晓宇

8

夫妻一方个人所有房屋在婚姻关系存续期间的租金应认定为夫妻共同财产

——金某诉俞某离婚案

【案件基本信息】

1. 裁判书字号

北京市第三中级人民法院（2019）京 03 民终 13941 号民事判决书

2. 案由：离婚纠纷

3. 当事人

原告（上诉人）：金某

被告（上诉人）：俞某

【基本案情】

2011 年 10 月 25 日金某与俞某签订夫妻财产协议并进行公证，主要内容为：1. 俞某名下婚后购买位于北京市朝阳区安立路××号中灿苑×区×号楼 2008 号房屋（以下简称 2008 号房屋）一处，上述房产作为俞某个人财产，享有独立的所有权，不作为夫妻共同财产；2. 金某名下婚后取得北京市朝阳区北苑路×××号×

×号楼×层402号房产（以下简称402号房屋）一处及位于北京市朝阳区拂林园××号楼×单元903号房屋（以下简称903号房屋），上述房产作为金某个人财产，享有独立的所有权，不作为夫妻共同财产。

金某与俞某要求分割的财产为2008号房屋租金。金某称要求分割从2015年8月19日至2018年12月31日租金40万元，因租金是夫妻共同财产，不是2008号房屋的法定孳息，要求平均分割。俞某称要求分割从2013年8月至2018年12月租金68万元，因为租金是2008号房屋的法定孳息，应该是俞某的个人财产，所以要求全部归其所有。关于2008号房屋租赁情况，金某称2008号房屋在2013年至2014年没有出租，2014年至2015年确实出租了，但没有租赁合同，金某收到了13万元，但没法确认是谁支付的，是否是租金，贵州石化公司向俞某的银行卡上支付了2015年至2016年、2016年至2017年租金，都是13万元（12万元租金+1万元税费），银行卡是由金某实际控制着，但租金也都用于双方日常的生活了，2017年8月至2018年12月31日2008号房屋租给北京自如生活资产管理有限公司，租金是154320.15元，2008号房屋的租金都已经作为生活开支花完了。俞某称2013年8月至2014年8月租金情况不清楚，2014年8月至2015年8月租给了贵州石化公司，租金是13万元，租金打到了金某的账户上，其没有租赁合同，2015年8月至2017年8月也是租给了贵州石化公司，租金也是13万元，租金打到了俞某的银行卡上，银行卡由金某实际控制，这两笔租金金某都转出到了自己的账户，2017年8月至2018年12月房屋出租给北京自如生活资产管理有限公司，租金是154320.15元。经查，2014年9月17日，贵州石化公司向金某账户转账13万元。

【案件焦点】

夫妻一方个人所有的房屋在婚姻关系存续期间产生的租金性质应该如何认定。

【法院裁判要旨】

北京市朝阳区人民法院经审理认为：金某与俞某均同意离婚，本院对此不持异议。

金某与俞某虽约定2008号房屋归俞某所有，但并未就房屋租金进行约定，并且根据本院查明事实，双方从2004年后即住在903号房屋，2008号房屋进行出租，因此2008号房屋租金应为金某和俞某的夫妻共同财产。金某称租金用于生活花销，但未提交证据予以佐证，对金某的意见不予采纳，本院根据查明金某掌握租金的实际情况酌定金某应支付俞某部分租金 27 万元。金某要求俞某支付生活费和 903 号房屋使用费没有法律依据，不予支持。俞某提交的证据不能证明金某存在婚内出轨及家庭暴力的情况，本院对俞某要求 10 万元赔偿不予支持。

北京市朝阳区人民法院依照《中华人民共和国婚姻法》第三十二条，《中华人民共和国民事诉讼法》第六十四条之规定，判决如下：

一、准予原告金某与被告俞某离婚；

二、原告金某于本判决生效之日起七日内支付被告俞某 27 万元；

三、驳回原告金某的其他诉讼请求。

二审法院同意一审法院裁判意见。

【法官后语】

原《中华人民共和国婚姻法》第十九条第一款规定："夫妻可以约定婚姻关系存续期间所得的财产以及婚前财产归各自所有、共同所有或部分各自所有、部分共同所有。约定应当采用书面形式……"第二款规定："夫妻对婚姻关系存续期间所得的财产以及婚前财产的约定，对双方具有约束力。"本案中，金某和俞某签订夫妻财产协议，约定 2008 号房屋归俞某个人所有，402 号房屋归金某个人所有。对于两套房屋所有权的归属双方没有争议，但对于 2008 号房屋在双方婚后出租产生的租金，夫妻财产协议并未进行约定，本案的争议焦点即为夫妻财产协议约定俞某拥有的 2008 号房屋在双方婚姻关系存续期间的租金收入，性质上应认定为夫妻共同财产还是个人财产。

夫妻一方的财产在婚后的收益主要包括自然增值、孳息和投资经营收益。对于收益权属的处理问题，原《中华人民共和国婚姻法》第十七条规定了婚姻关系存续期间所得的生产、经营收益和知识产权收益，归夫妻共同所有。《最高人民法院关于适用〈中华人民共和国婚姻法〉若干问题的解释（二)》第十一条规定了一方以个人财产投资取得的收益应当归夫妻共同所有的财产。但是关于孳息和自然增值，《最高人民法院关于适用〈中华人民共和国婚姻法〉若干问题的解释（三)》第五条仅规定："夫妻一方个人财产在婚后产生的收益，除孳息和自然增值外，应认定为夫妻共同财产。"由此可以看出关于孳息和自然增值这两种情形的夫妻财产归属问题，在法律上和司法解释层面仍然是空白。具体到本案的处理，孳息包括天然孳息和法定孳息，2008号房屋的租金虽然在民法理论上被认定属于法定孳息，仅从法律定义的角度分析，房屋租金是依据租赁合同收取的法定孳息，应归2008号房屋的所有权人俞某所有。但是，租赁行为本身也是一种经营活动，也需要付出劳动、时间和精力等。一方面，2008号房屋是由金某签订租赁合同、收取租金，对外进行一系列的经营行为，需要金某投入大量的时间与精力。金某和俞某作为出租方，对2008号房屋还有维修、保养等义务，租金的获取与房屋本身的管理状况也密切相连，需要金某、俞某进行管理或劳务。另一方面，根据本案查明的事实，2008号房屋之所以能够一直对外出租，是因为金某和俞某婚后一直居住在金某拥有的903号房屋中，金某和俞某对于2008号房屋具备出租条件均有贡献。金某并未基于903号房屋收取相关的经营性收益，如果2008号房屋租金全部认定为俞某的个人财产，对金某显然有失公允。抛开本案事实而言，对于夫妻一方依靠房屋租金收益维持生计的情形，如果将一方所有的房屋婚后出租的租金认定为个人财产，而另一方的收益作为夫妻共同财产，显然也是极不公平的。因此，本案将2008号房屋租金认定为经营性收益比较适宜，进而确定2008号房屋租金属于夫妻共同财产，进行处理更为公平。

编写人：北京市朝阳区人民法院　张旭

9

含有已故配偶工龄优惠的房改房产权归属的认定

——牛某诉许某清、贾某敏离婚案

【案件基本信息】

1. 裁判书字号

北京市第三中级人民法院（2019）京03民终6890号民事判决书

2. 案由：离婚纠纷

3. 当事人

原告（上诉人）：牛某

被告（被上诉人）：许某清、贾某敏

【基本案情】

1985年9月24日，许某清与康某华登记结婚，牛某系康某华与前夫之女。

1997年8月18日，康某华去世。

2000年6月26日，许某清与北京市朝阳区房屋土地管理局签订《成本价出售直管公有住宅楼房协议书》，约定许某清购买位于北京市朝阳区呼家楼南里××楼×门××号的承租公房（以下简称涉案房屋），抵扣许某清的工龄34年、抵扣已故配偶康某华的工龄29年，计算实际售价为20061元。同日，涉案房屋所有权证登记在许某清名下。

2001年2月12日，许某清与贾某敏登记结婚，双方均系再婚。

2017年7月，贾某敏以离婚纠纷为由将许某清诉至法院。后双方达成调解，法院于7月27日出具（2017）京0105民初51152号民事调解书（以下简称51152号民事调解书），内容为：一、贾某敏与许某清自愿离婚；二、涉案房屋归贾某敏与许某清按份共有，其中贾某敏占有40%的产权份额，许某清占有60%的产权份额。

2017年7月31日，许某清与贾某敏变更涉案房屋的不动产权证书，涉案房屋由贾某敏与许某清按份共有，许某清占60%，贾某敏占40%。

牛某向一审法院提起第三人撤销之诉，请求撤销51152号民事调解书第二项。其主要理由为，许某清用自己和康某华的工龄购买了涉案房屋，涉案房屋为许某清与康某华共同共有。牛某要求继承并分割康某华的遗产，许某清予以拒绝。2018年4月，牛某起诉要求继承康某华的遗产时才知道许某清与贾某敏通过法院调解对涉案房屋进行了分割，51152号民事调解书侵害了牛某的权益，故提起诉讼。

【案件焦点】

1. 含有已故配偶工龄优惠的房改房产权归属如何认定；2. 子女对于该已故配偶的继承权是否指向房改房的份额。

【法院裁判要旨】

北京市朝阳区人民法院经审理认为：涉案房屋的购买使用了康某华的工龄，故涉案房屋中有康某华的财产性权益。康某华去世后，其女儿牛某有权继承涉案房屋中属于康某华的财产性权益。故牛某作为第三人撤销之诉的主体适格，法院予以确认。牛某要求撤销51152号民事调解书第二项关于贾某敏与许某清基于解除婚姻关系而对涉案房屋进行分割的内容，由于人身关系的解除无法恢复，故基于人身关系解除而做的财产分割亦不宜单独撤销。且涉案房屋登记的所有权人系许某清，许某清在离婚时处分涉案房屋中40%份额的行为，并未侵害牛某的权益。故牛某起诉要求撤销51152号民事调解书第二项的诉讼请求，于法无据，法院不予支持。许某清尚持有涉案房屋60%的份额，牛某可以另案向许某清主张权利。

北京市朝阳区人民法院依照《中华人民共和国民事诉讼法》第五十六条第三款，《最高人民法院关于适用〈中华人民共和国民事诉讼法〉的解释》第二百九十二条、第三百条之规定，作出如下判决：

驳回原告牛某的诉讼请求。

牛某不服一审判决，提出上诉。

北京市第三中级人民法院经审理认为：根据查明的事实，涉案房屋原系许某清与康某华婚姻存续期间承租公房，康某华去世后，许某清购买该房屋时使用了自己与康某华的工龄优惠。牛某上诉提出涉案房屋系许某清使用其与康某华夫妻共同财产购买，属夫妻共同财产。对此，许某清不予认可，牛某亦未提交有效证据予以证明，法院不予采纳。因工龄优惠具有人身属性且具有财产性质，属于财产性权益，故涉案房屋中有康某华的财产性权益。然而，涉案房屋系许某清在康某华去世后购买，所有权亦登记在许某清名下，康某华虽对涉案房屋享有财产性权益，但并非涉案房屋之共有权人。因此，牛某作为康某华的继承人可向许某清主张康某华工龄优惠部分在购买涉案房屋时所对应的财产价值，但并不享有基于房屋所有权而产生的物上请求权。许某清在其与贾某敏之离婚诉讼调解中，将涉案房屋40%的份额分割与贾某敏，系其作为房屋所有权人处置财产的合法权利，51152号民事调解书第二项内容对此予以确认并无不当。因此，51152号民事调解书并未侵害他人合法民事权益，不存在错误之处。牛某以51152号民事调解书侵害其民事权益为由要求撤销该调解书，缺乏法律依据，法院不予支持。

北京市第三中级人民法院依照《中华人民共和国民事诉讼法》第一百七十条第一款第（一）项规定，作出如下判决：

驳回上诉，维持原判。

【法官后语】

本案中，牛某以许某清处分的房产含有其母亲份额为由主张撤销处分房产的调解书，故争议焦点为：第一，房改房中的工龄优惠在法律上如何定性；第二，健在方使用已故配偶工龄优惠购买的房改房的产权归属如何确定；第三，许某清处分涉案房屋是否损害了牛某的权益，即牛某请求撤销调解书能否得到法院支持。

一、房改房中的工龄优惠应认定为财产权益

房改房是我国住房制度向住房商品化过渡的形式，国家将房改房作为对工资中没有包含住房消费资金的职工的一种补偿，一般以标准价或者成本价出售，在具体操作上，按购房职工夫妇双方建立住房公积金前的工龄给予工龄折扣。因此，房改房的出售价格中包含了夫妻双方的工龄折扣等福利待遇。

房改房中的工龄优惠应认定为财产权益，主要基于以下考虑：首先，从法律规定来看，财产权的定义具有开放性特征，未排除将工龄优惠纳入财产权益的可能性。其次，从房改房政策目的来看，工龄优惠最终落实为财产权益。房改房中的工龄优惠作为对工资中未包含住房消费资金的一种补偿，相当于将多年积累的工资差额一次性发给职工，具备财产的核心要素即具有经济价值，并且可以通过计算确定具体的数额及在购房款中的比例，符合财产或者财产权益的本质特征。应当注意的是，在职工未依房改政策购买公房前，工龄优惠仅表现为期待权，并非现实的财产形态，因此不存在夫妻共同财产分割或继承的问题。在依房改政策购买公房时，工龄优惠折抵购房款，工龄优惠的价值得以显现，此时才成为既得权。

二、使用已故配偶生前工龄优惠所购公房权属的认定

首先，从物权变动的原因行为来看，健在方使用已故配偶工龄优惠购买公房时，已故配偶因死亡已丧失了民事权利能力，不可能具有取得所购房屋产权的意思表示，故无法取得涉案房屋的所有权。

其次，从物权变动的效力来看，未经登记不发生物权变动的效果。如健在方签订购房合同、付款及取得涉案房屋产权登记等行为均发生在配偶死亡后，对于已故

配偶而言，欠缺物权变动的生效要件，涉案房屋不能认定是夫妻共同财产。

最后，从夫妻共同财产的来源来看，如健在方购买公房的房款系其个人财产，则公房并非夫妻共同财产的转化，因健在方取得房产并非在婚姻关系存续期间，故即便房产中含有已故配偶的工龄优惠，也应当认定为健在方的个人财产。

三、健在方所有权与继承人继承权之间的冲突与保护

根据前述分析，健在方使用已故配偶工龄优惠购买的公房，应属健在方个人财产，但公房中包含的工龄优惠属于财产权益，已故方的继承人对此享有继承权，此时即出现了健在方所有权与继承人继承权的冲突。

一种解决的思路为，继承人对于已故方工龄优惠所对应的财产权益有权主张分割，因工龄优惠可以折算为房款，故继承人可以要求公房的产权人给予一定的经济补偿，并依据原《中华人民共和国继承法》通过析产继承的方式予以处理。继承人的该种权益在性质上类似于债权，而非针对已购公房的物上请求权，故继承权并不能限制产权人行使其所有权所对应的权能。其他继承人对健在方处分房产的原诉提起第三人撤销之诉的，因房产中含有其他继承人的财产权益，故应认定其他继承人与原诉结果之间存在法律上的利害关系，其他继承人具备提起第三人撤销之诉的资格，但须在健在方处分房产损害了其他继承人利益的情况下，才能支持其他继承人撤销原生效裁判的诉讼请求。因其他继承人的权益相当于债权，不必须通过处分房产获得满足，健在方亦可通过其他财产兑现该部分债务，故健在方处分房产并不会损害其他继承人权益，故其他继承人提起第三人撤销之诉的，法院应当判决驳回其诉讼请求。

本案中，牛某对房屋产权人许某清仅享有债权，并不享有基于涉案房屋所有权而产生的物上请求权。许某清在其与贾某敏的离婚诉讼调解中，将涉案房屋40%的份额分割与贾某敏，是其作为房屋所有权人处置财产的合法权利，并未侵害牛某的民事权益，故牛某请求撤销许某清赠与他人产权份额的调解书，不符合第三人撤销之诉的法律规定，法院未予支持。

编写人：北京市第三中级人民法院　李春香　熊静

10

外国离婚判决未经我国确认情形下夫妻财产的认定

——陆某诉裴某离婚案

【案件基本信息】

1. 裁判书字号

北京市第一中级人民法院（2019）京01民终5995号民事判决书

2. 案由：离婚纠纷

3. 当事人

原告（上诉人）：陆某

被告（被上诉人）：裴某

【基本案情】

陆某与裴某1981年8月9日登记结婚。2004年10月5日瑞典王国隆德地区法院判决双方离婚，该判决已在当地生效，但未得到我国的承认。后双方均已再婚。

2004年12月22日，陆某之侄陆某江以裴某的名义购买涉案房屋。2006年4月27日取得房产证，登记在裴某名下。涉案房屋一直由陆某管理、居住和使用。双方均认可涉案房屋的现价值为625万元。陆某、裴某均认可双方在瑞典王国离婚未处理财产。陆某自认其已偿还了陆某江自黄某处支取的购房款。

对有争议的证据和事实，法院认定如下：

1. 裴某是否在瑞典王国离婚时放弃了涉案房屋的产权。庭审中，陆某为证明其主张提交了届时离婚诉讼中裴某提交法庭的《离婚特别请求》，该材料中载明，“我是房屋、车辆等所有财产的所有权人，这些东西目前都是她在瑞典使用，她要求我变更到她的名下。我同意了，并在文件上签了我的名字，放弃了我的所有家庭财产权利……此外，20世纪80年代，我在位于北京的中国国家计划委员会工作，单位分给我一套房屋。2004年7月，陆来到荷兰。她首先告诉我，她母亲的名字取代了我的名字。这实在让我吃惊，因为房子与她母亲无关”。对此，法院认为，根据《离婚特别请求》的文字表述，一方面，裴某陈述其同意签字的财产均在瑞典由陆某使用；另一方面，裴某通过“此外”排除了前段所述内容包括涉案房屋。综上，法院对陆某主张的待证事实不予采信。

2. 关于涉案房屋购房款的来源。庭审中，双方均认可陆某江经办交纳购房款，但就陆某江自何处支取购房款存在争议。陆某为证明购房款自其母亲黄某处支取，提供了黄某及陆某江的证人证言，二人亦出庭作证。裴某虽对此不予认可，但未就其主张的陆某江系自其母亲处支取购房款提供证据，故法院认定陆某江自黄某处支取了购房款。

陆某主张裴某在瑞典离婚时已经放弃涉案房屋相关权益，要求判决陆某与裴某离婚，涉案房屋归陆某所有。

【案件焦点】

裴某与陆某在瑞典离婚时是否已放弃对涉案房屋的相关权益。

【法院裁判要旨】

北京市海淀区人民法院经审理认为：涉案房屋的购房款虽为陆某江自黄某处支取，但陆某自述已偿还。加之，在瑞典王国离婚时未对陆某、裴某的财产进行处理，陆某亦未提交证据证明裴某放弃了涉案房屋的所有权，故涉案房屋应属夫妻共同财产。判决：一、准予陆某与裴某离婚；二、涉案房屋归陆某所有，陆某给付裴某房屋折价款312.5万元。

陆某不服原审判决，提起上诉。北京市第一中级人民法院经审理认为：根据《最高人民法院关于适用〈中华人民共和国涉外民事关系法律适用法〉若干问题的解释（一）》第一条之规定，当事人一方或双方是外国公民的，人民法院可以认定为涉外民事关系。《中华人民共和国涉外民事关系法律适用法》第二十七条规定诉讼离婚，适用法院地法律。本案中，裴某系瑞典王国国籍，陆某在我国提起与裴某离婚诉讼，应适用中华人民共和国相关法律，故一审适用我国法律审理本案，判决双方离婚并无不当，本院予以确认。

陆某上诉主张裴某在瑞典离婚时已放弃对涉案房屋的一切权利，故涉案房屋应为陆某的个人财产，对此本院不予认可。理由分述如下：

首先，从涉案房屋的取得时间及来源来看。陆某与裴某虽均认可双方于2004

年 10 月 5 日经瑞典王国隆德地区法院判决离婚，但之后双方均未向我国提出确认，故在我国不具有域内效力。2004 年 12 月 22 日签订《房屋买卖合同》时仍处于二人在我国的婚姻关系存续期间。且双方均认可涉案房屋系裴某原单位分房，并折扣双方工龄，因此涉案房屋属于裴某与陆某的夫妻共同财产。

其次，从裴某在瑞典离婚时有无放弃涉案房屋相关权益的意思表示来看。结合裴某《离婚特别请求》的内容，裴某先是表达了“我是房屋、车辆等所有财产的所有权人，这些东西目前都是她在瑞典使用”，继而提到涉案房屋，表述“陆来到荷兰。她首先告诉我，她母亲的名字取代了我的名字。这实在让我吃惊，因为房子与她母亲。我 1989 年出国时，我将我在中国多年的积蓄全部给了陆，在 1999 年我在美国的时候，我还将我在瑞典多年的积蓄也都给了她……”综观全文，并没有体现出裴某放弃涉案房屋的意思表示，本院无法认定裴某在《离婚特别请求》中表示放弃涉案房屋的相关权益。

最后，从购房款的来源是否可以佐证裴某具有放弃涉案房屋的意思表示来看。陆某上诉主张在单位公房进行房改时，裴某已经是瑞典国籍没有资格购买涉案房屋，陆某母亲出资 3.5 万元购买，故涉案房屋应为陆某所有。一审法院虽认定陆某江自黄某处支取了购房款，但《房屋买卖合同》系以裴某名义订立，房产证亦登记在裴某名下，与陆某所述裴某没有资格购买涉案房屋自相矛盾，且即使认定陆某一方支付购房款，亦不影响涉案房屋系夫妻共同财产的性质。《最高人民法院关于适用〈中华人民共和国民事诉讼法〉的解释》第九十条规定，当事人对自己提出的诉讼请求所依据的事实或者反驳对方诉讼请求所依据的事实，应当提供证据加以证明，但法律另有规定的除外。在作出判决前，当事人未能提供证据或者证据不足以证明其事实主张的，由负有举证证明责任的当事人承担不利的后果。在陆某未能充分举证证明裴某放弃涉案房屋相关权益的情况下，涉案房屋仍应按照夫妻共同财产在双方离婚时予以分割。综合考虑房屋现居住状况及双方均认可的房屋价值，一审法院判决涉案房屋归陆某所有，陆某支付裴某房屋折价款 312.5 万元并无不当，本院予以确认。综上，判决：驳回上诉，维持原判。

【法官后语】

随着改革开放的深入及我国法治化进程的推进，涉外民事案件数量呈不断上升的趋势，其中涉外离婚纠纷占据较大比重。但多数涉外离婚纠纷中的当事人对外国法院的离婚判决以及我国关于涉外婚姻相关规定的理解存有误区，本案系一起涉及身份关系、财产关系较为典型的涉外离婚案件，借本案为各位纠正部分理解误区。

一、外国离婚判决经我国确认才具有域内效力

国际私法上，"外国离婚判决"中的"外国"含义包括两个方面：一是指除中国之外的其他国家；二是指其他法域，比如我国的香港、澳门、台湾地区。一般来说，根据司法主权原则，一个国家的司法机关代表，也就是法院作出的离婚判决只在其境内有效，判决的效力辐射不到域外。只有在得到被请求国承认的前提下，外国法院的离婚判决在该国领域内才具有与本国法院判决同等的法律效力①。根据我国现行民事诉讼法相关规定，经外国法院作出的离婚判决，须经我国确认才具有域内效力。换言之，外国离婚判决未经我国确认之前，夫妻双方婚姻关系在我国域内并未当然解除，由此可能导致双方无法在国内另行登记结婚，或者登记结婚后被认定为重婚，从而使得身份关系和财产关系处于不确定的法律风险之中。

我国对外国离婚判决承认执行的规定，主要集中在民事诉讼法及其司法解释、最高人民法院20世纪90年代出台的规定及后续的相关批复中。我国《民事诉讼法》第二百八十一条②和第二百八十二条③系我国法院承认外国法院判决的基本法律规定。根据相关规定，只有具有管辖权的外国法院作出的终局性的离婚判决，不与我国或在先得到我国承认的第三国就相同当事人作出的离婚判决相冲突，不违反审判的"正当程序"和我国公共秩序，且申请符合我国法律的程序性规定，该判决

---

① 韩德培主编：《国际私法》，北京大学出版社、高等教育出版社2007年版，第506页。

② 《中华人民共和国民事诉讼法》第二百八十一条："外国法院作出的发生法律效力的判决、裁定，需要中华人民共和国人民法院承认和执行的，可以由当事人直接向中华人民共和国有管辖权的中级人民法院申请承认和执行，也可以由外国法院依照该国与中华人民共和国缔结或者参加的国际条约的规定，或者按照互惠原则，请求人民法院承认和执行。"

③ 《中华人民共和国民事诉讼法》第二百八十二条："人民法院对申请或者请求承认和执行的外国法院作出的发生法律效力的判决、裁定，依照中华人民共和国缔结或者参加的国际条约，或者按照互惠原则进行审查后，认为不违反中华人民共和国法律的基本原则或者国家主权、安全、社会公共利益的，裁定承认其效力，需要执行的，发出执行令，依照本法的有关规定执行。违反中华人民共和国法律的基本原则或者国家主权、安全、社会公共利益的，不予承认和执行。"

才能得到我国法院的承认[1]。

具体到本案中，陆某与裴某虽于2004年10月5日经瑞典王国隆德地区法院判决离婚，但之后双方均未向我国提出确认，故在我国不具有域内效力。根据《最高人民法院关于中国公民申请承认外国法院离婚判决程序问题的规定》第二十条，当事人之间的婚姻虽经外国法院判决，但未向人民法院申请承认的，不妨碍当事人一方另行向人民法院提出离婚诉讼。现陆某在我国法院提起离婚诉讼，符合法律规定，未经我国法院判决离婚之前，双方仍处于婚姻关系存续期间。

二、外国离婚判决未经我国确认情形下仍适用我国婚姻法中关于夫妻共同财产的规定

根据原《婚姻法》第十七条之规定，夫妻在婚姻关系存续期间所得的工资、奖金，生产、经营的收益，知识产权的收益等均归夫妻共同所有。其中婚姻关系存续期间是指合法缔结婚姻到婚姻关系依法解除或自然终止期间，即合法取得结婚证之时至离婚生效或因一方或双方死亡，婚姻自然终止的期间。包括领取结婚证之后，双方尚未共同生活期间；因闹离婚分居期间；在人民法院诉讼离婚尚未判决离婚或虽经判决准予离婚，但离婚判决尚未生效的期间。但不包括以下期间：一是双方虽然共同生活，但因双方不具备结婚实质要件，未领取结婚证的期间；二是双方登记离婚或诉讼离婚生效后，两人又在一起同居生活的期间[2]。基于上述分析，外国离婚判决未经我国确认不具有域内效力，那么结合本案来看，婚姻关系存续期间应追加一条，双方虽经外国离婚判决但未向我国申请确认期间。既然属于婚姻关系存续期间，那么同样适用原《婚姻法》第十七条之规定，夫妻双方所得应属夫妻共同财产。

具体到本案中，2004年12月22日签订《房屋买卖合同》时仍处于陆某与裴某二人在我国的婚姻关系存续期间。且涉案房屋系裴某原单位分房，并折扣双方工龄，属于双方婚姻关系存续期间所得房产，因此涉案房屋属于裴某与陆某的夫妻共同财产。在进一步厘清双方在国外离婚时并未就涉案房屋作出分割的事实时，法院可以在本案，即双方的离婚诉讼中对涉案房屋作为夫妻共同财产进行分割。

编写人：北京市第一中级人民法院　方硕

---

① 鲍欣：《我国承认与执行外国离婚判决的立法与实践》，安徽大学2018年硕士学位毕业论文。

② 最高人民法院民事审判一庭编著：《最高人民法院婚姻法司法解释（二）的理解与适用》，人民法院出版社2015年版，第158页。

11

人民法院判决不准离婚时判决主文的正确表述

——黄某某诉王某某离婚案

【案件基本信息】

1. 裁判书字号

山东省淄博市中级人民法院（2018）鲁03民终4598号民事判决书

2. 案由：离婚纠纷

3. 当事人

原告（上诉人）：黄某某

被告（被上诉人）：王某某

【基本案情】

黄某某与王某某系夫妻关系，双方于1969年12月27日登记结婚。后二人因结婚证遗失，于2014年8月26日补办结婚证。二人婚后育有两女一子，均已成年。黄某某与王某某因家庭琐事以及性格差异和生活习惯作风等原因产生隔阂，双方自2012年起开始分居，感情出现危机。黄某某认为夫妻感情确已破裂，已无和好的可能，故向人民法院提起诉讼，要求：1. 依法判令黄某某与王某某离婚；2. 某小区房屋一套归黄某某所有并依法分割其他共同财产。王某某则辩称双方结婚50年，夫妻感情基础比较牢固，子女也均已成年，自身身体长期有病，故不同意离婚。

【案件焦点】

过错方第一次起诉离婚而对方既无过错又不同意离婚的，人民法院可否判决准予离婚。

【法院裁判要旨】

山东省淄博市张店区人民法院经审理认为：黄某某与王某某只是因为家庭内外

琐事、性格方面以及生活作风等原因吵闹打架，进而想要离婚。考虑到双方结合在一起50年实属不易，且双方实际分居时间不长，王某某疾病缠身，需有人照料，应给双方一次重修于好的机会。双方应在考验期内多交流，互相尊重，和睦相处，努力改善夫妻关系。综上所述，黄某某与王某某夫妻感情完全破裂的证据不足，故对黄某某提出的离婚请求以及其他主张，不予支持。依照《中华人民共和国婚姻法》（以下简称《婚姻法》）第三十二条，《最高人民法院关于适用〈中华人民共和国民事诉讼法〉的解释》第九十条，《最高人民法院关于民事诉讼证据的若干规定》第二条、第六十三条、第六十六条、第六十七条规定，判决：

一、不准许黄某某与王某某离婚；

二、驳回黄某某的其他诉讼请求。

黄某某不服一审判决，提起上诉。山东省淄博市中级人民法院经审理认为：黄某某与王某某均为七旬老人，双方虽因家庭内外琐事等原因出现感情问题，并进而导致出现第一次离婚诉讼即本案，但双方应当珍惜50年来建立起来的感情和家庭。黄某某上诉称其与一丧夫女子同居，与王某某不存在改善可能，故认为一审应当判决双方离婚。但《婚姻法》第三条第二款规定："……禁止有配偶者与他人同居……"第四条规定："夫妻应当互相忠实，互相尊重……"另根据《最高人民法院关于人民法院审理离婚案件如何认定夫妻感情确已破裂的若干具体意见》第八条规定，一方与他人通奸、非法同居，经教育仍无悔改表现，无过错一方起诉离婚，或者过错方起诉离婚，对方不同意离婚，经批评教育，处分，或在人民法院判决不准离婚后，过错方又起诉离婚，确无和好可能的，视为夫妻感情确已破裂。从上述规定不难看出，夫妻之间具有互相忠实和尊重的义务，夫妻一方在婚姻关系存续期间与他人同居明显违背了这一义务。在此情况下，过错方第一次起诉离婚而对方既无过错又不同意离婚的，为维护无过错方的合法权益和维护婚姻家庭的稳定，人民法院依法应当判决不准离婚。黄某某在婚姻关系存续期间与他人同居的行为违背了夫妻之间的忠实义务，属于婚姻中的过错方，在无过错方王某某明确表示不同意离婚的情况下，对于黄某某提起的第一次离婚诉讼即本案，人民法院依法应当判决不准离婚。一审法院对此认定正确，应予维持。但一审法院在判决双方不准离婚的同时又判决驳回黄某某的其他诉讼请求明显不当，依法应予纠正。依照《婚姻法》第三条、第四条、第三十二条，《中华人民共和国民事诉讼法》（以下简称《民事诉讼法》）第一百七十条第一款第（二）项、第一百七十五条规定，判决如下：

一、维持山东省淄博市张店区人民法院（2018）鲁0303民初621号民事判决第一项，即：不准许黄某某与王某某离婚；

二、撤销山东省淄博市张店区人民法院（2018）鲁0303民初621号民事判决第二项，即：驳回黄某某的其他诉讼请求。

【法官后语】

本案的焦点是过错方第一次起诉离婚而对方既无过错又不同意离婚的，人民法院可否判决准予离婚。对此，一、二审法院的裁判观点是一致的，认为此种情形下应判决不准离婚。但本案涉及的主要问题则在于人民法院判决不准离婚时判决主文应如何正确表述。

从事实来看，本案是一起比较简单的离婚纠纷案件。其主要事实要素可概括为：（1）双方的婚姻关系已历经近50年；（2）原告存在违背夫妻忠实义务的过错行为，属于婚姻中的过错方；（3）原告系第一次起诉离婚；（4）被告无过错、不同意离婚且重病在身。综合以上事实，根据法律关于判决离婚标准的规定，一审法院对本案判决不准离婚是正确的。但一审判决除在判决主文中写明第一项即“不准许黄某某与王某某离婚”的同时，又写明第二项即“驳回黄某某的其他诉讼请求”。二审法院经审理在维持一审判决第一项的基础上撤销了一审判决第二项。应当说二审法院对本案判决主文的表述处理是正确的。而这也是本案所反映出的在离婚诉讼审判实践中人民法院在判决主文的表述中应当注意的问题。

就离婚之诉的诉讼请求而言，其通常情形下都是复合性的，即离婚之诉的诉讼请求除了最基本的解除婚姻关系请求外，通常还会包括财产分割、债务承担、子女抚养等方面的诉讼请求。毕竟成立婚姻关系本身就属于男女之间人身和财产的结合，而解除婚姻关系相应地亦意味着男女之间相关人身关系的解除和财产的分配。故在离婚诉讼案件中，当事人除提出要求离婚的诉讼请求以外，通常还会提出其他以离婚为前提的诉讼请求，主要包括财产分割、债务承担、子女抚养等。因该类诉讼请求的审理需要以婚姻关系的解除即判决离婚为前提，故属于在判决离婚情形下才可进行裁判的内容，只有在判决离婚时法院才可依法对此一并予以作出实体处理。在判决不准离婚的情况下，夫妻共同财产分割、债务承担、子女抚养等诉讼请求因不存在离婚这一前提，故而在该案中不属于法院审理的范畴，法院不应作出实体处理。若法院在判决不准离婚的同时又判决驳回原告的其他诉讼请求，其实质系对原告除离婚以外的其他诉讼请求作出了实体处理，与此类诉请的处理应依附于婚姻关系解除这一前提的基本诉讼原理相悖。

实践中还应当注意的是，对于不准离婚的案件，法院判决主文应当表述为“不准原告×××和被告×××离婚”，不应像其他对原告诉讼请求完全不予支持的普通民事案件一样表述为“驳回原告×××的诉讼请求”。否则，从逻辑上判断等于是离婚当事人包括要求离婚、子女抚养、财产分割等实体权利已经被法院处理完毕，其诉讼权利已经终结。其若对该结果不服，那么其应当根据《民事诉讼法》第一百二十四条第一款第（五）项的规定申请再审，而不能再次起诉。实际上根据《民事诉讼法》第一百二十四条第一款第（七）项的规定，对于判决不准离婚的离婚案件，原告是可以再次起诉的，只不过是在没有新情况、新理由的情况下要在上次判决不准离婚的6个月后方可再次起诉。综览相关法律和司法解释，无论是婚姻法及其司法解释，还是刚刚实施的民法典及其司法解释，抑或是民事诉讼法及其司法解释，相关表述也均是“判决不准离婚”，而从未用过“驳回原告×××的诉讼请求”的表述。① 据此，无论是从司法逻辑上加以分析，还是从法律及其司法解释的规定内容判断，对于离婚之诉而言，“判决不准离婚”的表述无疑是合理合法的，“驳回原告×××的诉讼请求”不仅从逻辑上难以解释，而且于法无据。

综上，对于判决不准离婚的案件，法院的判决主文只需写明不准双方离婚即

---

① 《中华人民共和国民法典》第一千零七十九条第五款规定，经人民法院“判决不准离婚”后，双方又分居满一年，一方再次提起离婚诉讼的，应当准予离婚。《最高人民法院关于适用〈中华人民共和国民法典〉时间效力的若干规定》第二十二条规定，民法典施行前，经人民法院“判决不准离婚”后，双方又分居满一年，一方再次提起离婚诉讼的，适用民法典第一千零七十九条第五款的规定。《最高人民法院关于适用〈中华人民共和国民法典〉婚姻家庭编的解释（一）》第六十三条规定，人民法院审理离婚案件，符合民法典第一千零七十九条第三款规定“应当准予离婚”情形的，不应当因当事人有过错而“判决不准离婚”；第八十七条第二款规定，人民法院“判决不准离婚”的案件，对于当事人基于民法典第一千零九十一条提出的损害赔偿请求，不予支持。另外《中华人民共和国民事诉讼法》第一百二十四条第一款第（七）项和《最高人民法院关于适用〈中华人民共和国民事诉讼法〉的解释》第三百二十九条也均是采用的“判决不准离婚”的表述。

可，无须赘写“驳回原告×××的其他诉讼请求”，更不能直接写为“驳回原告×××的诉讼请求”。

编写人：山东省淄博市中级人民法院　荣明潇

12

离婚时已经分得部分财产足以维持当地基本生活水平的一方，对于其再次要求离婚经济帮助的主张，应不予支持

——欧某华诉刘某彩离婚案

【案件基本信息】

1. 裁判书字号

广东省新兴县人民法院（2020）粤5321民初694号民事判决书

2. 案由：离婚纠纷

3. 当事人

原告：欧某华

被告：刘某彩

【基本案情】

原、被告于2009年经亲属介绍相识，2013年3月5日双方在广东省新兴县民政局办理结婚登记，婚后，原、被告共同在广东省新兴县某地居住生活，至今未生育子女。被告刘某彩患有高血压病（3级），需每月定期到医院领取相应药物，平时个人收入主要来源于卖菜（无固定摊位），原告欧某华从事泥水工。2020年4月13日，原告以与被告婚前婚后感情基础薄弱，夫妻感情破裂为由诉至本院，请求解除双方婚姻关系。

另查明，目前原、被告双方居住房屋房产登记时间为2009年2月23日，为原告的婚前个人财产。

再查明，原告在广东新兴农村商业银行股份有限公司开立的定期一本通自2013年8月2日至2020年5月9日共有存款余额69879.61元，其中于2013年8月2日当天存入60000元；原告在广东新兴农村商业银行股份有限公司开立的定期一本通自2013年8月2日至2020年5月9日共有存款余额55831.71元。上述两笔存款共计125711.32元。原告在中国农业银行股份有限公司新兴县支行开立的其余银行账户存款余额均为零，上述账户从2014年至2020年5月9日均无发生银行业务。另原告在中国工商银行股份有限公司新兴支行开立的银行账户存款余额为6.89元，该账户从2019年4月1日至2020年5月9日未发生转账业务。

【案件焦点】

1. 原、被告双方是否存在夫妻共同财产需要分割；2. 原告是否需要向被告支付经济困难帮助金。

【法院裁判要旨】

关于原、被告是否存在夫妻共同财产问题。原、被告于2013年3月5日结婚，自婚后至2020年5月9日尚有银行存款125711.32元，应属夫妻共同财产。原告主张某银行账户在2014年8月1日收入的60000元实际是2009年政府征收原告土地后发放给原告的补偿款，应属原告的个人财产。对此，本院认为，根据本院到广东农村商业银行股份有限公司新兴县支行依法调取原告的个人定期明细查询显示，该笔存款的交易日期显示为2013年8月2日，明显在原、被告夫妻关系存续期间，且原告对于2009年政府征收原告土地发放相应补偿款一事未能提供任何证据证实，因此对原告上述主张，本院不予采纳。原告主张另一银行账户的存款为原告个人的工作收入。对此，本院认为原、被告之间并没有任何婚内财产协议，对于来源于原告在婚姻存续期间的工资收入理应作为夫妻共同财产。因此原告名下的银行存款125711.32元，原、被告双方予以平均分割，由原告支付被告62855.66元。关于原告是否需要向被告支付经济困难帮助金问题。根据《最高人民法院关于适用〈中华人民共和国婚姻法〉若干问题的解释（一）》第二十七条第一款："婚姻法第四十二条所称'一方生活困难'，是指依靠个人财产和离婚时分得的财产无法维持当地基本生活水平"的规定，原告离婚后可分得62855.66元，因此被告提出要求原告支付经济困难帮助金的主张，理据不足，本院不予支持。对于原告请求被告将其在原告处的户口迁离，因不属本案的审理范围，本院对此不作处理。

广东新兴县人民法院于2020年6月30日作出（2020）粤5321民初694号民事判决：

一、准许原告欧某华与被告刘某彩离婚；

二、自本判决发生法律效力7日内，原告欧某华一次性支付62855.66元给被告刘某彩；

三、驳回原告的其他诉讼请求。

【法官后语】

婚姻法第四十二条“离婚时，如一方生活困难，另一方应从其住房等个人财产中给予适当帮助。具体办法由双方协议；协议不成时，由人民法院判决”的规定，确立了离婚经济帮助制度。民法典第一千零九十条基本保留婚姻法第四十二条规定，确立离婚经济帮助制度。对上述法条中所述的“一方经济困难”应如何理解，《最高人民法院关于适用〈中华人民共和国婚姻法〉若干问题的解释（一）》第二十七条给出了明确的界定：是指依靠个人财产和离婚时分得的财产无法维持当地基本生活水平。一方离婚后没有住处的，属于生活困难。离婚时，一方以个人财产中的住房对生活困难者进行帮助的形式，可以是房屋的居住权或者房屋的所有权。这里的困难限定为绝对困难，是指离婚时无法维持当地基本生活水平的情况。在实践中，应当根据具体情况具体掌握，通常情况下，如果一方在离婚之后无劳动能力、无收入来源或者仅有有限收入来源无法维持其正常生活需要的，或者其所分得的那部分财产不足以支撑其日常生活需要的，或者没有住处的，可认定为生活困难。但如果在离婚后，生活水平虽确有明显下降，但是仍足以维持正常生活水平的，不应认定为生活困难。

在适用中，应注意：

1. 时间限制。离婚经济帮助制度仅可在离婚时提出，法院需结合离婚时的实际情况加以认定。这就意味着如果离婚时一方不存在生活困难，而离婚后因各种原因发生生活困难的，另一方没有给予经济帮助的义务。

2. 次数限制。离婚经济帮助原则上是一次性帮助，不得反复。如若可发生数次，则明显苛重帮助者的责任，明显不合理。

3. “一方生活困难”应限定为绝对困难，是指离婚时无法维持当地基本生活水平的情况。那么对于离婚时虽然未能分得房产，但已经分得部分财产足以维持生活，显然不属于生活困难。因此离婚经济帮助应限定在离婚时依靠个人财产及离婚时分得的财产无法维持当地基本生活水平的情形。

4. 另一方须具有给予帮助的经济能力。经济帮助以帮助方有负担能力为前提，即承担经济帮助的一方的个人财产在维持其自身正常的衣、食、住、行等需求外，还有能力以其个人财产对前配偶进行住房、金钱或其他经济上的帮助。一方存在生活困难，另一方没有提供帮助的经济能力，如自己的生活也存在困难，或者只能勉强维持生活，即不负担给予经济帮助的义务。

本案中，由于被告离婚时已就夫妻共同财产分割获得6万余元，足以维持其离婚后很长一段时间的基本生活，满足其日常生活水平，因此，就被告提出的请求原告支付经济困难帮助金5万元的请求，本院不予支持。

编写人：广东省新兴县人民法院　张泳仪

三、离婚后财产纠纷

13

储藏室和地下停车位作为房屋的从物在离婚分割财产时应随同房屋一并分割处理

——冯某诉韩某离婚后财产案

【案件基本信息】

1. 裁判书字号

山东省淄博市中级人民法院（2019）鲁03民终2209号民事判决书

2. 案由：离婚后财产纠纷

3. 当事人

原告（上诉人）：冯某

被告（被上诉人）：韩某

【基本案情】

冯某与韩某原系夫妻关系。2018年9月27日，韩某作为借款人、冯某作为共同还款人与青岛银行股份有限公司签订《个人购房担保借款合同》一份，向银行借款37万元，该贷款一直由韩某偿还。2019年1月25日，冯某与韩某协议离婚。离婚协议书约定：夫妻共同所有的位于康居花苑11号楼2单元××室的房产所有权归男方所有，房地产权证的业主姓名变更手续自领取离婚证后30个工作日内协助男方办理；夫妻关系存续期间的共同债务：向韩某之父借款35万元、向冯某二姨借款10万元用于购买康居花苑经济适用房，离婚后由韩某负责偿还，向冯某之父借款 3 万元由冯某负责偿还。

冯某以涉案储藏室和地下停车位未分割为由提起本案诉讼，请求判令其享有康居花苑的储藏室、地下停车位 1/2 的产权，韩某折价向其支付补偿金 74853 元。韩某则辩称其不应向冯某支付任何补偿金，请求驳回冯某的诉讼请求。

【案件焦点】

双方离婚时涉案储藏室和地下停车位作为房屋的从物是否已随同房屋进行了分割处理。

【法院裁判要旨】

山东省淄博市张店区人民法院经审理认为，涉案的储藏室、地下停车位在功能上协助房屋发挥效益，与房屋具有一定程度的场所上的结合关系，应为房屋的从物，在分割财产时，从物随同主物分割。双方协议离婚分割财产时，已约定房屋归男方所有，且冯某当时对储藏室、地下停车位的情形是知情的，冯某也未提供充分有效的证据证实关于储藏室、地下停车位另有约定，故对于冯某要求韩某支付储藏室、地下停车位补偿金的请求，因不符合双方之间的约定及法律规定，不予支持。据此，一审判决驳回冯某的诉讼请求。

冯某持原审起诉意见提起上诉。山东省淄博市中级人民法院经审理认为，储藏室、地下停车位是商品房的配套设施，虽然作为独立的物存在，但在经济用途上是相互联系的，只有结合使用才能发挥其物的最大效益。正是基于此，通常情况下房屋买卖包括配套设施的应一并转让，除非买卖双方对配套设施不予转让有特别约定。涉案储藏室、地下停车位与涉案商品房系在同一时段购买，且支出费用较高，冯某对此是明知且清楚的。结合冯某与韩某的离婚协议书，购买涉案商品房及储藏室、地下停车位产生大额债务，而该大部分债务双方约定离婚后均由韩某负责偿还。现冯某主张离婚时没有对该部分财产作出处理不符合常理，亦不符合当时情势情形，冯某与韩某约定“房产所有权归男方所有”中的“房产”应当包含储藏室和地下停车位。冯某未提供证据证明双方就储藏室、地下停车位的处分另行作出约定，冯某主张再行对上述财产进行分配的诉讼请求，不予支持。冯某的上诉请求不能成立，应予驳回；一审判决认定事实清楚，适用法律正确，应予维持。据此，二审判决：驳回上诉，维持原判。

【法官后语】

本案涉及的主要问题在于，夫妻双方在离婚分割财产时，房屋所属的储藏室与地下停车位是否应当随房屋一并予以分割处理。

日常生活中，人们在购买房屋时通常会一并购买储藏室、地下停车位等配套设施，其目的无疑是自身居住和生活的方便。因此，商品房的储藏室、地下停车位虽然作为独立的物而存在，享有一定的单独性，但从生活经济用途上看，主要是为了配合当事人的商品房居住目的，只有与房屋结合使用才能发挥其物的最大效益。

当然从法律上来讲，房屋和与其配套存在的储藏室、地下停车位等配套设施之间属于主物和从物的关系。民法上根据两个独立存在的物在用途上客观存在的主从关系，把物分为主物与从物。主物和从物是同属于一人所有的两个以上的在使用上有关联的物，其中起主要作用的称为主物，处于附属地位、起辅助和配合作用的称为从物。在主物和从物的关系中，应当有从物附着于主物的事实，即主物、从物要有空间上的联系，并且从物对主物发挥着辅助性的作用。当然，主物与从物是两个不同的物，仍然具有鲜明的可分性，从物与主物的分离并不会妨碍主物经济效用的发挥。司法实践中，物的主从关系非人为强制拟定，而应当是对经济实践的反映。现实中的物，大到房屋小到自行车，均为许多单一之物结合在一起所组成的物，当主物的权利发生变动时，也应当考虑到其他从物之权利发生相应变动的可能性。因此，为确定物的归属所适用的规则，就是主从物的划分规则，也是司法实践中应当遵循的原则。

从法律规定看，《中华人民共和国物权法》第一百一十五条明确规定："主物转让的，从物随主物转让，但当事人另有约定的除外。"据此，从物随主物转让已经具有法定性，只要当事人未作明确的约定，从物应当随主物的变动而变动。故司法实践中对主物与从物变动规则的处理遵循"一体化原则"，除非因个别约定而产生例外，否则从物的权属状况不得抛开主物权属而单独加以认定。既然储藏室、地下停车位作为商品房的从物而存在，那么在商品房权属发生转移或变动的情况下，它们的权属关系也会相应随之变化。对此，在司法实践中，相应的司法审查的规则要点主要应当包括：（1）主物、从物的真实关系，是否构成法律意义上的主从物；（2）主物的权利变动真实状况，从物是否应当随之变动；（3）当事人是否有确实的例外约定，且该例外约定是否符合善良风俗等民法原则。

具体到本案中，原、被告双方结婚后所购买的商品房及涉案储藏室与地下停车位均是为了满足他们今后共同的生活需要，在没有特别约定的情况下，应当为夫妻共同财产，由二人共同行使物权。因原告与被告协议解除了婚姻关系，故双方对涉案房产及其附属设施的分割问题也应当遵循物权法的相关规定，即分割财产时从物随同主物分割。原、被告协议离婚分割财产时，首先，已明确约定房屋归男方所有，男方对主物享有权利；其次，涉案储藏室、地下停车位与涉案商品房系在同一时段购买，且支出费用较高，原告对此明知且清楚，且原告也未提供有效证据证实关于储藏室、地下停车位另有约定；最后，双方购买涉案商品房及储藏室、地下停车位已产生大额债务，此债务已经约定由男方负担，女方再主张离婚时没有对该部分财产作出处理不符合常理，亦不符合当时情势情形。综上，双方约定“房产所有权归男方所有”中的“房产”应当包含储藏室和地下停车位。在原告无证据证明双方就储藏室、地下停车位的处分另行作出约定的情况下，其再行主张对上述财产进行分割的诉讼请求依法不应得到支持。一、二审法院对本案的认定无疑是正确的。

编写人：山东省淄博市中级人民法院　荣明潇　杨富元

山东省淄博市博山区人民法院　刘盛炅

14

父母出资首付并还贷，视为父母对其子女个人的不动产赠与

——孙某诉聂某离婚后财产案

【案件基本信息】

1. 裁判书字号

北京市顺义区人民法院（2019）京0113民初695号民事判决书

2. 案由：离婚后财产纠纷

3. 当事人

原告：孙某

被告：聂某

第三人：聂某1、杨某

【基本案情】

孙某与聂某于2008年确立恋爱关系。2009年3月，聂某以自己名义购买涉案商品房一套。2009年3月31日，聂某将其母杨某提供的首付款377074元支付给开发商，剩余购房款500000元以聂某名义通过住房公积金贷款支付，贷款期限30年。2009年4月17日，孙某与其前夫离婚。

涉案房屋于2009年6月10日登记在聂某名下，并于当月开始以聂某名义偿还银行贷款。

2010年12月26日，孙某向杨某转账15万元，其称是用于购房。聂某、聂某1及杨某不予认可，并称因聂某与孙某打架报警，经过派出所调解，聂某1替聂某赔偿孙某20万元。后二人和好，准备登记结婚，孙某遂退还杨某15万元用于结婚，剩余5万元用于购买其他结婚用品。

2011年1月21日，孙某与聂某登记结婚。

婚后，杨某、聂某1的存款提取记录与还贷情况基本一致。2016年8月5日，涉案房屋贷款一次性还清，其中418938元为聂某之父聂某1直接转入聂某名下。关于上述418938元，孙某在其与聂某离婚诉讼中表示其中10万元是双方的公积金支出，其余款项是聂某父母的钱。孙某及聂某的公积金提取情况为：孙某于2012年6月20日、2016年7月5日分别提取住房公积金35400元、57900元，聂某于2012年6月20日之前、2012年6月20日、2016年7月6日分别提取住房公积金22600元、102500元、89600元。上述89600元由聂某通过转账方式存入孙某账户内。2016年7月17日聂某自该账户内支取9万元，又于当月29日支取8万元。但未提交证据证明上述款项交付给聂某1或杨某用于偿还贷款。

孙某主张涉案房产为夫妻共同财产，聂某及第三人聂某1、杨某认为涉案房产为借聂某名义买房。孙某向本院提出诉讼请求：1. 确认涉案房屋为原被告夫妻共同财产；2. 依法分割涉案房屋（约200万元）；3. 本案诉讼费用由被告承担。

【案件焦点】

一方婚前采用首付款加贷款的方式购买的商品房，首付款为一方父母支付，婚后还贷款仍由该方父母支付，能否参照《最高人民法院关于〈中华人民共和国婚姻法〉若干问题的解释（二）》第二十二条，以及《最高人民法院关于〈中华人民共和国婚姻法〉若干问题的解释（三）》第七条、第十条的规定，认定为一方父母对该方子女的赠与。

【法院裁判要旨】

北京市顺义区人民法院经审理认为：首先，孙某与聂某登记结婚前支付的15万元，不能认定为以结婚为目的的恋爱期间共同出资购买不动产。理由：1. 涉诉房屋自交纳首付款至贷款还清所有环节均为杨某经手办理；2. 2009年3月，聂某购买涉案房屋并支付首付款时，孙某与其前夫尚未离婚。2010年12月，孙某支付给杨某15万元时距涉诉房屋交纳首付款已1年半之久；与2011年1月聂某、孙某登记结婚只有不足1个月时间。孙某主张该15万元是购房款，欠缺与聂某或杨某之间的意思表示，其仅以婚前大额转账不能证明用于购房或还房贷，且聂某、聂某1、杨某亦对15万元进行了解释。综上，涉案房产可以认定为聂某婚前个人财产（虽聂某与其父母一致认为是借名买房，因本案涉及孙某是否有分割及获得补偿的理由，本案中对是否借名买房暂不予认定）。孙某转账给杨某的15万元，不能认定为以结婚为目的的恋爱期间共同出资购买不动产。

其次，现有证据不能证明聂某或孙某在婚姻关系存续期间支付了房贷。理由：涉案房产为婚前以聂某名义购买，房屋首付、婚前还贷均是杨某支付，婚后还贷，亦为杨某经手，且还贷所用款项，对照杨某、聂某1的存款提取记录与还贷款基本一致，即上述还贷款项不是来源于聂某或孙某。孙某提取的公积金不能证明交给了杨某用于还贷。故现有证据不能证明聂某或孙某用夫妻共同财产支付了房贷。

最后，杨某、聂某1的还贷行为不是对聂某、孙某夫妻的赠与。原因在于，《中华人民共和国合同法》第一百八十五条规定，赠与合同是赠与人将自己的财产无偿给予受赠人，受赠人表示接受赠与的合同。聂某婚前向银行贷款，该债务是聂某婚前个人债务，鉴于银行偿还贷款的特殊性要求，只能通过指定的银行账户进行还款，聂某父母在婚前、婚后持续还贷并将贷款还清的行为，是替聂某偿还婚前个人债务行为，不能得出孙某主张的按照《中华人民共和国婚姻法》第十七条赠与聂某、孙某夫妻的结论。

综上所述，判决如下：

驳回原告孙某的诉讼请求。

【法官后语】

关于离婚财产分割纠纷中，父母参与出资购买不动产的归属问题，我国婚姻法及司法解释已经进行了较为全面的规范。但实际生活中的购房出资情况复杂多样，相关法律及司法解释的规定只是提供了一个基本的裁判规则，未能穷尽各种情况。此时，审判机关应综合房屋的购买时点、产权登记、出资来源、各方意思表示等因素，依法适用或参照适用相关法律及司法解释，以公平原则为指导，合理确定房屋的权属及增值收益的归属。

本案所涉情形，在婚姻法及司法解释中并未明确规定。可以参照适用的规范有《中华人民共和国婚姻法》（以下简称《婚姻法》）第十八条、《最高人民法院关于适用〈中华人民共和国婚姻法〉若干问题的解释(二)》（以下简称《解释二》）第二十二条第一款、《最高人民法院关于适用〈中华人民共和国婚姻法〉若干问题的解释（三)》（以下简称《解释三》）第七条、第十条。

1.《解释二》第二十二条第一款规定：“当事人结婚前，父母为双方购置房屋出资的，该出资应当认定为对自己子女的个人赠与，但父母明确表示赠与双方的除外。”该款规定中的“赠与”是指父母实际出资时在意思表示不明的情况下，如果无相反证据证明是借贷关系，则基于父母子女的身份关系考虑，应从常理出发认定为对出资方子女的赠与。本案中涉诉房屋购买于当事人结婚前，父母出资首付款并登记在自己子女即聂某名下，据此可以认定首付款的性质为杨某对聂某的赠与。

2.《解释三》第十条规定：“夫妻一方婚前签订不动产买卖合同，以个人财产支付首付款并在银行贷款，婚后用夫妻共同财产还贷，不动产登记于首付款支付方名下的，离婚时该不动产由双方协议处理。依前款规定不能达成协议的，人民法院可以判决该不动产归产权登记一方，尚未归还的贷款为产权登记一方的个人债务。双方婚后共同还贷支付的款项及其相对应财产增值部分，离婚时应根据婚姻法第三十九条第一款规定的原则，由产权登记一方对另一方进行补偿。”参照该规定，因杨某出资的首付款可以视为对聂某的赠与，故法院依据该条第一款判决该不动产归产权登记一方聂某，应无疑义。问题在于未获得房产的一方能否获得补偿。该条第二款规定另一方获得补偿的前提是双方婚后用夫妻共同财产偿还了贷款且共同偿还的贷款对应产生了房屋的增值。然本案双方婚后并未使用夫妻共同财产偿还贷款，即对房屋的增值部分均没有作出贡献，因此根据第二款规定的反面解释，另一方不应获得增值部分的补偿。

3. 从另一个角度分析，《解释三》第七条第一款规定：婚后由一方父母出资为子女购买的不动产，产权登记在出资人子女名下的，可按照婚姻法第十八条第（三）项的规定，视为只对自己子女一方的赠与，该不动产应认定为夫妻一方的个人财产。本案中涉案房屋的首付款及贷款的全部款项均为父母出资，再结合将不动产登记在自己子女名下的事实，可认定为父母出资全部购房款购买不动产并赠与自己一方子女。虽然该条适用的情形为婚后赠与，但依据当然解释，“婚前赠与”更应参照适用该条规范的法律后果。据此，亦能得出涉诉房屋为聂某个人财产的结论。

综上，本案的裁判以事实为依据，以婚姻法及其司法解释的相关立法精神及规范为指导，对离婚案件中不同出资情形的房屋权属分割问题进行了有益的规则补充，对今后类似案件的审理有一定的参考和借鉴作用。

编写人：北京市顺义区人民法院　商兴加　赵杰

15

夫妻关系存续期间，一方父母支付首付款，夫妻二人共同还贷且在离婚诉讼时未登记的不动产应如何分割

——张某丽诉杜某杨等离婚后财产案

【案件基本信息】

1. 裁判书字号

广东省佛山市中级人民法院（2019）粤06民终13947号民事判决书

2. 案由：离婚后财产纠纷

3. 当事人

原告（被上诉人）：张某丽

被告（上诉人）：杜某杨

被告：杜某佳、杜某静、潘某华、夏某珍

潘某华和夏某珍共同的委托诉讼代理人：潘某聪，系潘某华和夏某珍的儿子。

第三人：建设银行佛山高明支行

【基本案情】

张某丽与杜某杨于2014年2月14日登记结婚。2015年6月6日，张某丽、杜某杨、潘某平（杜某杨的母亲）共同与佛山市高明区大家好房地产有限公司签订《商品房买卖合同》，以总价539524元购买了位于广东省佛山市高明区荷城街道高明大道东401号房。付款方式为：签订《商品房买卖合同》同时支付总房价款的31%即169524元，余款370000元整需办理银行按揭。2015年11月25日，杜某杨、张某丽作为借款人与第三人建设银行签订了《购房、建房和大修理住房抵押借款合同》，杜某杨、张某丽、潘某平、杜某佳为抵押人，约定杜某杨和张某丽向银行贷款370000元，贷款年限为30年，执行公积金贷款利率。案涉房屋的首付款169524元系杜某杨父母出资。2016年6月，杜某杨的母亲去世。案涉房产未办理房产证，《商品房买卖合同》已经办理了备案手续。

2018年11月8日，杜某杨和张某丽通过法院调解离婚。离婚时，双方未对案涉房产进行处置。张某丽诉至法院要求分割案涉房产，由被告对其进行补偿。根据张某丽的申请，本院委托评估公司对案涉房产进行价格评估，评估结论为案涉房产在杜某杨和张某丽离婚时（2018年11月8日）的市场价值为1196039元。

另查，杜某佳与潘某平系夫妻，共同生育了杜某杨和杜某静，潘某华与夏某珍为潘某平的父母。

【案件焦点】

1. 未办理房产证只办理了合同备案的房产能否进行份额分割；2. 潘某平去世后，张某丽是否因杜某杨继承房产相应份额享有相应权利；3. 针对案涉房产，张某丽所占份额如何划分。

【法院裁判要旨】

广东省佛山市高明区人民法院经审理认为，首先，案涉房产能否进行份额的分割问题。案涉房产未办理房产证，被告认为不宜进行分割。本院认为，未办理房产证的房产不宜进行所有权分割，但房产已经备案登记，其权利已经确定，对其产权的份额可以进行分割。份额的确认及分割不影响房产权属登记以及变更登记等手续的办理，且不影响相关税收的收取。当事人仍应按照相关法律法规依法办理相关手续，并履行缴纳相关税费的义务，而由此产生的纠纷当事人可另行主张。

其次，关于杜某杨母亲去世后，张某丽对其份额是否享有相应权利的问题。张某丽认为杜某杨的母亲潘某平去世，其享有的房产份额发生继承，杜某杨继承的部分属于夫妻共同财产，张某丽认为对该部分享有相应的权利。本案中，潘某平去世时仅为继承的开始，继承的开始并不等同于遗产的取得。根据《最高人民法院关于适用〈中华人民共和国婚姻法〉若干问题的解释（三)》第十五条的规定，本案中，没有证据证明杜某杨对潘某平的遗产取得了所有权，且本案为离婚后夫妻共同财产的分割纠纷，而潘某平遗产的分割属于继承纠纷，张某丽作为本案原告无权在本案中对遗产继承问题提出主张，本院对潘某平遗产继承的问题在本案中不予处理。因此，张某丽对潘某平在案涉房屋所占份额提出的主张，本院不予支持。

最后，关于张某丽房产份额的划分及补偿问题。本案中，原告系基于其与杜某杨婚姻存续期间购买房屋，离婚后夫妻共同财产的分割，要求取得房产份额的相关权利。本案中，案涉房屋购买于杜某杨和张某丽婚姻存续期间，双方当事人均确认，案涉房屋的首付为被告杜某杨父母出资 169524 元，并在《商品房买卖合同》中签有杜某杨母亲潘某平的名字，剩余的 370000 元银行按揭贷款是通过杜某杨公积金并以杜某杨和张某丽作为共同债务人与建设银行签订的按揭贷款合同而获取。经审查，双方当事人在购买该案涉房屋时的购房价为 539524 元。经评估，杜某杨和张某丽离婚时案涉房产的市场价值为 1196039 元，杜某杨父母出资首付部分(169524 元)，首付部分增值后的价值为 375807.78 元（1196039 元 × 169524 元 ÷ 539524 元)，这里需要说明的是，评估机构鉴定的标的仅为房产价值，针对的是房屋本身价格，契税仅为购买房产时除房产价值之外的其他成本支出，因此，杜某杨父母所出资的首付款项的比例应以购房价作为分母进行计算。在计算房产的剩余价值时，契税也不应在扣除之列，案涉房产在杜某杨和张某丽离婚时还剩余银行按揭贷款金额为334027.7元，案涉房产剩余价值486203.52元（1196039元－375807.78元－334027.7元），对于该案涉房产剩余的价值486203.52元，杜某杨和张某丽分别享有50%的权益，即张某丽对案涉房产的份额由杜某杨享有，杜某杨应向张某丽补偿该份额的对价243101.76元（486203.52元×50%）。对于被告抗辩要求扣减维修基金的问题。本院认为，维修基金不属于房屋购买时的成本，维修基金的款项随房产而产生，且该款项并未缴纳给第三方而是仍存于个人账户中，因此，本院认为不应在计算房产剩余价值时扣减维修基金。另外，被告抗辩对房产的贡献率的问题。庭审中，建设银行陈述无论房产份额在原、被告之间如何划分均不影响银行与杜某杨和张某丽之间的债权债务关系。本案中份额的分割及补偿的效力仅存在于杜某杨和张某丽之间，并不免除张某丽对建设银行按揭贷款债务的责任。且本院已考虑到双方当事人对房屋的投入情况，在征询原、被告双方同意的情况下，按照房屋的毛坯状态进行价值评估。

综上所述，依照《中华人民共和国婚姻法》第三十九条，《最高人民法院〈关于人民法院审理离婚案件处理财产分割问题的若干具体意见〉》第八条，《最高人民法院关于适用〈中华人民共和国婚姻法〉若干问题的解释（三）》第十五条，《中华人民共和国民事诉讼法》第一百四十四条的规定，缺席判决如下：

一、位于广东省佛山市高明区荷城街道高明大道东401号房中张某丽的权利份额归杜某杨，被告杜某杨应于本判决发生法律效力之日起十日内支付243101.76元给张某丽；

二、驳回张某丽的其他诉讼请求。

【法官后语】

本案其中一个争议焦点在于对于离婚时财产分割的法律适用问题。这里涉及房产购买的时间，夫妻双方在资产购置中所谓的贡献率的认定问题。本案中，房产购置于夫妻关系存续期间，但特殊的是该房产的首付是由男方父母出资，剩余的资金来源于男方的公积金贷款。男方认为，既然房屋的首付由男方父母出资，那么应当适用《最高人民法院关于适用〈中华人民共和国婚姻法〉若干问题的解释（三）》（以下简称《婚姻法解释三》）第十条的规定进行计算。但《婚姻法解释三》第十条规定的是夫妻一方婚前以个人财产支付首付款并在银行贷款，婚后用于夫妻共同财产还贷的情形。而本案与该法条规定的情形不符。本案中，房产购置于夫妻关系存续期间，且贷款虽为男方公积金贷款，但与银行签订贷款协议时是以夫妻双方作为债务人签订的抵押借款合同。因此，本案不能适用《婚姻法解释三》第十条的规定。另外，关于房产贡献率的问题。这个问题的处理涉及当事人对房产的情感需求及对司法情感利益平衡的问题。房产的购买是由男方父母出资首付，随后由夫妻双方共同与银行签订借款合同，用男方的公积金贷款支付了该房产的尾款。表面上，看似男方对该房产的资金贡献率较大，那么是否就认定男方应当多分呢？这需要具体案件具体分析。本案中，考虑到对房产的贡献率，在查明事实的基础上，案件处理时将房产的装修价值已经剔除，不参与到夫妻共同财产的分割中。那么，贷款的行为在法律上的认定意义何在呢？贷款的债务人为夫妻双方，也就是夫妻双方对银行均存在还款义务，银行的债权权利不会因为夫妻离婚而打折，因此，共同负债的结果并不能直接认定是男方的贡献大还是女方的贡献大的问题。因此，从出资首付以及公积金贷款两个方面来抗辩男方应当多分房产价值份额的理据是不足的。该男方认为女方对该房产没有任何资金投入。

本案另一个具有典型意义的方面在于，在夫妻双方婚内购置房产且父母出资首付的情况下，离婚时该房产权益如何划分。该案例给出了较为详细且合理的分配方式，并详细考虑到贷款利息的因素、契税、住房维修基金是否应当在成本中扣除的问题。关于贷款利息的问题。利息是分割房产后产生的一个不确定金额，且与当事人的行为方式有很大的关系，例如，如果当事人一次性支付了剩余房贷，就不会产生利息；完全按照贷款时间进行还款就会产生相应的利息，提前还款（但时间均无法在判决分割房产时进行判定的情况下）的时间也是无法确定的，因此，在案件处理时考虑利息的问题是不妥当的，且银行贷款的利息对双方离婚时房产价值并无必然的影响，因此，处理离婚时带有银行按揭贷款的不动产分割案件时无需考虑银行贷款利息因素。至于契税、维修基金的问题已经在文中进行了详尽的描述，对此不再赘述。

编写人：广东省佛山市高明区人民法院　孟洁

16

"夫妻公司"股权在离婚后财产分割时应由经营方给付退出方股权折价款

——张某某诉王某甲离婚后财产案

【案件基本信息】

1. 裁判书字号

北京市第三中级人民法院（2019）京03民终15473号民事判决书

2. 案由：离婚后财产纠纷

3. 当事人

原告（被上诉人）：张某某

被告（上诉人）：王某甲

【基本案情】

1986年12月23日，王某甲与张某某登记结婚。

1996年1月18日，北联公司登记设立，企业类型为有限责任公司，注册资本50万元，法定代表人为杨某甲，股东为杨某甲、王某甲，出资金额分别为1万元、49万元。1996年6月19日，杨某甲的股份1万元及王某甲的部分股份9万元转让给张某某，张某某作为股东并加入股东会，法定代表人变更为王某甲。

1998年8月3日，王某甲与张某某协议离婚，离婚协议书中未载明北联公司股权分割情况。

在北联公司的工商备案材料中，有1份落款日期为2000年6月8日的《北京北联开关控制设备有限公司股权转让协议书》，载明张某某将其出资10万元全部转让给王某乙。2002年8月1日，王某乙的全部股份10万元转让给杨某乙，杨某乙加入股东会，北联公司增加注册资本630万元，其中王某甲增加306.8万元，杨某乙增加323.2万元。2005年8月22日，北联公司股东变更为王某甲、杨某乙、杨某丙，三人出资分别为20.4万元、333.2万元、326.4万元。2006年5月1日，北联公司增加注册资本至3000万元，杨某乙货币出资增至2653.2万元。

2008年11月25日，北联公司减少注册资本至1145万元，减少的1855万元为杨某乙未缴货币出资。2010年9月9日，北联公司股东变更为王某甲、杨某乙，二人出资分别为20.4万元、1124.6万元。

2018年5月26日，王某甲将出资20.4万元转让给刘某某并退出股东会。

后张某某诉至法院，法院判决确认张某某与王某乙之间的2000年6月8日的《北京北联开关控制设备有限公司股权转让协议书》无效，但无法恢复张某某的股东工商登记信息。

现张某某将王某甲诉至本院，要求王某甲给付张某某北联公司股权补偿款200万元。另张某某主张王某甲于1995年向北京顺义北联开关厂投资995659.21元，要求分割其中的50%。

王某甲辩称离婚时已给付张某某20万元作为北联公司股权折价款，北京顺义北联开关厂为北联公司前身，且该厂已在双方离婚前一年注销，故不同意张某某的全部诉讼请求。

【案件焦点】

1. 北联公司股权是否可以作为离婚时未分割的财产进行分割；2. 如可以分割，如何确定股权价值。

【法院裁判要旨】

北京市顺义区人民法院经审理认为：北联公司系在王某甲、张某某婚姻关系存续期间设立，离婚前公司股东为王某甲、张某某，故公司经营所产生的股东收益均属于夫妻共同财产。张某某主张离婚时未对公司股权予以分割，王某甲辩称离婚前给付张某某20万元股权补偿款，但未提交相关证据，且离婚协议书中亦未载明有关公司股权如何分割的内容，故法院对王某甲的此项辩解意见不予采信，对张某某所主张的北联公司股权价值依法分割。

王某甲、张某某在离婚时明知双方均享有北联公司股权但未对股权进行分割，视为其二人一致同意共同持有公司股权。张某某在离婚后未参与公司经营，由王某甲实际经营，考虑到经营公司活动具有风险性，故张某某的行为意味着其愿意承担相应经营风险。张某某要求分割北联公司股权，应结合股权在共有期间的价值变化来确定。北联公司在王某甲、张某某离婚后的注册资本、股东、各股东持有股权比例发生数次变化，根据现有证据，王某甲、张某某共同持有的股权未有收益，张某某亦未提交充分证据证明离婚时北联公司股权价值400万元，故法院参考股权变动情况，确定王某甲给付张某某股权补偿款25万元。

关于张某某主张的王某甲于1995年向北京顺义北联开关厂投资995659.21元，该厂于双方离婚前已注销登记，根据王某甲陈述该厂即为北联公司的前身，张某某未提交充分证据证明双方离婚时存在上述款项，故对张某某的此项诉讼请求不予支持。

北京市顺义区人民法院依照《中华人民共和国婚姻法》第三十九条、《最高人民法院关于适用〈中华人民共和国婚姻法〉若干问题的解释（三）》第十八条之规定，作出如下判决：

一、被告王某甲支付原告张某某股权补偿款25万元，于本判决生效之日起七日内给付；

二、驳回原告张某某的其他诉讼请求。

王某甲不服一审判决，提出上诉。北京市第三中级人民法院经审理同意一审法院裁判意见，依照《中华人民共和国民事诉讼法》第一百七十条第一款第（一）项规定，作出如下判决：

驳回上诉，维持原判。

【法官后语】

离婚后，由于夫妻之间特定身份关系解除，夫妻共同财产失去存在的基础，必须进行分割。夫妻共同财产一般在离婚时进行分割，但有时存在离婚时未分割或者未全部分割、分割后一方反悔或出现可以再次分割的情形。根据《最高人民法院关于适用〈中华人民共和国婚姻法〉若干问题的解释（三）》第十八条的规定，离婚后，一方以尚有夫妻共同财产未处理为由向人民法院起诉请求分割的，经审查该财产确属离婚时未涉及的夫妻共同财产，人民法院应当依法予以分割。本案中，张某某主张离婚时未对北联公司的股权予以分割，王某甲辩称离婚前给付张某某20万元作为股权补偿款，但未提交相关证据，且离婚协议书中亦未载明有关北联公司股权如何分割的内容，故法院对北联公司股权价值依法进行分割。

公司在工商登记中载明的股份分配比例是否可以视为夫妻对于共同财产的约定？最高人民法院民一庭倾向性意见认为："《公司法》对于股东身份无限制性规定，故夫妻双方作为股东设立的有限责任公司并不违反法律规定，在离婚案件中否定'夫妻公司'的法人人格没有法律依据，工商登记中载明的夫妻投资比例并不能绝对等同于夫妻之间的财产约定，如果有证据证明工商登记所载明的事项只是设立公司时形式上的需要，则应按夫妻双方真实的意思表示去处理。"本案中，王某甲与张某某离婚时，北联公司的股东仅为王某甲及张某某二人，虽然在离婚时王某甲持有80%的股份、张某某持有20%的股份，但根据上述意见，北联公司登记的股份分配比例并不相当于夫妻对共同财产的约定比例，北联公司生产经营取得的收益应归王某甲、张某某共同所有。

关于夫妻公司股权如何分割的问题，我国现行的《中华人民共和国婚姻法》《中华人民共和国公司法》及相关司法解释均无明确规定，司法实践中，一般采取如下处理方案：1. 公司股东仍为夫妻二人，由法院明确夫妻二人持股比例；2. 公司股东变为夫或妻一方，由持股一方向退出一方支付股权折价款。本案中，王某甲、张某某于1998年协议离婚，离婚时并未对北联公司的股份进行分割，离婚后由王某甲经营北联公司，张某某未参与公司经营，张某某原持有的20%股份已变更至他人名下，且之后数年在北联公司经营过程中，经过数次增资、减资、股东变更，王某甲所持股份也发生了变化。在此情形下，无法恢复张某某的股东身份及确认其持有北联公司的股份，法院确认离婚时北联股份公司的股权归王某甲所有，由王某甲给付张某某股权折价款。关于股权折价款的具体金额，法院考虑到北联公司数年的连续经营、股权变动情况及价值，确定为25万元。

综上，对于"夫妻公司"在夫妻离婚时如何分割的问题，需区分如下三种情形：1. 夫妻二人保留股东身份，共同经营公司；2. 夫妻解散公司，对公司生产经营取得利润进行清算后分割；3. 夫妻一人不再保留股东身份，由另一方经营公司，由经营方给付退出方股权折价款。在不满足确认股权份额的情况下，则应结合公司经营情况、股东变化情况、股权变化情况等因素综合考虑给付股权折价款。

编写人：北京市顺义区人民法院　刘筠

17

夫妻任意一方能否撤销离婚协议中对子女的财产赠与

——李某微诉翁某江离婚后财产案

【案件基本信息】

1. 裁判书字号

福建省泉州市中级人民法院（2019）闽05民终3389号民事判决书

2. 案由：离婚后财产纠纷

3. 当事人

原告（上诉人）：李某微

被告（被上诉人）：翁某江

【基本案情】

1984年4月13日，李某微与翁某江办理结婚登记手续。同年12月6日生育长女翁某甲，1987年6月22日生育儿子翁某乙，1990年2月16日生育次女翁某丙。2006年3月2日，李某微与翁某江签订离婚协议书，翁某甲、翁某乙、翁某丙、翁某稀（翁某江父亲）均在离婚协议书上签名。后双方根据离婚协议书办理离婚登记手续。离婚协议书主要内容：在婚姻存续期间甲方（翁某江）与乙方（李某微）的夫妻共同财产，经甲乙双方共同协商分配使用如下：1. 湖头镇中山街店面二间、套房一套分配给乙方李某微使用。2. 湖头镇湖美路店面三间、套房二套全部分配给甲方翁某江使用。该店内所有的货物全部归甲方所有。3. 双方对分配使用的房屋，享有使用权，没有所有权，该房屋的所有权全部归甲乙双方的婚生子翁某乙所有。翁某乙继承生父母的财产，应承担其父母的辛苦病痛现叫现到的义务。4. 甲乙双方所分配使用的店面、套房等财产可以出租，不能出卖和转让。5. 上述房产的权属证书全部交给翁某乙保管。在婚姻存续期间，甲乙双方所有发生的债权债务全部归甲方翁某江负责。离婚后，湖头镇中山街房屋及店面由李某微出租，收取租金，湖头镇湖美路房屋及店面由翁某江出租，收取租金。

李某微向一审法院起诉请求：1. 翁某江偿还李某微代偿贷款 160000 元；2. 湖头镇中山街房屋及店面二间产权归属李某微所有；3. 由翁某江承担本案的全部诉讼费用。

【案件焦点】

李某微与翁某江在《离婚协议书》中约定将二人共同财产赠与婚生子翁某乙后，能否在交付财产前撤销赠与。

【法院裁判要旨】

福建省安溪县人民法院经审理认为：一、李某微主张其代翁某江偿还贷款 160000 元，但未能提供证据证明，应承担举证不能的法律后果。二、《最高人民法院关于适用〈中华人民共和国婚姻法〉若干问题的解释（二）》第八条规定：离婚协议中关于财产分割的条款或者当事人因离婚就财产分割达成的协议，对男女双方具有法律约束力。本案离婚协议书不违反法律强制性规定，是双方自愿签订，也均表示协议真实有效，故该协议对李某微、翁某江均具有法律约束力。三、《最高人民法院关于适用〈中华人民共和国婚姻法〉若干问题的解释（二）》第九条规定：男女双方协议离婚后一年内就财产分割问题反悔，请求变更或者撤销财产分割协议的，人民法院应当受理。人民法院审理后，未发现订立财产分割协议时存在欺诈、胁迫等情形的，应当依法驳回当事人的诉讼请求。本案中，李某微与翁某江于 2006 年 3 月 2 日协议离婚，而李某微于 2019 年 2 月 12 日向本院提起诉讼，已超过一年。四、根据本案离婚协议书的内容及证人证言，应认定翁某江与李某微在离婚时双方共同约定将中山街及湖美路的房产共同赠与翁某乙，但李某微、翁某乙享有使用权。五、翁某乙明确表示其同意履行离婚协议书约定的相关义务，故该赠与具有法律效力。本案离婚协议书中翁某江与李某微将共同财产赠与翁某乙的赠与行为是双方对婚姻关系存续期间财产分割的一种处分，是建立在双方夫妻身份关系解除的基础上。因此，在翁某江明确表示不同意的情况下，李某微单方要求将房产判决归其所有，没有法律依据。

福建省安溪县人民法院依照《最高人民法院关于适用〈中华人民共和国婚姻法〉若干问题的解释（二）》第八条、第九条，《最高人民法院关于适用〈中华人民共和国民事诉讼法〉的解释》第九十条规定，作出如下判决：

驳回李某微的诉讼请求。

李某微不服一审判决，提出上诉。福建省泉州市中级人民法院同意一审法院裁判意见，依照《中华人民共和国民事诉讼法》第一百七十条第一款第（一）项的规定，作出如下判决：

驳回上诉，维持原判。

【法官后语】

本案的争议焦点是：原告李某微与被告翁某江在《离婚协议书》中约定将二人共同财产赠与婚生子翁某乙后，能否在交付财产前撤销赠与？第一种观点认为，夫妻双方在离婚协议中将夫妻共同财产赠与婚生子女的行为，系属对夫妻共同财产的处分，应适用有关赠与合同的法律法规。因此，夫妻任意一方均可以在财产权利转移之前行使任意撤销权。第二种观点认为，离婚协议中对夫妻共同财产的处分是建立在原有婚姻关系这种特有关系的基础上而达成的具有人身财产双重属性的合意，不能简单适用赠与合同的任意撤销权。

笔者赞同第二种观点，理由如下：

1. 适用赠与合同任意撤销权，将破坏离婚协议的整体性。离婚协议的核心目的大多是解除夫妻双方婚姻关系。离婚协议中约定将夫妻共同财产赠与子女也不例外，这种赠与行为的目的主要是解除婚姻关系。因此，离婚协议中的赠与行为并非独立存在的赠与合同，而是与解除婚姻关系、抚养子女、分割共同财产、清偿共同债务等问题组成一个有机的整体。特别是夫妻双方在分割共有财产时，往往会进行多次协商，以对多项共同财产的分割达成一个概括合意。在这个合意中，对任意一项财产的处分均不是独立存在的，而是与其他财产的处分互为原因、互为结果。在这种情况下，若是允许夫妻一方拥有对赠与行为的任意解除权，将会破坏离婚协议的整体性，尤其是对共同财产分割的整体性。

2. 适用赠与合同任意撤销权，将违反夫妻抚养子女的道德义务。离婚协议中将夫妻共同财产赠与婚生子女的行为，其核心不仅是对夫妻共同财产的分割，还掺杂着子女抚养、夫妻感情等多方面因素。这种赠与行为在表面上虽然与一般的赠与合同一样具有无偿性，但实际上，它往往与父母对子女的抚养义务及其他附随义务紧密相连。因此，这种赠与行为属于附有道德义务性质的赠与。《中华人民共和国合同法》第一百八十六条规定："赠与人在赠与财产的权利转移之前可以撤销赠与。具有救灾、扶贫等社会公益、道德义务性质的赠与合同或者经过公证的赠与合同，不适用前款规定。"由此可以看出，离婚协议中的赠与行为属于不可撤销的赠与合同，不能适用赠与合同的任意撤销权。

3. 适用赠与合同的任意撤销权，将违反诚实信用原则。由于离婚协议是夫妻双方为了解除婚姻关系而经过多次磋商才达成的合意，因此，这种合意中就不可避免地发生一方为使另一方同意解除婚姻关系而在财产处分方面做出让步、妥协。因此，若是允许夫妻一方享有任意撤销权，将有可能发生夫妻一方恶意利用赠与合同的任意撤销权以达到既离婚又占有财产目的的问题。在这种情况下，还将对夫妻另一方，甚至是婚生子女造成严重的经济损失和精神伤害。因此，基于诚实信用原则，离婚协议中将夫妻共同财产赠与婚生子女的行为一般是不可撤销的。《最高人民法院关于适用〈中华人民共和国婚姻法〉若干问题的解释（二）》第九条规定："男女双方协议离婚后一年内就财产分割问题反悔，请求变更或者撤销财产分割协议的，人民法院应当受理。人民法院审理后，未发现订立财产分割协议时存在欺诈、胁迫等情形的，应当依法驳回当事人的诉讼请求。"因此，若是夫妻一方可以提供证据证明离婚协议中有关财产分割的签订存在欺诈、胁迫等情形，则其可以变更撤销离婚协议中有关财产分割的合意，这当然包括撤销离婚协议中将共同财产赠与子女的行为。

本案中，原告李某微在与被告翁某江签订《离婚协议书》后，向法院提起撤销赠与婚生子房产的诉讼。但是原告李某微在被告翁某江拒绝撤销赠与、案外人翁某乙否认拒不接受赠与的情况下，由于未能提供证据证明《离婚协议书》的签订存在欺诈、胁迫等情形，应当承担举证不能的责任。此外，原告李某微系在《离婚协议书》签订13年后才向法院提起诉讼，远超过法律规定的1年除斥期间。因此，对原告李某微的诉讼请求应予驳回。

编写人：福建省安溪县人民法院　苏亚东

18

离婚后所产生的共同债务逾期利息应根据各自迟延履行程度予以合理分担

——李某诉王某离婚后财产案

【案件基本信息】

1. 裁判书字号

北京市第一中级人民法院（2019）京01民终5215号民事判决书

2. 案由：离婚后财产纠纷

3. 当事人

原告（被上诉人）：李某。

被告（上诉人）：王某。

【基本案情】

李某与王某原系夫妻关系，二人于1989年7月6日登记结婚。

1996年11月13日，李某驾驶大货车行至昌平县中山路口环北酒楼处，适有顾某英骑自行车经过，双方会车时，顾某英摔倒在大货车的左后轮前，大货车的左后轮从顾某英身上轧过，顾某英受重伤，经医院抢救无效死亡。1997年顾某英的配偶于某义将李某起诉至法院，要求赔偿医疗费、丧葬费等损失。法院于1997年6月9日出具（1997）昌民初字第211号民事判决书，判决李某赔偿医疗费、丧葬费、死亡补偿费等各项费用36634.62元。

案件审理过程中，李某、王某均认可在1996年11月13日发生交通事故时李某所驾驶的大货车系李某购买用于拉砂石料挣钱的，李某称其系个体运输户。

2002年，王某起诉至法院，要求与李某离婚。2002年8月16日，法院出具（2002）昌民初字第4385号民事判决书，判决：王某与李某离婚，婚生子由王某抚养，李某每月给付子女抚养费300元，同时坐落在×××镇×××村的北瓦房三间全部归王某所有。离婚诉讼中，李某与王某均未提及（1997）昌民初字第211号民事判决书中所涉及的尚未偿还的债务。

于某义曾就（1997）昌民初字第211号民事判决书申请过强制执行，并于2018年申请恢复执行后，申请追加王某为被执行人，但因于某义的追加申请不属于法律或司法解释规定的应追加被执行人的法定情形，故法院裁定驳回其追加请求。

2018年11月，李某将（1997）昌民初字第211号民事判决书所涉及的案款及迟延履行债务利息共计121617元交至法院，后李某以离婚后财产纠纷为由起诉要求王某共同负担该笔夫妻共同债务，其诉讼请求：1. 请求法院判决王某支付夫妻共同债务中的一半60808.5元；2. 诉讼费用由王某承担。

【案件焦点】

王某是否应当负担（1997）昌民初字第211号民事判决书所涉及的赔偿款项。

【法院裁判要旨】

北京市昌平区人民法院经审理认为：夫妻一方因侵权行为致人损害产生的债务，一般认定为一方个人债务。但该侵权行为系因家庭劳动、经营等家事活动产生或其收益归家庭使用的，应认定为夫妻共同债务。本案中，李某驾驶大货车系为从事运输赚取运费，发生交通事故时系李某与王某夫妻关系存续期间，其运费收益属夫妻共同财产，其因驾驶大货车发生的侵权行为致人损害产生的债务，也应属夫妻共同债务。因此，（1997）昌民初字第211号民事判决书所涉及的赔偿款项应属夫妻共同债务，应由王某负担一半。之后因李某作为被执行人未按判决指定的期间履行给付金钱义务，产生了较高的迟延履行期间的债务利息，利息也应按照夫妻共同债务由李某、王某分担，但考虑到该笔利息产生的原因主要系李某未能及时履行判决所致，故利息部分应由李某分担较大份额，王某分担较小份额，并最终判决王某支付李某夫妻共同债务补偿款39932元。

王某不服提起上诉，北京市第一中级人民法院经审理认为一审判决认定事实清楚，适用法律正确，应予维持。依照《中华人民共和国民事诉讼法》第一百七十条第一款第（一）项规定，作出如下判决：

驳回上诉，维持原判。

【法官后语】

夫妻共同债务是指夫妻双方在婚姻关系存续期间为维系家庭生活、履行法定义务进而共同生产、经营所负有的债务。通常来讲，夫妻共同债务的形成须为夫妻共同合意而举债或夫妻虽无举债合意但实际上共同分享了因债务所产生的生活利益。因夫妻一方侵权所引发的对外债务，由于缺少举债合议又无法产生家庭财产增益，一般应认定为个人债务。但如果引发侵权之债的原因行为系为家庭劳动、经营或其收益归家庭共同使用的，此时该债务亦应认定为夫妻共同债务。

《中华人民共和国婚姻法》第四十一条规定：离婚时，原为夫妻共同生活所负的债务，应当共同偿还。对其具体责任形式，《最高人民法院关于适用〈中华人民共和国婚姻法〉若干问题的解释（二）》第二十五条第二款进一步明确：一方就共同债务承担连带清偿责任后，基于离婚协议或者人民法院的法律文书向另一方主张追偿的，人民法院应当支持。也就是说，夫妻对婚姻关系存续期间的共同债务应当承担连带清偿责任，任何一方在婚姻关系解除后又因共同债务承担责任的，可以根据离婚协议或者人民法院裁判文书中确定的原则和内容行使追偿权。

回归到本案中，李某驾驶货车发生交通事故虽为个人侵权行为，但该货运活动本身属于为家庭生活而劳作经营，由此而生的侵权之债为夫妻共同债务应无异议。本案的争议焦点在于：1. 在共同债务数额已定的情况下，夫妻离婚后因债务履行而产生的逾期利息是否属于共同债务；2. 若该逾期利息属于双方共同债务，在李某对外独立承担清偿责任后，对内应如何与王某进行分担。

就上述争议，审判过程中出现了两种观点。一种观点认为，在共同债务赔偿数额确定后，王某起诉要求与李某离婚并进行财产分割，其间二人并未对此债务提出主张，故应结合离婚判决对于共同财产分割主要原则，由分得主要财产的王某承担全部36634.42元的基础债务，对于主要因李某逾期而产生的相应利息，应由李某个人承担。另一种观点认为，李某与王某离婚时夫妻共同债务及数额已经确定并为二人知晓，双方均负有积极偿还的义务，故基础债务及其孳生逾期利息均应为夫妻共同债务，但考虑到李某对债务逾期的责任更为严重，故应结合各自逾期过错，在双方之间予以合理分担。

编者更为赞同第二种观点，原因在于：首先，李某的侵权行为发生后，其与王某的夫妻共同债务已经形成，基础赔偿数额也已经确定，而双方在离婚诉讼前未积极进行清偿，诉讼中对于此债务又采取了消极隐瞒的态度，二人对逾期利息的产生均存在过错，故该逾期利息不应被排除在夫妻共同债务之外；其次，案涉离婚判决系在双方隐瞒共同债务的情况下做出，其财产分配原则无法考虑到真实的家庭收支状况，也无法预料到共同债务所孳生的巨额逾期利息，在此情况下机械地适用司法解释的规定由王某最终承担全部清偿责任明显有违公平原则，故该笔债务及利息均应由二人共同承担；最后，类推适用连带责任的一般原理，连带责任人应根据各自责任大小确定最终的赔偿数额，仅在难以确定责任大小的情况下，平均承担赔偿责任。本案中，李某虽要求王某平均分担全部债务及利息，但原发侵权行为系由李某个人过失引起，而侵权案件的当事人及被执行人亦均为李某一人，其相较于王某而言具备更为明显的执行压力及清偿束缚，对长期逾期行为产生巨额利息负有更大过错。故综合上述原因，法院最终判决由李某承担主要清偿责任，王某承担次要清偿责任，这既体现了民事责任分担中的过错因素，又彰显了民法的公平要旨。

编写人：北京市昌平区人民法院　张祎慧　袁满

19

共同申请的限价商品房离婚后分割的裁判规范

——王某诉白某离婚后财产案

【案件基本信息】

1. 裁判书字号

北京市第二中级人民法院（2019）京 02 民终 13402 号民事判决书

2. 案由：离婚后财产纠纷

3. 当事人

原告（上诉人）：王某

被告（被上诉人）：白某

【基本案情】

王某向本院提出诉讼请求：1. 请求判决夫妻共同财产201号房屋归原告所有；2. 诉讼费由被告承担。

白某辩称，201号房屋虽是双方婚后共同申请的，但是所有的款项、税费以及装修款都是由白某父亲白某清支付的。根据《最高人民法院关于适用〈中华人民共和国婚姻法〉若干问题的解释（三）》第七条第一款规定，婚后一方父母出全款购房登记在自己子女名下的，视为对自己子女的赠与，201号房屋是白某清赠与白某个人的，不是夫妻共同财产。（2017）京0115民初10867号民事判决书中也载明了证人作证是白某清赠与白某个人的。虽然在2016年，《北京市高级人民法院民一庭关于审理婚姻纠纷案件若干疑难问题的参考意见》第三十二条第二款，关于政策性房款分割问题，对于婚后以夫妻双方名义申请政策性住房，以夫妻共同财产支付全部房价款的视为夫妻共同财产。但本案并不符合上述规定，应当按照《最高人民法院关于适用〈中华人民共和国婚姻法〉若干问题的解释（三）》第七条处理，虽然该款项没有明确说是政策房，但从立法初衷看，就是给自己子女的赠与。从房屋的占有使用角度看，房屋也是白某的，故不同意王某的诉讼请求。

经审理查明：王某与白某原系夫妻关系，二人于2006年6月1日登记结婚，婚后二人无子女。2017年6月7日，白某向北京市大兴区人民法院提起诉讼，要求依法解除白某、王某的婚姻关系，并分割夫妻共同财产长安铃木小轿车一辆（京××××××）。2017年9月21日，本院做出（2017）京0115民初10867号民事判决书，判决白某与王某离婚，车牌号京××××××的长安牌小客车归王某所有，王某给付白某车辆折价款30000元。

2011年7月20日，白某（买受人）与首开公司（出卖人）签订了北京市商品房预售合同（限价商品住房），白某作为买受人购买了本案诉争房屋201号房屋，201号房屋建筑面积88.63平方米，单价每平方米6500元，总价576095元，其于2011年6月14日向首开公司支付该房屋总房款。2011年6月14日，白某清通过中国民生银行的银行卡刷卡支付了购房款576095元。2012年12月，201号房屋办理入住手续，房屋实际面积为88.48平方米，结算后房款为575120元，另白某需交纳契税5751.2元、公共维修基金17696元、产权代办费700元、房屋登记费80元、房产证印花税5元、测绘图表费120元、供暖费1681元、物业费1911.17元、生活垃圾清运和公共照明费96元、有线电视初装费300元、装修管理费800元、装修保证押金2000元。2013年12月16日，201号房屋办理了房屋所有权登记，产权证号为×××，房屋性质为限价商品住房，房屋所有权人为白某，共有情况为单独所有，房屋坐落为大兴区丽园路30号院××号楼2层3单元201号，建筑面积88.48平方米。

至于201号房屋申请情况，白某提交了大兴区康庄限价商品住房入围家庭认购登记表（以下简称认购登记表）两份，均记载申请人白某、配售户型一居室；王某提交了2011年5月25日北京市榆垡镇限价商品住房购买资格审核备案通知单，记载申请人白某，备案日期2010年11月11日，家庭申请人口2人，姓名白某、王某，配售一套1居室（户型）限价商品住房。

本案审理过程中，王某提交了：201号房屋的预售合同，证明签订于双方婚姻关系存续期间；限价商品住房购买资格审核备案通知单，证明系以二人名义申请购买；银行交易明细及购房发票，证明白某的拆迁款转入其父白某清名下，是白某清代为支付购房款；水电费发票、供暖费发票及微信购电记录，证明其在201号房屋居住。对上述证据，白某质证称：房屋的预售合同及备案通知书真实性认可，不认可证明目的；银行交易明细真实性认可，但拆迁款系其父母的拆迁款，不是白某的；入住通知单真实性认可；水电、暖气费及微信交纳电费记录真实性认可，但不认可其在居住，双方均未长期在201号房屋居住。白某提交了：银行交易明细，证明其父白某清支付的购房款；家庭认购登记表，证明申请人系白某一人；房产证，证明房屋系白某个人单独所有；税费发票、物业费发票、供暖费发票，证明上述费用系其支付。对上述证据王某质证称：银行交易明细真实性认可，不认可证明目的，该款系白某、王某的拆迁款；认购登记表真实性认可，不认可证明目的，201号房屋系以家庭为单位申请的；房产证、税费发票、物业费发票、供暖费发票真实性认可，但不认可证明目的。

经查，《北京市限价商品住房管理办法（试行）》第十三条规定“限价商品住房供应对象为本市中等收入住房困难的城镇居民家庭、征地拆迁过程中涉及的农民家庭及市政府规定的其他家庭。申请购买限价商品住房家庭应符合以下条件：（一）申请人须具有本市户口，申请家庭应推举具有完全民事行为能力的家庭成员作为申请人。单身家庭提出申请的，申请人须年满30周岁……（二）申请家庭人均住房面积、家庭收入、家庭资产须符合规定标准，并实行动态管理……”2008年4月8日，北京市建设委员会、市发改委、市规划委等八部门共同发布的《关于印发北京市限价商品住房申购家庭收入、住房和资产准入标准及已购限价商品住房上市交易补交比例的通知》第三条规定“已购限价商品住房家庭取得契税完税凭证或房屋所有权证满五年后，可以按市场价出售所购住房，应按照市有关部门公布的届时同地段普通商品住房价格和限价商品住房价格之差的一定比例交纳土地收益等价款，交纳比例为35%”。经询问，王某、白某均认可涉案201号房屋目前价值为每平方米34000元。

另查，2010年11月，北京市大兴区榆垡镇榆垡村进行拆迁，白某父母白某清、回某琴的两处院落被拆迁。拆迁时，白某作为其中一个院落的被拆迁人进行拆迁安置，该院落选择货币补偿，补偿款下发后第三天即转账给白某清。两个院落的拆迁款由白某清掌管，用于家庭共同生活，包括支付房租、购买车辆、给付白某及其弟白某甲部分款项用于经营。至于201号房屋购房款的性质，王某主张系其与白某的拆迁款，白某辩称系其父母的拆迁补偿款。另，双方均表示拆迁时家庭内并未分家。2018年10月，王某以分家析产为由将白某清、回某琴、白某、白某甲、胡某婵诉至本院，要求分割两处院落的拆迁补偿款，并由其取得安置房。在该案中查明，王某系河北省邯郸市邱县城镇户籍，其与白某对院落内房屋建造无贡献，王某、白某各享有50平方米的优惠购房指标。

北京市第二中级人民法院经审理，确认一审北京市大兴区人民法院认定的事实和证据。

【案件焦点】

201号房屋购房款的性质及王某可享有的房屋份额。

【法院裁判要旨】

北京市大兴区人民法院经审理认为，本案争议的焦点问题是201号房屋购房款的性质及王某可享有的房屋份额。至于201号房屋购房款的性质，王某称系白某的拆迁款，白某称系自己父母的拆迁款，并非自己的拆迁款。结合榆垡村白某父母院落的拆迁情况，王某、白某均不享有房屋所有权，王某系河北省邯郸市邱县城镇户籍，无权享有宅基地区位补偿及其他奖励和补助，但白某作为家庭成员，其户籍在被拆迁的院落内，应当享有一定的拆迁补偿利益，其中白某享有的部分拆迁利益与其特定的身份相关，应系其个人财产，但其拆迁利益中亦有属于婚后取得应属于夫妻共同财产的部分。另，拆迁后，所有拆迁补偿款均由白某清掌管，并未分家，其中虽有部分钱款用于家庭共同生活支出、分给白某和白某甲兄弟二人，但家庭财产混同的情况确属事实。另在201号房屋交纳房款时，王某、白某之间以及与白某之父白某清之间未明确约定支付的购房款之权利人，亦未明确约定201号房屋之归属，结合上述拆迁情况、家庭内未分家以及购房款来源于拆迁款的事实，本院认定201号房屋的购房款包含白某及其父白某清的拆迁款。因白某对于拆迁院落内房屋建造无贡献，且其认为全部拆迁款系父母所有，购房款中白某所占的份额应小于其父白某清的份额，本院酌情确定白某、白某清的比例分别为40%、60%。

至于王某可享有的房屋份额。201号房屋系白某在与王某婚姻关系存续期间申请的限价商品房。根据《北京市限价商品住房管理办法（试行）》第十三条之规定，限价商品住房的供应对象为本市中等收入住房困难的城镇居民家庭、征地拆迁过程中涉及的农民家庭及其他家庭，且申请人须具有本市户口，单身家庭的申请人须年满30周岁。201号房屋申购之时，白某系北京市户口，年龄接近30周岁，王某为非北京市户口，但白某单独申请仍不符合申请条件，正是由于白某的户籍条件加上其与王某的婚姻关系，才符合限价商品房申请资格之成就，故王某对于201号房屋的申请资格之成就，具有一定的贡献。另外，白某所述201号房屋系其父白某清出资购买并登记于其名下，应视为对其个人的赠与之主张，建立在购房款属于其父母所有的基础之上；根据本院查明的事实，白某父母在榆垡村的两处院落拆迁时家庭内未分家，拆迁款应有白某的份额，而201号房屋的购房款来源于拆迁款，购房款中有白某的份额，故白某所称购房款系其父白某清赠与其个人的主张，本院不予采信，但白某清的出资部分可视为对其个人的赠与。结合上述限价商品房的申购资格及出资情况，白某清的出资视为对白某的赠与，其余购房出资款包含了白某因其身份关系取得的属于个人财产的部分（如基于集体经济组织成员取得的宅基地补偿等），以及白某非因身份关系取得的拆迁款，该部分应作为其与王某的共同出资。结合王某对于申请资格之成就的贡献，考虑购房款包含白某、王某共同出资的情形，本院酌情确定王某享有201号房屋中20%的财产份额。

至于201号房屋的归属，应结合限价商品房的性质、双方户籍状况及二人居住生活情况酌情予以确定。201号房屋系限价商品房，属于政策性住房，系政府采取限房价限面积的手段针对一定住房困难的居民实行的一种惠民政策，具有一定的人身属性，在购买资格及申请程序方面具有一定的限制；该房屋系由白某作为申请人并签订购买合同，产权登记在白某名下，属于单独所有，故201号房屋应由白某取得该房屋产权，由白某按照份额给予王某折价补偿款较为合适。至于折价补偿款的数额，双方均认可201号房屋若作为普通商品住房出售，现在价值为每平方米34000元，另根据限价商品住房上市交易需补交35%的土地收益等价款的规定，201号房屋若上市交易需补交851620元，王某、白某可分割的房屋价值为2156700元（34000元/平方米×88.48平方米-851620元），故王某享有431340元的折价补偿款。一审法院判决如下：

一、涉案201号房屋归白某所有，白某给付王某房屋折价款431340元（于本判决生效后30日内履行）；

二、驳回王某的其他诉讼请求。

北京市第二中级人民法院认为，本案的争议焦点为一审法院认定的王某对201号房屋所享有的财产份额是否恰当的问题。根据查明的事实，白某之父支付了201号房屋的部分购房款，但根据上述房屋的购房、白某家庭拆迁的时间顺序以及拆迁款的取得给付情况，一审法院认定201号房屋的购房款中包含白某及其父白某清的拆迁款正确，同时根据实际拆迁情况确定白某的出资比例亦无不当。因201号房屋系政策性住房，一审法院考量该房屋的申请变更情况以及实际购买出资情况，确定王某享有20%的财产份额符合法律规定的公平原则，所确定的折价补偿款数额亦无不妥。二审判决：驳回上诉，维持原判。

【法官后语】

房产分割历来是离婚案件中的重要问题，因其财产价值大，且具有居住保障的功能，离婚双方在房产分割方面往往争议较大。本案中，不同于以往夫妻共同财产中房屋分割的是，双方争议的房屋系限价商品房。围绕限价商品房的分割，主要有以下问题：一是王某对于限价商品房的取得是否具有贡献，应否作为夫妻共同财产；二是王某是否有权取得限价商品房。

限价商品房是指政府采取招标、拍卖、挂牌方式出让商品住房用地时，提出限制销售价格、住房套型面积和销售对象等要求，由建设单位通过公开竞争方式取得土地，进行开发建设和定向销售的普通商品住房。作为政策性房屋，限价商品房具有房屋的财产属性，但其财产权益是受限制的。申请人应当满足特定的条件。限价商品房旨在限制高房价，解决中等收入家庭的住房困难问题，具有保障性、商品性、受限流通性等特点。

一、王某对于限价商品房的取得是否具有贡献，该房屋是否属于夫妻共同财产

一方面，在分析王某对限价商品房的取得是否具有贡献方面，应从王某对于限价商品房申购资格条件的成就方面予以考虑。《北京市限价商品住房管理办法（试行)》第十三条规定，“限价商品住房供应对象为本市中等收入住房困难的城镇居民家庭、征地拆迁过程中涉及的农民家庭及市政府规定的其他家庭。申请购买限价商品住房家庭应符合以下条件：（一）申请人须具有本市户口，申请家庭应推举具有完全民事行为能力的家庭成员作为申请人。单身家庭提出申请的，申请人须年满30周岁。市政府有关部门可根据限价商品住房供需情况，对单身申请人年龄实行动态管理。（二）申请家庭人均住房面积、家庭收入、家庭资产须符合规定标准，并实行动态管理……”由此，争议的201号房屋系限价商品房，在申购之时，王某、白某作为申购家庭，符合申请条件，王某虽不具有北京市户口，但如果白某个人申请的话，其在2010年和2011年5月时，年龄尚不满30周岁，亦不符合申购条件。故王某在201号房屋的申购资格成就方面具有一定的贡献。

另一方面，王某在201号房屋购房款来源上是否具有贡献。从购房款的支付形式上看，201号房屋系白某之父白某清支付全部购房款，符合《最高人民法院关于适用〈中华人民共和国婚姻法〉若干问题的解释（三)》第七条规定的情形，即婚后由一方父母出资为子女购买的不动产，产权登记在出资人子女名下的，可按照婚姻法第十八条第（三）项的规定，视为只对自己子女一方的赠与，该不动产应认定为夫妻一方的个人财产。那201号房屋是否就属于白某的个人财产呢？要解决此问题，需要考察白某清支付的购房款是否系白某清的存款或白某的个人财产。经审理，白某清支付的购房款来自其家庭拆迁的补偿款，该款项中应有白某的份额，但白某、王某对于拆迁院落房屋的建造没有贡献，其可获得的补偿款主要是其享有宅基地使用权而获得的，与其是被拆迁院落的集体经济组织成员的特定身份相关联，

此部分补偿款应系其个人财产；另，白某的拆迁利益中（工程配合奖、提前搬家奖等）亦有属于婚后取得应属于夫妻共同财产的部分。故法院综合考虑购房款的来源、夫妻二人对于购房资格的成就之贡献，确定王某享有房屋20%的份额。在房屋归属上，因房屋登记在白某名下，且白某所占份额远大于王某，王某系河北省城镇户籍，离婚后王某也不具备申请北京市限价商品房的条件，故法院判决房屋归白某所有，由白某给付王某折价款。

在处理涉及婚后申请并购买限价商品房时，不仅应考虑购房款是否来源于夫妻双方的存款，抑或夫妻二人的个人出资情况，也应考虑在限价商品房的申购资格上，夫妻二人对于该购房资格的成就方面是否具有贡献。

二、夫妻共同财产之潜在共有

我国实行法定夫妻共同财产制，《中华人民共和国婚姻法》第十七条规定：夫妻在婚姻关系存续期间所得的下列财产，归夫妻共同所有：（一）工资、奖金；（二）生产、经营的收益；（三）知识产权的收益；（四）继承或赠与所得的财产，但本法第十八条第（三）项规定的除外；（五）其他应当归共同所有的财产。夫妻对共同所有的财产，有平等的处理权。上述可归纳为婚后所得共同制，如将夫妻共同财产中的“财产”解释为民法中的财产权，会导致夫妻共同财产取得规则完全形式逻辑化，与夫妻共同财产制的价值基础（推定夫妻二人对家庭的贡献相等）相背离。《最高人民法院关于适用〈中华人民共和国婚姻法〉若干问题的解释（二）》第二十二条、婚姻法司法解释三第七条、第十条虽然对夫妻共同财产分割设置了具体的操作规范，从不动产的资金来源区分是否为夫妻共同财产，但该规定缺乏系统的理论阐释。潜在共有理论却能解释上述不足。

潜在共有理论系日本学者我妻荣提出，将夫妻共同财产区分为对外和对内两个维度进行分析，对外根据财产名义人来判断财产的归属，对内则根据实质对价的负担来判断财产的归属。在婚姻关系存续期间，尽管从取得该财产的贡献上考虑该财产实质上应该归属于夫妻共有，但为了保护交易安全，这种共有并不显在化，只有在离婚或者夫妻一方死亡时这种共有才显在化，用以确定夫妻财产的清算。潜在共有理论的优势在于，在确定夫妻关系内部的财产分割时，可以实质性地考虑取得该财产的对价来源，如果没有证据证明其来源于一方的个人财产，则推定为夫妻共同财产。

本案中201号房屋的分割，涉及婚姻法司法解释二第二十二条和婚姻法司法解释三第七条之规定，在认定白某清出资购房的性质上，要明确究竟该出资来源于白某清，还是来源于白某清家庭（其中包含了白某的份额），即实质性考虑该财产的对价来源，而非仅仅从形式上看是白某之父出资购房，从而认定该出资是对白某个人的赠与。白某清家庭内部未分家，该出资款来源于家庭拆迁所得，其中自然有白某的份额，故法院在认定该出资时，一方面确定了有白某清的款项，该部分系白某清对白某个人的赠与；另一方面白某的份额中，有个人财产部分，亦有作为夫妻共同存款部分，故201号房屋的出资款中有白某、王某二人夫妻共同财产出资部分。

本案一、二审法院的观点符合夫妻共同财产潜在共有的理论，婚姻法司法解释二第二十二条和婚姻法司法解释三第七条以及婚姻法第十七条第一款第（四）项均系潜在共有理论下意思表示解释规则，父母的财产转化为子女一方财产是基于父母的意愿，应属于根据父母出资行为作出的推定的意思表示，符合我国国情。

编写人：北京市大兴区人民法院　孙鹏

20

通谋虚伪离婚的法律问题研究

——高某诉马某离婚后财产案

【案件基本信息】

1. 裁判书字号

北京市第二中级人民法院（2019）京02民终10856号民事判决书

2. 案由：离婚后财产纠纷

3. 当事人

原告（上诉人）：高某

被告（被上诉人）：马某

【基本案情】

2007年12月28日，高某与马某登记结婚。2013年6月19日生育一子马小某。

2016年12月7日，高某与马某签订《离婚协议书》并在民政局登记离婚。该《离婚协议书》载明："男方：马某；女方：高某。男女双方于2007年12月28日结婚。2013年6月19日生育儿子马小某。因协议人双方感情原因自愿协议离婚，并对于子女抚养、财产及债务处理等达成如下一致意见：一、马某与高某自愿离婚；二、儿子马小某由女方抚养，男方每月给付抚养费500元，每月5日前付清，直到马小某满18周岁止；三、男方名下丰台区106号商品房一套归男方所有，女方名下朝阳区602号商品房一套归女方所有；四、双方共有现金、证券、理财各享50%；五、双方共有的60万元债务由男方个人承担。我们自愿协议离婚，双方均同意本协议的内容。协议人：马某，2016.12.7。协议人：高某，2016.12.7。"

2016年12月7日，马某与高某签订《离婚补充协议》，内容为："男方：马某。女方：高某。男女双方因感情问题需要短期体验不同婚姻状态，准备于近期去民政局办理离婚手续，特签订本协议，作为将在民政局备案的离婚协议之补充，供双方共同遵守：一、双方同意在办理离婚手续后一个月之内无条件办理复婚手续，若有一方不同意复婚即属严重违约，违约方应赔偿另一方因不能复婚而造成的任何损失；二、双方所签在民政局备案的离婚协议中有关财产分割的条款均不是双方真实的意思表示，均为无效；三、因为本次离婚只是为了短暂的体验，离婚不是双方的真实目的，故双方本次离婚备案于民政局的离婚协议以及双方本次离婚期间及复婚后的实际财产划分均不是双方财产分割真实的意思表示，均不成立，不影响双方婚姻财产原本合法的界定，且双方均承诺，本次短暂离婚在财产方面应视为双方没有离婚，应等同于双方婚姻关系继续存续……五、虽然本补充协议在双方于民政局备案的离婚协议之前签订，但本补充协议生效是双方签订离婚协议的前提条件，双方确认本协议的效力高于离婚协议。"

后，高某向一审法院起诉，诉讼请求为：1. 马某给付高某人民币771639元（其中包括48072美元、464700港元、股票市值494500港元和2438美元）；2. 判令马某给付高某已经偿还的邮政储蓄银行的信用贷款本金60万元以及2016年12月至2017年7月的利息17544.6元；3. 诉讼费由马某负担。

【案件焦点】

1.《离婚协议书》及《离婚补充协议》的效力认定问题；2. 离婚登记效力问题。

【法院裁判要旨】

北京市丰台区人民法院经审理认为：我国的婚姻制度实行婚姻自由原则。双方于2016年12月7日签订的《离婚补充协议》约定双方离婚不是双方真实目的，且约定双方离婚后必须复婚，违反了婚姻自由原则，所以《离婚补充协议》应认定无效。双方同日签订的《离婚协议书》因并非双方真实意思表示，亦应认定无效。但双方已在民政局办理离婚登记，《离婚协议书》与《离婚补充协议》的无效不影响双方婚姻关系的解除，因此双方婚姻关系已解除。本院对双方争议的财产按照相关法律规定依法予以分割。

北京市丰台区人民法院依照《中华人民共和国婚姻法》第十七条、第十八条、第三十九条、第四十七条，《中华人民共和国民法总则》第一百四十三条，作出如下判决：

一、高某名下的财产归高某所有，马某名下的财产归马某所有，高某于判决生效后七日内给付马某折价款1137733.75元，马某于判决生效后七日内给付高某折价款25289.89美元、479615.98港元；

二、驳回高某、马某的其他诉讼请求。

高某不服一审判决，提出上诉。北京市第二中级人民法院经审理认为：1.《离婚协议书》因系双方以虚假意思表示做出而无效。《中华人民共和国民法总则》第一百四十六条规定："行为人与相对人以虚假的意思表示实施的民事法律行为无效……"本案中，高某、马某签署《离婚协议书》并据此在民政部门办理离婚手续，但同日签署的《离婚补充协议》中明确约定双方所签在民政局备案的离婚协议不是双方真实的意思表示。故，因《离婚协议书》非高某、马某的真实意思表示，其二人以虚假的意思表示签署的《离婚协议书》应属无效。

2. 高某、马某之离婚登记有效。在我国，婚姻关系的缔结或解除系民事行为与行政行为的混合，其必须遵守法定的程序和方式，履行法定的手续，当事人之间仅形成相应合意并不当然产生法律效力。本案中，高某与马某作为完全民事行为能力人选择通过行政程序解除双方婚姻关系，在婚姻登记机关做出自愿离婚的意思表示，并通过提交《离婚协议书》的方式表示就财产分割及子女抚养问题已经达成一致意见，高某与马某二人的婚姻关系已由婚姻登记机关依照法定程序予以解除，鉴于婚姻登记之公示公信效力，虽然双方在办理离婚登记时真实意思为通谋虚伪离婚，但并不因此导致离婚登记无效。

3.《离婚补充协议》因违背公序良俗及婚姻自由原则而无效。民法总则规定，民事主体从事民事活动，不得违反法律，不得违背公序良俗；违背公序良俗的民事法律行为无效。本案中，高某、马某签署的《离婚补充协议》损害了婚姻关系的道德伦理性和严肃性，违背了基本的社会道德规范。而案涉《离婚补充协议》中关于无条件办理复婚的内容显然系以财产为条件限制协议双方的婚姻自由，侵犯了公民的合法权利。同时，因《离婚补充协议》涵盖婚姻身份关系以及财产关系，各条款之间具有相当程度的关联性，属于不可分割的整体。涉及身份关系之条款被认定为无效，则涉及财产分割之条款亦应一并确认为无效。

4. 关于财产分割问题。根据106号房屋的产权变更情况，本院认为该房屋应认定为马某与高某之夫妻共同财产，房屋出资及还贷情况不应再作为财产分割时之考量因素，一审对此处理不妥，本院依法予以改判；一审法院对其他财产所做处理并无不当，本院予以维持。

北京市第二中级人民法院依照《中华人民共和国民法总则》第八条、第一百四十六条、第一百五十三条，《中华人民共和国婚姻法》第二条、第十七条、第十八条，《中华人民共和国物权法》第九条，《中华人民共和国民事诉讼法》第一百七十条第一款第（二）项之规定，作出如下判决：

一、撤销北京市丰台区人民法院（2017）京0106民初11410号民事判决第二项；

二、变更北京市丰台区人民法院（2017）京0106民初11410号民事判决第一项为高某名下的财产归高某所有，马某名下的财产归马某所有，马某于本判决生效后七日内给付高某折价款人民币454266.25元、美元25289.89元、港元479615.98元；

三、驳回马某、高某的其他诉讼请求。

【法官后语】

为追求某些利益，近些年夫妻之间通谋虚伪离婚行为大量发生。由此引起了大量的纠纷案件，一旦处理不好可能会在社会上引起一定的负面影响。目前我国现行法律对通谋虚伪离婚缺乏明确有效规制，对于离婚协议书的效力应如何认定，离婚登记是否有效等问题缺乏明确统一的处理意见。如何在现行法律框架内对通谋虚伪离婚行为进行评价，明确此种情况下离婚协议以及离婚登记的效力认定具有理论和实践意义。本案例结合案情以及相应法律规定就案涉两份离婚协议书进行了分析，并就离婚登记问题进行了明确回应，为此类案件的处理提供了一定的解决思路。

一、通谋虚伪行为规则问题

（一）通谋虚伪行为及其规则

通谋虚伪行为，是指表意人与相对人进行通谋，双方一致对外做出虚假的、非自己真意的意思表示，双方合意造成订立某项法律行为的表面假象，但其真意并非追求有关法律行为的法律效果产生。就如德国学者拉伦茨所指出的，虚假法律行为是指表意人与表示的受领人一致同意表示事项不应该发生效力，亦即双方当事人一致同意仅仅造成订立某项法律行为的表面假象，而实际上并不想使有关法律行为的法律效果产生。[①] 一般认为，其构成要件主要有四个：一是须有意思表示之存在；二是须表示与真意不一致；三是须表意人知其表示与真意不一致；四是须表意人与相对人之通谋。[②]

《中华人民共和国民法总则》第一百四十六条第一款规定，行为人与相对人以虚假的意思表示实施的民事法律行为无效。该条款是我国民法第一次规定虚假民事法律行为效力的规范，该条款规定行为人与相对人以虚假的意思表示实施的民事法律行为无效。

（二）通谋虚伪行为规则不可以适用于身份行为

通谋虚伪行为规则适用于财产类行为自然不存在争议，但通谋虚伪行为规则能否适用于身份行为则存在一定的争议。所谓身份行为，是指直接以发生身份关系变动为目的的法律行为。一种观点认为身份行为能适用通谋虚伪行为规则，该观点认为民法中关于通谋虚伪意思表示无效的规定对身份行为亦有适用余地。若无真正结

---

① ［德］卡尔·拉伦茨：《德国民法通论》，王晓晔等译，法律出版社2003年版，第479页。

② 胡长清：《中国民法总论》，商务印书馆1933年版，第265页。

婚的意思，此婚姻根本无效①。若夫妻双方通谋而为假离婚的意思表示，其意思表示亦无效②。还有一种观点认为不适用，该观点认为于交易契约，许其为虚伪无效之抗辩；而于婚姻，则禁止虚伪无效之抗辩。盖依方式公然缔结之行为，不能因私的密约左右其效力。③

本文认为，采纳第二种观点更为适宜。身份行为固然应尊重当事人的内心真实意思表示，但是身份行为具有与一般法律行为明显区别的特征，比如伦理性、安定性等，除了对于当事人内心意思表示的尊重以外，更应该着重考虑身份关系背后的社会制度的稳定性；民法总则中通谋虚伪行为规则更注重的是维护交易之安全，其主要适用于财产行为，对于身份行为应排除适用。

二、通谋虚伪离婚的法律效力

（一）通谋虚伪离婚

“通谋虚伪离婚”是通谋虚伪行为在婚姻领域的一种表现形式，对于“通谋虚伪离婚”的界定应当符合其上位概念“通谋虚伪行为”的构成要件。具体来说，“通谋虚伪离婚”的法律特征为：第一，当事人共同向司法机关或婚姻登记机关作出了离婚的意思表示；第二，该意思表示具有虚伪性，双方均无真离婚的意思，其内在的效果意思与外在的离婚表示不一致；第三，必须是双方共同恶意串通，即双方均应知晓是虚伪离婚，且存在共同之谋划。

根据上述分析论述，本文认为，所谓通谋虚伪离婚，是指夫妻双方为了实现特定目的，以通谋方式达成一致意见，欺骗司法机关或婚姻登记机关解除婚姻关系，计划在达到特定目的后再行复婚的行为。在通谋虚伪离婚中，夫妻双方本没有离婚的真实意愿，离婚仅仅系其实现特定目的的手段。

（二）离婚协议与协议离婚之间具有独立性和无因性

离婚在我国属于要式法律行为，其成立不仅需要意思表示，还需要满足办理离婚登记的一定形式，但是这种形式仅仅是对于离婚这种法律行为效力的一种控制。实际上，婚姻登记机关对于离婚当事人的离婚协议的审查只是形式审查，对于离婚

---

① 林诚二：《民法总则》（下），法律出版社2008年版，第368页。

② 王泽鉴：《民法总则》，北京大学出版社2009年版，第339页。

③ ［日］栗生武夫：《婚姻之近代化》，胡长清译，中国政法大学出版社2003年版，第59页。

协议是否公平、是否侵害第三人利益等均不作实质性审查；而对于离婚登记而言，只要当事人向婚姻登记机关做出了离婚的意思表示，并且提交了相应的符合规定的材料，那么就是一个完全的法律行为，婚姻关系便已经实际解除，离婚协议与协议离婚之间具有独立性和无因性，离婚协议的无效或者被撤销不影响协议离婚的效力。

我国法律体系对此亦有体现，《最高人民法院关于适用〈中华人民共和国婚姻法〉若干问题的解释（二）》第九条规定，男女双方协议离婚后一年内就财产分割问题反悔，请求变更或者撤销财产分割协议的，人民法院应当受理。人民法院审理后，未发现订立财产分割协议时存在欺诈、胁迫等情形的，应当依法驳回当事人的诉讼请求。该司法解释便是将离婚协议中的身份关系和财产关系的效力相互分离。

（三）通谋虚伪离婚中离婚协议与离婚登记之效力应区别对待

1. 离婚协议应为无效

在通谋虚伪离婚中，双方签订离婚协议系为了达到符合婚姻登记部门的形式要件要求或者为了达到其他目的，协议之内容并非双方真实意思表示。虽然通谋虚伪行为规则不可以适用于身份行为，但因身份关系与财产关系可做区分裁判，因此对于离婚协议中财产关系部分效力的认定可以适用通谋虚伪行为规则，对于通谋虚伪离婚中的离婚协议应认定为无效。

2. 离婚登记应为有效

如前所述，通谋虚伪行为规则不能适用于身份行为，离婚是典型的身份行为，在认定离婚登记效力时不应适用该规则，不应据此认定离婚登记无效。

婚姻关系不同于财产关系，它在本质上是身份关系，具有不同于一般民事法律关系的自然属性和社会属性，正如学者所言：对财产关系而言，因其有瑕疵而无效或者撤销后，当事人之间互返原物，使财产恢复原状是可能的，而男女身心上的结婚以及结合期间所生子女，这样一些身份事实，是不可能恢复原状的①。因此对于婚姻关系的判断不仅是简单的法律适用，更是价值判断的问题。

身份行为固然应尊重当事人之真实意思，但不应一味地为绝对尊重当事人的真

① 夏吟兰、蒋月、薛宁兰：《21世纪婚姻家庭关系新规则——新婚姻法解说与研究》，中国检察出版社2001年版，第231页。

实意愿而有损婚姻登记的效力[①]。因婚姻关系中蕴含着强烈的伦理性，基于婚姻关系之特殊性考量，在婚姻关系的缔结与解除中行为人的意思自治往往受到法律更严格的限制。完整的离婚登记程序具有完整的行政公示公信力，在其指导下形成广泛的新的人身与财产社会秩序。当事人之间的合意虽为虚假，但通过国家机关确认程序的这一事实却是真实且具有公信力的。第三人因信赖国家公权力机关颁发的离婚证书而与离婚当事人结婚，此善意第三人应受到保护，虚假离婚应为有效。[②]

编写人：北京市第二中级人民法院　张科　陈广辉

21

离婚财产协议中亲属法优先于财产法适用

——陈某诉李某离婚后财产案

【案件基本信息】

1. 裁判书字号

北京市第一中级人民法院（2019）京01民终4709号民事判决书

2. 案由：离婚后财产纠纷

3. 当事人

原告（上诉人）：陈某

被告（上诉人）：李某

第三人：亚之杰公司、陈某1、李某1

【基本案情】

陈某与李某于2001年9月19日登记结婚。亚之杰公司成立于2002年6月，李某出资2970万元，持股比例99%。2014年3月3日，李某（甲方）与陈某（乙

---

① 刘耀东：《虚假离婚若干问题研究》，载《云南大学报（法学版）》2011年3月。

② 马忆南：《婚姻家庭继承法学》，北京大学出版社2007年版，第125页。

方）签订《股权转让协议书》，约定由甲方向乙方转让亚之杰公司50%股权。同年3月5日，李某与陈某办理离婚登记，签订《离婚协议书》，约定双方自愿离婚，亚之杰公司50%股权归女方所有，其余股权归男方所有。陈某要求判令亚之杰公司将该公司50%股权过户至自己名下，并主张李某婚内转移隐匿巨额财产，在订立离婚协议时存在欺诈行为，根据《中华人民共和国合同法》（以下简称《合同法》）第五十四条之规定，陈某有权变更协议，应判令将李某持有的亚之杰公司49%股权判归陈某所有。李某认为婚姻法关于夫妻双方财产分割是特别法，不能适用合同法。根据婚姻法司法解释的相关规定，对于离婚协议的反悔应该在协议签署后一年内提出，现已经超过该期限。

【案件焦点】

离婚财产协议的撤销/变更应适用《最高人民法院关于适用〈中华人民共和国婚姻法〉若干问题的解释（二）》（以下简称《婚姻法解释（二）》）第九条还是《合同法》第五十四条。

【法院裁判要旨】

北京市第一中级人民法院经审理认为，本案为离婚后财产纠纷，涉案《股权转让协议书》及《离婚协议书》均为陈某和李某在婚姻关系框架下基于身份和财产双重因素进行考量而达成的约定，其涉及的股权转让等财产条款是附随于人身关系而存在的，具有强烈的身份属性。《婚姻法解释（二）》第九条之规定系基于婚姻关系而对《合同法》第五十四条所作出的特殊规定，基于特别法优于一般法的原则，本案应适用婚姻法的相关规定。《婚姻法解释（二）》第九条规定，男女双方协议离婚后一年内就财产分割问题反悔，请求变更或者撤销财产分割协议的，人民法院应当受理。人民法院审理后，未发现订立财产分割协议时存在欺诈、胁迫等情形的，应当依法驳回当事人的诉讼请求。本案中，虽然陈某主张李某转移、隐匿巨额财产且构成欺诈，其在订立《股权转让协议书》及《离婚协议书》时对这一协议变更事由毫不知情造成财产分配不公，但上述规定中“一年”的起算点是向婚姻登记机关申请离婚的男女实际领取离婚证的次日，且为不变期间，不得中止、中断和延长，超过一年时间起诉的，人民法院不予受理。该规定的本意系考虑到婚姻家庭领域的协议因其涉及的法律关系与身份权及其相关利益密切联系这一特殊性，为使因婚姻关系变动而受到影响的财产关系尽早得到稳定，上述规定对“一年”作出了不变期间的限制。鉴于陈某和李某于2014年3月5日在婚姻登记机关办理离婚手续，距离陈某向一审法院起诉要求变更协议的时间已超过一年，故陈某的该项上诉请求没有法律依据。

北京市第一中级人民法院依照《中华人民共和国婚姻法》第四十七条，《婚姻法解释（二）》第九条、第十六条，《最高人民法院关于适用〈中华人民共和国民事诉讼法〉的解释》第九十条、第二百四十条，判决：

驳回上诉，维持原判。

【法官后语】

婚姻关系中的各类财产协议（包括婚内财产协议、离婚财产分割协议等）究竟如何定性，一直是学界与实务界存在争议的问题。从当前审判实务与生活实际来看，夫妻间订立的财产协议不同于一般的民事财产协议，协议中包含强烈的身份属性。以财产分割协议为例，这类协议虽然涉及大量有关财产关系的内容，但其订立并非单纯地处理夫妻共同财产的分配问题，其中还有解除婚姻关系的目的以及涉及子女抚养等问题。由于上述身份关系牵涉其中，协议中的财产条款往往是双方基于身份和财产双重因素进行考量和妥协而达成的约定。这要求法院在婚姻家庭案件的审理中必须适当考虑婚姻家庭关系的伦理性，而不能简单地从一般财产规范推导婚姻家庭财产关系适用规则。

《婚姻法解释（二）》第九条正是这种离婚案件财产问题特殊性的体现。与《合同法》第五十四条规定相比，在以下两方面存在特殊性：首先，权利行使期间的特殊性。《婚姻法解释（二）》第九条规定了协议变更或撤销权行使的“一年”不变期间。关于夫妻双方协议离婚后一方反悔并要求法院重新处理的情形，司法实践存在一个发展的过程。最高人民法院在1985年发布的《关于男女登记离婚后一方翻悔，向人民法院提出诉讼，人民法院是否应当受理的批复》中规定，一方对已经发生法律效力的离婚，及子女和财产问题的处理反悔，在原婚姻登记机关未撤销离婚登记的情况下，向人民法院提出诉讼的，人民法院不应受理，告知当事人向原婚姻登记机关申请解决。而1986年的最高人民法院（1986）民他字第45号批复规定，男女双方在婚姻登记机关办理离婚登记后，因财产、子女抚养引起纠纷，当事人向法院起诉的，可直接由法院依法受理。这两项批复在实践中如何执行，一直存在争议。直到2003年通过、2004年施行的《婚姻法解释（二）》第九条，将合同法的原则作为法律适用的依据，并考虑到婚姻家庭领域的特殊性，对这一问题的处理设置了新的具体规则，在肯定当事人诉权的基础上同时给予一定的期间上的限制，既保护了当事人的权益，又避免了因离婚而发生变动的财产关系长期处于不确定状态，从而在各方利益之间寻找到了一个平衡点。其次，欺诈、胁迫等认定标准的特殊性。《婚姻法解释（二）》第九条将欺诈、胁迫等情形规定为变更、撤销权成立的条件，这与《合同法》第五十四条在表述上基本一致，但其在具体适用上仍存在一些需要特别注意之处。由于婚姻家庭关系具有特殊性，掺杂很多情感因素，以及双方在离婚时，往往会将婚姻关系的解除作为协议的首要目的。在此情况下，夫妻双方往往会在特殊情形下做出对自己不公平的财产分割决定，以求得离婚或其他利益。因此，衡量离婚财产分割协议的财产安排是否公平、是否存在欺诈胁迫，不能简单以“等价有偿”原则、仅凭财产分割的多少作为唯一标准。法院审查协议效力时应以当事人协商的结果为主，与身份关系结合起来综合考量，在对婚姻家庭生活的了解与掌握的基础上，充分运用生活常识与经验规则，对各方订立协议的最初目的、协议的内容对各方的利弊，以及协议订立后各方的行为是否与最初的目的相一致等方面进行综合判断，进而认定协议是否符合欺诈胁迫的标准。

编写人：北京市第一中级人民法院　葛媛媛

22

离婚中“欺诈”的举证责任及其构成要件、认定标准

——彭某某诉夏某某离婚后财产案

【案件基本信息】

1. 裁判书字号

北京市第一中级人民法院（2019）京01民终10201号民事判决书

2. 案由：离婚后财产纠纷

3. 当事人

原告（被上诉人）：彭某某

被告（上诉人）：夏某某

第三人：彭甲（系彭某某之父）、冯乙（系彭某某之母）

【基本案情】

彭甲、冯乙系彭某某之父母。

彭某某、夏某某于2008年举行婚礼，2012年登记结婚，双方未生育子女。夏某某于2014年2月前后与其现配偶发生性关系后怀孕并于2014年11月生育一女。女方名下有1106号房屋一套，男方名下有401号房屋一套。

2014年7月3日，双方在北京市东城区民政局登记离婚，签订离婚协议书一份，协议主要内容为："一、双方自愿离婚。二、双方婚后无子女。三、夫妻共同财产的处理：1. 房屋：夫妻共同房产两处。现作以下分配：（1）1106号房产归男方所有，401号房产归女方所有。（2）男方一次性补偿女方60万元。用于女方一次性偿还石景山路房产的银行贷款……"离婚时彭某某父母亦在场，彭甲当场书写声明一份，内容为"本人是彭某某的父亲，我知晓彭某某与夏某某于2014年7月3日在东城区婚姻登记处办理离婚登记，本人确定彭某某具有完全民事行为能力。上述声明完全真实，如有虚假，本人愿承担法律责任"。

彭某某称夏某某以人工授精为名与他人发生性关系并怀孕，但夏某某在离婚时隐瞒与特定第三人怀孕的事实，构成欺诈。夏某某主张系彭某某之父母要求其进行人工授精所生并称彭某某自始对其婚内与他人发生性关系并怀孕一事知情。

彭某某以夏某某致彭某某患病且婚内与他人生子为由主张精神损害赔偿金800000元。夏某某主张彭某某存在家庭暴力，但未提交相关损害证据。

本案审理过程中，法院判决宣告彭某某为无民事行为能力人并指定其父为彭某某之监护人。

【案件焦点】

1. 夏某某在协议离婚时是否存在欺诈；2. 夏某某在婚姻中是否存在过错；3. 如果夏某某存在过错，夫妻财产如何分割。

【法院裁判要旨】

北京市石景山区人民法院经审理认为：夏某某称彭某某离婚时对于其与特定第三人生子一事知情，因其未就此举证，其应承担举证不利的法律后果。1106 号房屋及 401 号房屋，签订合同及房款支付行为均完成于双方同居生活期间，为双方夫妻共同财产，按照出资额确定份额。夏某某违反夫妻忠实义务，对离婚负有过错，从照顾无过错方的原则出发，夏某某应给付彭某某房屋折价补偿款 100 万元。一审法院判决：

一、撤销 2014 年 7 月 3 日彭某某、夏某某签订的《离婚协议书》第三条第 1 款中的第（1）项、第（2）项、第（3）项；

二、位于北京市石景山区 1106 号房屋归彭某某所有，该房屋剩余贷款由夏某某负责偿还；

三、位于北京市崇文区 401 号房屋归夏某某所有，该房屋贷款由彭某某负责偿还；

四、夏某某于本判决生效后 15 日内给付彭某某房屋折价补偿款 100 万元；

五、驳回彭某某、夏某某其他诉讼请求。

夏某某不服一审法院判决，提起上诉。北京市第一中级人民法院经审理认为：本案双方签订的离婚协议书中并未就子女抚养问题进行约定，现夏某某未举证证明彭某某离婚时对于其与特定第三人生子一事知情，且夏某某之前诉讼中的陈述前后矛盾，夏某某在签订离婚协议时并未如实告知其怀孕情况，故法院认定夏某某存在欺诈。就彭某某、夏某某离婚时财产如何分割问题。根据彭某某、夏某某签订离婚协议时约定的房产分配及贷款偿还情况，结合本案中双方对于上述两套房产的价格认定及贷款剩余情况，1106 号路房屋价格较高，归彭某某所有，401 号房屋归夏某某所有。因夏某某在离婚时未如实告知其怀孕具体情况，其应适当给付彭某某一定补偿，具体数额本院依据双方的财产分配状况以及其过错程度予以认定。判决如下：

一、维持北京市石景山区人民法院（2018）京 0107 民初 26842 号民事判决第一项、第二项、第三项、第五项；

二、撤销北京市石景山区人民法院（2018）京 0107 民初 26842 号民事判决第四项；

三、夏某某于本判决生效后15日内给付彭某某300000元；

四、驳回夏某某的其他上诉请求。

【法官后语】

在一方以欺诈为由撤销离婚协议财产部分时，其应当就存在欺诈负举证责任，且要达到排除合理怀疑的证明标准。就此类案件的审查重点，应集中于三方面：一是对方是否存在欺诈行为及故意；二是一方存在误解，违背其真实意思作出意思表示；三是一方的欺诈行为与另一方的错误意思表示存在因果关系。夫妻财产分割方面，尽管在无过错方可以多分财产这一点上有所突破，但也是在均等分割的基础上酌情多分，幅度不应太大，并且要考虑夫妻双方财产的实际价值，如果夫妻财产价值总额较高，在分配比例上更应克制，不能差距过大。

一、协议离婚中欺诈的举证责任及证明标准

双方当事人协议离婚后，一方认为对方存在欺诈、胁迫行为的，可以要求重新分割财产。[①] 欺诈一般是指故意将不真实的情况当作真实情况加以表示，使他人产生误解，并作出意思表示。根据谁主张谁举证的一般民事诉讼举证原则，主张离婚协议存在欺诈的一方应该负举证责任，证明欺诈的存在。《最高人民法院关于适用〈中华人民共和国民事诉讼法〉的解释》第一百零九条规定，当事人对欺诈、胁迫、恶意串通事实的证明，以及对口头遗嘱或者赠与事实的证明，人民法院确信该待证事实存在的可能性能够排除合理怀疑的，应当认定该事实存在。对于欺诈采用了更高的刑事诉讼证明标准的排除合理怀疑的标准，而一般的民事案件事实的证明标准采高度盖然性标准。[②] 所以，在一方以欺诈为由撤销离婚协议财产部分时，其

---

① 根据《最高人民法院关于适用〈中华人民共和国婚姻法〉若干问题的解释（二）》第九条规定，男女双方协议离婚后一年内就财产分割问题反悔，请求变更或者撤销财产分割协议的，人民法院应当受理。人民法院审理后，未发现订立财产分割协议时存在欺诈、胁迫等情形的，应当依法驳回当事人的诉讼请求。

② 《最高人民法院关于适用〈中华人民共和国民事诉讼法〉若干问题的解释》第一百零八条规定，对负有举证证明责任的当事人提供的证据，人民法院经审查并结合相关事实，确信待证事实的存在具有高度可能性的，应当认定该事实存在。对一方当事人为反驳负有举证证明责任的当事人所主张事实而提供的证据，人民法院经审查并结合相关事实，认为待证事实真伪不明的，应当认定该事实不存在。法律对于待证事实所应达到的证明标准另有规定的，从其规定。

应当就存在欺诈负举证责任，而且要达到排除合理怀疑的证明标准，否则，其主张不应得到支持。

二、协议离婚中欺诈的判断标准及认定

就此类案件的审查，应该注意以下几个方面：一是对方是否存在欺诈行为及欺诈故意；二是一方是否因对方的欺诈行为而存在误解，违背其真实意思作出意思表示；三是一方的欺诈行为与另一方的错误意思表示存在因果关系。

1. 对方存在欺诈行为及故意，这是前提条件，否则不存在撤销离婚协议财产部分的前提。主张方须证明对方存在欺诈，除非对方自认。欺诈行为是客观存在的，是欺诈方的意思表示与客观真实情况的不一致，如果不存在上述情形，不能认定为欺诈。

2. 一方因对方的欺诈行为存在误解，违背其真实意思作出意思表示。也就是说，在确认对方存在欺诈行为的前提下，主张方因对方欺诈而存在错误认识，离婚协议的内容未能反映自己真实的意思表示，离婚协议违背了自己的真实意思表示。需要注意的是，主张方往往以对方存在过错为由主张自己存在欺诈，但这是两个维度的问题，即使认定对方存在过错，也不能直接推定存在欺诈并撤销离婚协议，需要分开审查，分别认定。

3. 一方的欺诈行为与另一方的错误意思表示存在因果关系。也就是说，另一方的错误意思表示是因为对方的欺诈行为而发生，如果两者之间不存在因果关系，即使有错误的意思表示，也不能认定离婚协议中存在欺诈行为。

三、婚内过错的判断标准及后果

《中华人民共和国婚姻法》第四十六条规定："有下列情形之一，导致离婚的，无过错方有权请求损害赔偿：（一）重婚的；（二）有配偶者与他人同居的；（三）实施家庭暴力的；（四）虐待、遗弃家庭成员的。"根据上述规定，离婚纠纷中无过错方主张的是损害赔偿，该法第四十七条规定应当区分。① 虽然现在对此有所突破，根据最高人民法院《对离婚财产分割案件中有关法官行为规范的建议问题的答

① 《中华人民共和国婚姻法》第四十七条："离婚时，一方隐藏、转移、变卖、毁损夫妻共同财产，或伪造债务企图侵占另一方财产的，分割夫妻共同财产时，对隐藏、转移、变卖、毁损夫妻共同财产或伪造债务的一方，可以少分或不分。离婚后，另一方发现有上述行为的，可以向人民法院提起诉讼，请求再次分割夫妻共同财产……"

复》，考虑到夫妻关系本身的特殊性，在原则上均等分割的基础上，法院还要考虑夫妻双方在离婚问题上是否存在过错以及过错比例大小这一因素，合理确定分割比例，以体现在财产分割上的实质公平。在具体审理离婚财产分割案件中，除了过错因素将影响法院在确定离婚财产分割比例上的判断之外，还有一个因素不能忽视，即妇女、儿童这类弱势群体的合法权益保护问题。由此可见，尽管在无过错方可以多分财产这一点上有所突破，但也是在均等分割的基础上酌情多分一些，幅度不应太大。并且要考虑夫妻双方财产的实际价值，如果夫妻财产价值总额较高，在分配比例上更应克制，不能差距过大。

具体到本案，尽管男方认可其同意女方人工授精，但女方却与特定第三人发生关系并怀孕，其无证据证明在签订离婚协议时男方对此已知情，故可以认定女方存在欺诈。就离婚协议所涉财产的分割，根据离婚协议中财产的价值，现价值较大的房产分配给男方，已经照顾了其利益，故不应再判决女方支付数额较大的现金补偿。

编写人：北京市第一中级人民法院　刘福春

23

农村自建房的权属可通过合法建造人的认定予以判断

——黎某诉张某某离婚后财产案

【案件基本信息】

1. 裁判书字号

四川省眉山市中级人民法院（2019）川14民终717号民事判决书

2. 案由：离婚后财产纠纷

3. 当事人

原告（上诉人）：黎某

被告（被上诉人）：张某某

【基本案情】

黎某与张某某系地邻关系，双方于2014年3月经人介绍相识恋爱，于2014年6月16日在眉山市东坡区民政局登记结婚，双方均系再婚。张某某曾于2017年8月31日诉至东坡区人民法院请求与黎某离婚，东坡区人民法院于2017年10月24日作出（2017）川1402民初3432号民事判决书，判决不准张某某与黎某离婚。后黎某于2018年7月2日诉至东坡区人民法院请求与张某某离婚、请求分割夫妻共同财产并请求张某某承担扶助费，东坡区人民法院于2018年9月28日作出（2018）川1402民初2645号民事判决书，判决：一、准予原告黎某与被告张某某离婚。二、夫妻共同财产：家具、家电等生活用具全部归被告张某某所有，被告张某某于本判决生效之日起五日内支付原告黎某补偿款15000元。三、被告张某某于本判决生效之日起五日内一次性支付原告黎某扶助费10000元。四、驳回原告黎某的其他诉讼请求。判决生效后，黎某不服上诉至眉山市中级人民法院，该院于2018年12月13日作出（2018）川14民终1280号民事判决书，判决驳回上诉，维持原判。黎某于2019年2月28日再次诉至东坡区人民法院要求分割坐落于多悦镇小闸子街××号房屋。

另查明，坐落于多悦镇小闸子街××号房屋的天然气登记户主为张某某，该门牌号登记户主为张某某前妻张××，房屋尚未办理不动产权证。2017年10月9日，在张某某诉黎某离婚纠纷一案庭审中，张某某陈述诉争房屋于2013年底竣工，贷款3万元就是买家电的钱，贷款给了黎某，买家电黎某只给了29000元。2014年6月20日，张某某向张××汇款3万元，该汇款收据由黎某持有。

【案件焦点】

诉争房屋是否属于黎某与张某某的夫妻共同财产。

【法院裁判要旨】

四川省眉山市东坡区人民法院经审理认为，本案的争议焦点为：诉争房屋是否属于黎某与张某某婚姻关系存续期间的夫妻共同财产。据《中华人民共和国物权法》第九条“不动产物权的设立、变更、转让和消灭，经依法登记，发生效力；未经登记，不发生效力，但法律另有规定的除外”的规定，因案涉房屋尚未办理不动产权登记，故不能依据不动产权登记判断该房屋的权属。当然，据《中华人民共和国物权法》第三十条“因合法建造、拆除房屋等事实行为设立或者消灭物权的，自事实行为成就时发生效力”的规定，也可从合法建造事实行为来判断房屋的权利人。本案中，双方就案涉房屋的建造人存在争议，黎某主张诉争房屋属张某某所有，由二人共同出资出力修建，张某某主张案涉房屋属其姐姐所有，二人婚前已修建完毕，综合审理查明的证据及双方当事人的陈述，可确定张某某为案涉房屋天然气的登记户主，该房屋由张某某于2014年2月申报修建，其中一半的房产（含底楼两间门面及楼上一套住房）属于张某某所有的事实具有高度盖然性。但判断案涉房屋是否属于夫妻共同财产，应综合考虑该房建造的开工竣工时间、二人对建房的资金投入及二人的婚姻状况等予以确认。本案中，案涉房屋的建造申报发生于二人结婚登记之前，双方当事人均未提出充分的证据证明房屋的竣工时间，即便如黎某所述于2014年7月竣工，但此时距二人结婚登记也仅一个月左右，可确定修建该房所需的资金应由或主要由张某某出资。结合张某某诉黎某离婚纠纷案的庭审笔录分析，即使黎某有过出资3万元的行为，该3万元是否用于案涉房屋修建并无证据予以佐证，故不能就此认定案涉房屋属于夫妻共同财产。综上，黎某要求分割案涉房产的主张因证据不足不能成立，不予支持。据此，依照《中华人民共和国婚姻法》第十七条，《中华人民共和国物权法》第九条、第三十条，《中华人民共和国民事诉讼法》第六十四条的规定，判决如下：

驳回原告黎某的诉讼请求。

黎某不服一审判决，提出上诉。四川省眉山市中级人民法院同意一审法院的裁判意见，依照《中华人民共和国民事诉讼法》第一百七十条第一款第（一）项之规定，判决如下：

驳回上诉，维持原判。

【法官后语】

本案诉争的房屋为农村宅基地上合法建盖的房屋。根据《中华人民共和国物权法》第三十条“因合法建造、拆除房屋等事实行为设立或者消灭物权的，自事实行为成就时发生效力”的规定，房屋自建造完成时，合法建造人取得房屋的所有权。由于农村土地集体所有的性质，建造人取得房屋所有权，但一般未办理相关的权属证书，人民法院难以通过权属证书准确判断房屋的所有权人。因此，农村自建房的权属认定及分割较商品房更为复杂。

集体土地上的农村房屋，通过合法建造行为取得其所有权的，离婚时，建造人的认定是判断房屋是否属于夫妻共同财产的关键。针对此类案件，人民法院应该综合房屋的建房审批手续、建造开工竣工时间、当事人的投资投力情况及婚姻状况等予以考虑。在具体的离婚案件中，关于农村自建房的分割主要有以下两种情况：一是农村自建房是一方婚前取得宅基地使用权并建房，且建造时另一方没有出资出立，建房后由夫妻共同居住的，不应认定为夫妻共同财产进行分割。二是农村自建房在婚姻关系存续期间共同建造完成，即使一方在婚前取得宅基地使用权，亦应属夫妻共同财产进行因案施策的分割。就本案而言，审查黎某是否属于案涉房屋的建造人是本案定案的依据。黎某主张张某某婚前报建的诉争房屋系二人共同出资出力修建，但黎某提交的证据均不能证明其主张，综合考虑诉争房屋建造的开工竣工时间、二人对建房的资金投入及婚姻状况等，仍无法认定诉争房屋系黎某与张某某的夫妻共同财产，故人民法院对黎某的主张不予支持。

同时，我们还需注意，在农村地区，由于宅基地和房屋建造管理的不规范，建造人难以取得房屋建造合同等相关证明。提起诉讼的一方收集证据比较困难，且人民法院对房屋权属的证明标准要求较高，如果不能提供充分的证据证明自己的诉讼请求，将承担不利的法律后果。因此，在自己修建或扩建农村房屋时，房屋的建设主体应就房屋建设及日后的分配等问题作出书面约定，不能作出书面约定的，也应邀请村委会干部及相关的无利害关系人对口头约定进行见证。如此，才能更好地维护房屋所有权人自己的合法权益。

编写人：四川省眉山市东坡区人民法院　白颖

24

离婚诉讼中一方放弃对另一方的其他诉讼请求的法律后果

——李某某诉钟某某离婚后财产案

【案件基本信息】

1. 裁判书字号

广东省广州市中级人民法院（2019）粤01民终20327号民事判决书

2. 案由：离婚后财产纠纷

3. 当事人

原告（上诉人）：李某某

被告（被上诉人）：钟某某

第三人（被上诉人）：广州某某公司、清远市某某公司

【基本案情】

2016年1月13日，李某某与钟某某经本院调解离婚，达成调解协议如下：一、原告李某某与被告钟某某自愿离婚。二、女儿钟某由原告李某某携带抚养，被告钟某某支付抚养费每月3000元。三、原、被告的夫妻共同财产：1. 位于广州市番禺区钟村镇锦绣花园南小区某房归被告钟某某所有，剩余银行按揭贷款由被告钟某某负担；2. 位于广州市番禺区新造镇谷围新村双桂园某房归原告李某某所有；3. 位于广州市花都区金华路某房归被告钟某某所有；4. 位于佛冈县水头镇碧桂园清泉城鸣泉谷某房归原告李某某所有；5. 某骐达牌小型轿车归被告钟某某所有。四、原告李某某于2016年8月1日前支付被告钟某某补偿款80万元。五、原告李某某放弃对被告钟某某的其他诉讼请求。六、案件受理费、诉讼保全费，由原告李某某负担。

李某某主张，其与钟某某调解离婚时并未涉及处理钟某某名下的公积金，公司股权、分红、投资款等，要求重新分割该部分财产，包括钟某某隐瞒了其投资清远

市某某公司的款项。同时，李某某确认，其清楚钟某某投资了广州某某公司，认识该公司的大股东，但其没有参与该公司的经营，其在离婚后才通过案外人得知钟某某对清远市某某公司投资了40万元，因离婚时考虑不周，没有在离婚诉讼中说明所有需要分割的财产。钟某某辩称李某某的起诉已超过诉讼时效，双方离婚时已经处理了全部的财产，双方生活方式是AA制，其婚内提取的公积金用于购房还贷，离婚时已经分割四套房产，广州某某公司并没有分红款，且离婚时李某某已知悉该公司情况，李某某没有提出分割是因为知道其无权分割或放弃分割，清远市某某公司是其与李某某离婚后设立，且其出资额为5万元，并非40万元。双方均确认截至两人调解离婚之日，钟某某名下公积金账户存款为47461.8元，在婚姻关系存续期间，钟某某共提取公积金21万元。另，广州某某公司于2005年12月22日成立，钟某某认缴出资10万元。清远市某某公司于2016年4月1日成立，钟某某认缴出资5万元。

【案件焦点】

1. 离婚后李某某再次主张分割的财产在离婚时其是否已经知情；2. 离婚调解协议中一方放弃对另一方的其他诉讼请求产生的法律后果。

【法院裁判要旨】

广东省广州市花都区人民法院经审理认为：李某某于2018年12月28日起诉主张再次分割夫妻共同财产，未超过三年诉讼时效期间。李某某与钟某某经法院调解达成调解协议是双方的真实意思表示，合法有效，其中，协议第五项载明“原告李某某放弃对被告钟某某的其他诉讼请求”。该条款应理解为李某某已经放弃向钟某某主张其他诉讼请求，包括放弃主张分割钟某某名下的其他财产，而并非李某某陈述的当时考虑不周，未在离婚诉讼中说明所有需要分割的财产。另外，李某某也确认其早就知晓钟某某有投资广州某某公司，法院也有理由相信李某某在与钟某某离婚时对钟某某的银行账户、公积金账户或投资的公司是否有分红的存在是知情的。双方调解协议中未明确对双方各自名下银行存款、公积金账户或投资的财产等进行分割，并不意味着该类型财产在双方达成调解协议时未经考虑。事实上，法院有理由相信李某某同样拥有自己的银行账户或住房公积金等财产，同样没有在调解协议中作出约定、进行分割。双方达成的调解方案中对财产的分割，实际上属于对双方共同财产分割的综合性约定。即没有列举在调解书中的财产，不等于隐瞒，也并非没有约定，而是作了概括性的约定。再者，李某某在离婚后主张分割的财产须是双方未经实际处理的财产，清远市某某公司是于两人离婚后设立，不能认定为李某某与钟某某的夫妻共同财产。

广州市花都区人民法院依照《中华人民共和国婚姻法》第三十九条，《中华人民共和国民法总则》第一百八十八条，《最高人民法院关于适用〈中华人民共和国婚姻法〉若干问题的解释（二）》第八条、第九条，《最高人民法院关于民事诉讼证据的若干规定》第二条的规定，作出如下判决：

驳回原告李某某的全部诉讼请求。

李某某不服一审判决，提出上诉。

广东省广州市中级人民法院依照《中华人民共和国民事诉讼法》第一百四十四条、第一百七十条第一款第（一）项、第一百七十四条之规定，作出如下判决：

驳回上诉，维持原判。

【法官后语】

近年来，随着经济的高速发展，社会观念转变，婚姻家庭关系尤其是夫妻关系受到了极大冲击，法院受理的离婚后财产纠纷案件数量上升趋势明显。究其原因，有几种情形：离婚协议约定过于简单导致产生争议；一方隐瞒财产，对方离婚后发现从而再次主张分割；一方为了达到离婚目的，不主张分割财产，事后反悔；“假离婚”变成“真离婚”等。

根据《最高人民法院关于适用〈中华人民共和国婚姻法〉若干问题的解释（二）》第八条、第九条规定，当事人就离婚协议关于财产分割的条款反悔或者有争议的，可以另行提起诉讼。那么，诉讼离婚达成的调解协议关于放弃对对方的其他诉讼请求的约定会产生怎样的法律后果？没有明确写入调解协议的财产，是否属于漏分的财产？我们认为，首先，要明确的是，离婚协议属于当事人双方自愿协商的结果，一般而言，协议仅明确大额财产的归属，未将双方所有财产一一罗列，但这并不代表双方对没有罗列的财产没有作出处分，因夫妻共同生活中，除了产生大额财产外，也必然会产生一些小额财产，如个人首饰、衣物，小家电等，在没有相反证据证明的情况下，小额财产可推定为两人均知情。

其次，应重点审查主张分割一方在离婚时对对方名下有大额财产是否知情。比如房产、车辆等。在举证责任的分配上，应由另一方举证证明对方对讼争的财产在离婚时已经明确知晓存在，但仍不在协议中列明，并在协议中表示放弃对对方的其他诉讼请求。如举证证明对方有参与另一方持股的公司经营，由此可以确认其在离婚时明确知晓另一方持有该公司之股权。

在主张分割一方对诉争财产均知情的情况下，其本可以在离婚协议中约定该财产的归属，但其仍然选择在离婚协议中作出“放弃对对方的其他诉讼请求”的约定，属于其“可以为而不为”，由此所产生的法律后果，应视为其已放弃对对方名下其他财产的分割。当事人双方签署的离婚协议的约定应属概括性的约定，没有一一表述，在双方均清楚了解夫妻共同财产的情况下，离婚时约定放弃对对方的其他诉讼请求，实际上双方已对夫妻共同财产进行了分割处理，离婚后再行主张分割缺乏理据，有违诚实信用原则。

另外，需要注意的是，离婚调解协议与其他普通民事纠纷调解协议相比，有其不同之处，也不宜以财产分配的多少来衡量其公平性，当事双方毕竟曾为夫妻，在处理分割共同财产时，除了纯粹的利益外，难免掺杂其他因素，不应以等价有偿为唯一的标准。

就本案而言，经审查，李某某在离婚诉讼中已经明确知晓钟某某名下持有公积金及占有广州某某公司股份的情形，说明钟某某并不存在隐瞒、转移夫妻共同财产的行为，李某某完全可以要求对方在调解协议中对该财产进行约定，但其仍然自愿在调解协议中约定放弃对钟某某的其他诉讼请求，应视为其已放弃分割钟某某名下的其他财产，其诉求重新分割该财产不应得到支持。

编写人：广东省广州市花都区人民法院　陈佩勤

四、同居关系纠纷

25

非婚生子女抚养费约定过高时的调整标准

——周某诉汤某胄抚养费案

【案件基本信息】

1. 裁判书字号

浙江省绍兴市中级人民法院（2019）浙06民终3633号民事判决书

2. 案由：抚养费纠纷

3. 当事人

原告（上诉人）：周某

被告（上诉人）：汤某胄

【基本案情】

原告母亲周甲与被告汤某胄于2016年初相识，后以男女朋友身份交往，2017年10月左右开始同居，2018年11月20日生育周某。2018年8月8日，汤某胄出具《承诺书》一份，《承诺书》载明：因与周甲同居生活，现其已怀孕（至《承诺书》出具之日已怀孕26周），本人确认周甲所怀婴儿系本人所有，因本人尚有法定婚姻存在，本人对该事实予以确认，为补偿周甲及其腹中婴儿，承诺如下：1. 自《承诺书》出具之日起至周甲所生下婴儿满18周岁止，每月支付婴儿生活抚养费壹万元整，本人将共计支付款项贰佰壹拾陆万元整，款项于2018年8月31日前付清；2. 本人放弃对婴儿的抚养权、探视权，并承诺不再干扰周甲及小孩将来的日常生活；3. 本人自愿作出以上承诺内容，并确定将如实履行，如有违反上述承诺条款，自愿以月利息 1% 计算违反承诺利息。同日，汤某胄出具《付款承诺》一份，载明人民币贰佰壹拾陆万元整，具体付款明细如下：2018 年 8 月 8 日付壹拾万元整，2018 年 8 月 15 日付伍拾万元整，2018 年 8 月 31 日付余款。

出具《承诺书》当日，被告汤某胄向诸暨市公安局报警，称周甲及周甲父母逼迫其书写《承诺书》。公安机关对相关人员（汤某胄、周甲、朱某英、周某银、石某、陈某、许某芳）制作了询问笔录。

2018 年 8 月，汤某胄起诉宣某华离婚纠纷一案，经本院调解结案，民事调解书确认：1. 汤某胄与宣某华离婚；2. 婚生女儿汤某蝶由宣某华抚养教育成人，汤某胄自 2018 年 8 月起至汤某蝶独立生活时止，每年支付抚养费 16000 元；3. 汤某胄一次性支付宣某华人民币 150000 元。

被告汤某胄原系银行客户经理，现亦在银行工作。根据被告提供的银行工资账单及其庭审陈述，其 2016 年 6 月至 12 月的工资收入约 50000 元，2017 年 1 月至 12 月的工资收入约 75000 元，2018 年 1 月至 8 月工资收入约 40000 元。

被告汤某胄于 2016 年转账给周甲 100000 元，于 2019 年 1 月存入本院账户 20000 元［（2018）浙 0681 民初 12915 号，周甲起诉汤某胄同居关系抚养纠纷一案］。其中 20000 元款项周甲出具了收条一份，收条载明 20000 元为生产期间的补偿费用。

【案件焦点】

1. 涉案《承诺书》与《付款承诺》的效力问题；2. 原告主张的 216 万元抚养费是否应当予以支持。

【法院裁判要旨】

浙江省诸暨市人民法院经审理认为：父母对子女有抚养教育的义务，父母不履行抚养义务时，未成年或不能独立生活的子女，有要求父母给付抚养费的权利。非婚生子女享有与婚生子女同等的权利，不直接抚养非婚生子女的生父或者生母，应当负担子女的生活费和教育费直至子女能独立生活为止。汤某胄作为周某生父，应当依法承担支付原告抚养费的义务。根据原、被告之诉辩主张，本案之争议焦点在于，原告主张的 216 万元抚养费是否应当予以支持。原告主张，汤某胄于 2018 年 8

月8日出具的《承诺书》与《付款承诺》，系其与周甲长时间协商，并经被告及其家人充分沟通的结果，并不存在胁迫的情形，系其真实意思表示，协议内容未违反法律规定，故被告应按照承诺履行支付抚养费。被告则认为《承诺书》和《付款承诺》系被告违背自愿原则情况下出具，且违反法律规定，应属无效，理由：1. 该《承诺书》和《付款承诺》系被告受到周甲及家人威胁、胁迫，违背真实意思的情况下出具，被告出具《承诺书》后立即报警即能印证；2. 《承诺书》和《付款承诺》的内容不符合法律规定，抚养费是子女生活、接受教育、医疗等费用，抚养费支付的前提是孩子出生，书写承诺时孩子尚未出生；3. 被告支付给婚生女儿的抚养费为每年16000元，而原告主张每月10000元，明显超出抚养费标准，子女之间应当平等，故原告抚养费应当等于或少于每年16000元。浙江省诸暨市人民法院审查认为，公安机关的询问笔录不足以证明被告出具《承诺书》和《付款承诺》时存在被胁迫情形，且被告在出具《承诺书》时亦有律师在场，被告未向律师提出其人身自由及意思自由受到胁迫的相关言行表示，故对被告提出的该《承诺书》和《付款承诺》系在受胁迫情况下出具，且《承诺书》及《付款承诺》内容违背被告真实意思表示的抗辩意见，不予采纳。《承诺书》与《付款承诺》系被告为结束与周甲之间的男女关系，及解决周甲腹中胎儿今后的抚养问题而作出的承诺，系其经协商谈判后作出的真实意思表示，现胎儿已经出生即原告周某，故原则上被告应依照承诺履行。但抚养费的确定，亦应综合考虑子女的实际需要、父母双方的负担能力和当地的实际生活水平，再结合案件的实际情况，兼顾公平原则，综合予以确定，避免父母一方因承担明显过高的抚养费而陷入生活困难。被告汤某胄虽然向法院提供了2016年至2018年8月的工资清单，但其未提供2018年8月之后的收入状况，结合其目前仍在银行机构从业的事实，抚养费金额的确定应参考该行业（金融业）的平均收入水平因素。综上，综合考虑原告居住地浙江省诸暨市的消费水平、原告母亲周甲的抚养能力、被告从事行业的收入水平以及被告尚需抚养另一婚生女儿汤某蝶等，浙江省诸暨市人民法院对《承诺书》约定的抚养费金额酌情予以调整为每月4000元，即每年48000元，该抚养费包括生活费、医疗费、教育费。抚养费支付期限的确定问题，根据法律规定，抚养费原则上应定期给付，有条件的可一次性给付。现有证据不足以证明被告有一次性支付的能力，故酌情分期定期支付，综合考虑子女的实际需要与日常开支状况以及被告的支付能力，在不损害子女利益的情况下，酌定每年一付。被告抗辩其在浙江省诸暨市人民法院审理的周甲起诉被告的另一案件中，已支付20000元，但原告否认系用于支付抚养费，被告亦未证明该款项的性质系用于支付抚养费，故在本案中不作处理。被告主张的2016年支付的100000元款项，因发生在双方同居关系期间，与本案无关联，故在本案中不作处理。原告诉请要求被告支付的逾期利息，因抚养费系基于身份关系而产生，故该诉请无法律依据，不予支持。

浙江省诸暨市人民法院依照《中华人民共和国婚姻法》第二十一条、第二十五条，《最高人民法院关于适用〈中华人民共和国婚姻法〉若干问题的解释（一）》第二十一条，《最高人民法院关于人民法院审理离婚案件处理子女抚养问题的若干具体意见》第七条、第八条、第十一条规定，判决如下：

一、被告汤某胄应支付原告周某自2018年11月20日起至原告18周岁止的抚养费每年48000元，款项定于每年的10月1日前付清；

二、驳回原告周某的其他诉讼请求。

周某、汤某胄不服一审判决，提出上诉。浙江省绍兴市中级人民法院经审理认为：一、关于《承诺书》与《付款承诺》的效力问题。（一）上诉人汤某胄主张周甲通过拿走其车钥匙与手机、威胁发朋友圈、不让其睡觉等方式胁迫其签订《承诺书》与《付款承诺》。本院认为，汤某胄在公安机关分别制作三次询问笔录，其中2018年8月14日的询问笔录陈述“（限制人身自由的）其他具体行为是没有的，一方面就是周甲将我的车钥匙和手机拿走了，然后就是周甲她们口头上说要我不要离开，一定要将事情协商好才能走，另一方面就是我考虑到如果事情谈不好，周甲她们就回去找我父母、发朋友圈，我也怕将事情的影响弄大，我就想自己将事情跟她们妥善地协商好”，上述情形尚未达到被“胁迫”的程度。原审法院对汤某胄主张受胁迫而签订《承诺书》与《付款承诺》的抗辩不予采纳并无不当，予以支持。（二）上诉人汤某胄主张《承诺书》与《付款承诺》的内容违背法律规定。浙江省绍兴市中级人民法院认为，《承诺书》出具时，周甲腹中胎儿即周某已26周，胎儿情况基本稳定，周甲与汤某胄此时考虑胎儿出生抚养问题亦属合理。2018年11月20日周某出生，汤某胄应按照承诺履行协议。二、抚养费金额问题。汤某胄主张抚养费金额应调整为16000元/年，与婚生女汤某蝶的抚养费标准相同。浙江省绍兴市中级人民法院认为，汤某蝶的抚养费金额，系汤某胄与宣某华双方协商调解确认，与本案的审理并无关联。周某主张抚养费按照承诺书中 10000 元/月之标准，但原审法院考虑到汤某胄的收入状况及负担能力，结合子女实际需要、当地实际生活水平及案件实际情况，在兼顾公平原则的情况下酌情调整周某的抚养费为 4000 元/月，并无不当，予以照准。周某虽主张汤某胄的中国银行、诸暨农村商业银行交易流水明细可证明汤某胄具有支付每月 10000 元抚养费及一次性给付的经济能力，但《最高人民法院关于人民法院审理离婚案件处理子女抚养问题的若干具体意见》规定，抚育费应定期给付，有条件的可一次性给付；同时考虑到汤某胄从事银行工作，上述证据亦不足以证明汤某胄有每月支付 10000 元及一次性支付的能力，原审法院判决抚养费每年一付亦无不当，予以确认。

浙江省绍兴市中级人民法院依照《中华人民共和国民事诉讼法》第一百七十条第一款第（一）项之规定，判决如下：

驳回上诉，维持原判。

【法官后语】

双方对抚养费的约定明显过高，且一方提出异议时，法院应综合考量抚养人的收入状况、负担能力，被抚养人的实际需求以及当地生活消费水平和案件具体情况，在兼顾公平原则的前提下进行调整。

本案系同居分手协议中对非婚生胎儿抚养费约定过高而引发的纷争。针对司法实践中的类似案件，以下三个问题应予以关注。

一、同居分手协议的效力问题

同居分手协议是一类比较特殊的合同，我们不应一概认定无效，需区别情况不同对待。处理该类协议时，在不违反法律法规强制性规定的前提下，我们既要坚持公序良俗原则，更要保护好妇女儿童和当事人的合法权益，对双方签订协议时的动机以及签订的协议条款内容进行综合考量。例如本案所涉的同居分手协议即被告汤某胄出具的《承诺书》，其主要内容系对当时周甲腹中胎儿即本案原告周某抚养费的约定，对于该类约定有其合理合法之处，在金额符合社会大众所能接受的一般道德行为标准时，法官可在一定合理范围内作出裁判。故针对该类情况，我们不能为了单纯惩罚婚外同居行为，而损害非婚生子女的合法权益，这样才是法律应有价值的体现。

二、非婚生胎儿的权利

《中华人民共和国民法典》第一千零七十一条规定“非婚生子女享有与婚生子女同等的权利，任何组织或者个人不得加以危害和歧视。不直接抚养非婚生子女的生父或者生母，应当负担未成年子女或者不能独立生活的成年子女的抚养费”。本案《承诺书》出具时，虽被抚养人尚为胎儿，不具备民事权利能力，但该《承诺书》可视为附条件的合同，当胎儿出生时条件即成就，原告周某即享有与婚生子女同等的权利，这亦符合《中华人民共和国民法典》新增第十六条“涉及遗产继承、接受赠与等胎儿利益保护的，胎儿视为具有民事权利能力。但是，胎儿娩出时为死体的，其民事权利能力自始不存在”之规定精神。

三、抚养费约定过高时能否进行调整

关于抚养费确定的标准，《最高人民法院关于人民法院审理离婚案件处理子女抚养问题的若干具体意见》第七条规定：“子女抚育费的数额，可根据子女的实际需要、父母双方的负担能力和当地的实际生活水平确定。有固定收入的，抚育费一般可按其月总收入的20%至30%的比例给付。负担两个以上子女抚育费的，比例可适当提高，但一般不得超过月总收入的50%。无固定收入的，抚育费的数额可依据当年总收入或同行业平均收入，参照上述比例确定。有特殊情况的，可适当提高或降低上述比例。”故在当事人事先未对抚养费进行约定时，法院在审理裁判中可参照以上标准进行确定。但当双方当事人约定明显高于上述标准，且支付抚养费一方可能会因承担该明显过高的抚养费而陷入生活困难时，法院应综合考量支付方提出的异议，结合具体案情进行合理调整。抚养费的支付既要保障被抚养人的合法权益，亦不能损害抚养人的合法权益，这才是我们法律追求的公平正义之理念。

编写人：浙江省诸暨市人民法院　严周菲　李冠军

26

同居期间取得的财产的所有权认定，应以尊重双方当事人意思自治为原则

——陈某秀诉徐某艳执行异议之诉案

【案件基本信息】

1. 裁判书字号

江西省于都县人民法院（2019）赣0731民初1626号民事判决书

2. 案由：执行异议之诉

3. 当事人

原告：陈某秀

被告：徐某艳

第三人：丁某胜

【基本案情】

陈某秀与丁某胜自2004年起恋爱同居，2014年12月双方协议解除同居关系，并约定了非婚生子女的抚养，明确无共同财产。同居期间，陈某秀于2012年6月2日与江西康通房地产开发公司（下称公司）签订了商品房买卖合同，公司将其开发的某房屋卖给陈某秀，房屋预告登记及合同备案载明案涉房屋的权利人为陈某秀，该房屋于2018年12月20日办理了不动产权证书，属陈某秀单独所有，丁某胜同时支付了部分购房款。执行法院在执行申请人徐某艳与丁某胜债务转移合同纠纷一案时，依徐某艳申请，于2019年1月8日裁定查封案涉房屋，陈某秀提出执行异议。法院经审查认为，该房产属陈某胜、丁某秀同居期间一般共有财产，尚不确定丁某胜的个人价值份额，故驳回执行异议。陈某秀不服，提起诉讼。

【案件焦点】

陈某秀在同居期间购置的并登记于其名下的房屋，丁某胜对房屋的取得亦有一定贡献，该房屋能否认定为共有财产双方在解除同居关系时，自行协商财产所有权的归属，能否阻却执行。

【法院裁判要旨】

江西省赣州市于都县人民法院经审理认为，民法典物权编确立的物权公示公信原则，指物权的设立、变动必须依据法定的公示方法予以公开，使第三人能够及时了解物权的变动情况。通过法定的公示方法所公示的权利状态，相对人有合理的理由相信其为真实状态，并与登记权利人进行交易，对此种信赖利益法律应当予以保护。案涉房屋系丁某胜和陈某秀同居期间购置，商品房买卖合同和收据均显示由陈某秀个人购房，且已登记为陈某秀单独所有，其物权设立与不动产权证一致，符合公示公信原则的规定，依法应予保护。《最高人民法院关于人民法院民事执行中查封、扣押、冻结财产的规定》第二条规定，对于第三人占有的动产或者登记在第三人名下的不动产、特定动产及其他财产权，第三人书面确认该财产属于被执行人的，人民法院可以查封、扣押、冻结，第十四条规定，对被执行人与其他人共有的财产，人民法院可以查封、扣押、冻结，并及时通知共有人。共有人协议分割共有财产，并经债权人认可的，人民法院可以认定有效。查封、扣押、冻结的效力及于协议分割后被执行人享有份额内的财产。登记于陈某秀名下的案涉房屋，虽系陈某秀与丁某胜同居期间购置，但属陈某秀单独所有，陈某秀并不认同丁某胜享有共有权，且其未书面确认该房屋属于丁某胜。同居生活期间双方共同所得的收入和购置的财产，按一般共有财产处理。这一规定精神旨在解决财产争议归属时应当适用的规则，但同居当事人自行商定处分不违反意思自治原则。陈某秀与丁某胜协议解除同居关系时（案件执行前）即已明确无共同财产，尽管丁某胜同居期间或解除关系后事实上支付了购置房产的部分房款，但双方已确定房产归陈某秀单独所有，表明丁某胜并非是该房产的共有人，更不享有财产份额，推定丁某胜对该房产享有共有权或物权期待权，于法无据，执行中查封非丁某胜责任财产的案涉房屋不当。

【法官后语】

近年来，屡屡发生在债权人申请执行债务人房产时，案外人根据离婚协议或同居协议约定，主张其对房产享有权利，提出执行异议。然而，同居关系双方当事人不存在婚姻关系这一事实基础，对同居期间一方当事人取得的财产，不能当然的认定为夫妻共同财产，从而推定以夫妻共同财产的规定作出处理。

本案中，陈某秀在同居期间购置的并登记于其名下的房屋所有权认定问题，应当综合考虑：

首先，根据物权公示公信原则，不动产物权的设立、变更、转让和消灭，未经登记不发生法律效力，物权具有公示公信力，对房屋产权的认定应以登记为准。本案中，陈某秀于2012年6月2日与公司签订了商品房买卖合同，房屋预告登记及合同备案载明的权利人为陈某秀，商品房买卖合同和收据均显示由陈某秀个人购房，且已登记为陈某秀单独所有的房产，其物权设立与不动产权证一致，符合公示公信原则的规定，首先应认定为陈某秀个人财产。

其次，同居期间的财产分割按一般共有财产处理，必须具备以下两个条件：一是必须为同居期间所得的财产；二是必须依法归双方共同所有的财产，法律规定归一方所有的财产，或者双方约定归各自所有的财产，不属于共同财产。这一规定精神旨在解决财产争议归属时应当适用的规则，同居当事人自行商定处分的，应以尊重双方当事人意思自治为原则。陈某秀与丁某胜于2014年12月协议解除同居关系，并明确无共同财产，该协议系双方解除同居关系时对财产处置的约定，未违反法律、行政法规的强制规定，对双方均具约束力，尽管丁某胜同居期间或解除关系后事实上支付了购置房产的部分房款，但双方已确定房产归陈某秀单独所有，表明丁某胜并非是该房产的共有人，更不享有财产份额，推定丁某胜对该房产享有共有权或物权期待权，于法无据。

最后，从协议是否具有非法目的来看，陈某秀与丁某胜于2014年12月解除同居关系，徐某艳于2019年1月申请查封涉案房产，从时间来看，协议签订时间远远早于案件执行，不存在双方恶意串通逃避债务的非法目的。因此，该协议能够阻却法院执行。

根据《最高人民法院关于适用〈中华人民共和国民事诉讼法〉执行程序若干问题的解释》第十五条规定，对执行标的主张所有权或者有其他足以阻止执行标的转让、交付的实体权利的案外人，有权利提出执行异议。综上所述，陈某秀有权对查封该房屋的执行裁定提出异议，不得执行属原告陈某秀单独所有的案涉房屋。

编写人：江西省赣州市于都县人民法院　伍兴发　姚萍

五、抚养纠纷

27

主张支付抚养费逾期利息的请求不应支持

——魏某某诉魏某抚养费案

【案件基本信息】

1. 裁判书字号

四川省成都市中级人民法院（2019）川01民终15758号民事判决书

2. 案由：抚养费纠纷

3. 当事人

原告（被上诉人）：魏某某

被告（上诉人）：魏某

【基本案情】

何某与魏某于2008年4月21日在射洪县民政局登记结婚，婚后于2008年10月12日生育一子，即魏某某。2013年5月31日，魏某与何某在射洪县民政局登记离婚，双方达成《离婚协议书》，约定儿子魏某某由何某抚养，随其生活，魏某每月支付生活费3000元。离婚后至2016年12月，魏某按照协议每月向魏某某支付生活费3000元，自2017年1月起未支付生活费。

另查明，2019年5月7日，四川大学华西第二医院门诊病情证明书出具《中国—韦氏儿童智力表（C－WISC）测试报告》载明魏某某儿童智商为44，属于智力低下。

【案件焦点】

魏某是否应支付抚养费逾期利息。

【法院裁判要旨】

四川省成都市金牛区人民法院经审理认为：由于《离婚协议书》是魏某与何某离婚时在充分考虑了双方收入状况、负担能力的情况下就魏某某抚养事宜达成的协议，应为合法有效，对双方均有约束力。魏某在没有证据证明其收入锐减的情况下，应当按照《离婚协议书》支付魏某某抚养费。至于抚养费逾期利息，由于抚养费设立的初衷是保护离婚后未成年子女的合法权益，目的是努力使未成年子女的生活恢复到其父母离婚前的状态，本质是一种针对未成年人的保障，而非普通的金钱债务。关于生活费的给付方式、数额等虽约定在其父母的离婚协议中，但其给付的法律依据是身为父母应当抚养子女的法定义务，而非父母之间的约定，因此并不能按违反合同约定的相关法律规定来主张违约责任。魏某某有关抚养费逾期利息的主张，于法无据，不予支持。

魏某不服一审判决提起上诉。四川省成都市中级人民法院经审理认为：本案二审争议的焦点为一审法院所确定魏某向魏某某支付生活费的金额是否正确。上诉人魏某认为其与何某所签订的《离婚协议》不是其个人真实意思表示，但是在本案审理过程中，魏某并未对此举证予以证实，本院对该上诉意见不予支持。上诉人魏某还认为何某已经实际从其个人的银行卡中取款265530元，超过应当支付的生活费。本院认为，魏某在与何某离婚后的财产支出情况并不能直接证实其支付魏某某生活费用的实际状况。即便魏某银行账户的存款由何某实际取款，也不足以证实该取款是用于支付魏某某的生活费。魏某与何某之间的纠纷不属于本案的审理范围。至于魏某认为魏某某名下房屋的租金应当抵扣其应当支付的生活费，因仅有魏某的陈述，并无其他证据对此予以证实，对此本院不予采信。

综上，魏某的上诉请求不能成立，应予以驳回。一审判决认定事实清楚，适用法律正确，应予维持。

四川省成都市中级人民法院依照《中华人民共和国民事诉讼法》第一百七十条第一款第（一）项之规定，判决：驳回上诉，维持原判。

【法官后语】

在父母一方违反离婚协议约定，长期不支付抚养费的情况下，儿童起诉未支付抚养费的一方要求其支付抚养费及资金占用利息，那么要求支付抚养费资金占用利息的请求是否能够得到支持？对此，目前我国相关法律并没有进行明确规定。

在司法实践中，各地法院存在着不同的裁判观点。有的法院认为抚养费具有人身属性，不同于一般的债权债务关系，就算父母双方在离婚协议中对未支付抚养费的逾期利息或违约金进行了相应约定，也不能够支持，原因是不能让另一方因未支付抚养费的行为而从中获利。有的法院则认为如果父母双方在离婚协议中对未支付抚养费的逾期利息或违约金进行了相关约定，按照意思自治原则，就应该支持。如果父母双方没有在离婚协议中进行相关规定，但垫付抚养费一方的金钱孳息损失显而易见，给予相应弥补符合公平的法律原则，并且对不承担抚养义务的一方给予利息惩罚，表达了法律对逃避法定义务行为的否定态度，有助于促进形成良好的社会道德风尚，也符合公正的法律原则。我们认为，未支付抚养费一方不应承担违约责任，也不应支付抚养费的资金利息损失。

1. 抚养费给付是父母的法定义务。抚养费本质是一种针对未成年人的保障，是为了保护离婚后未成年子女的合法权益，法律通过赋予未抚养一方义务的方式，促使未成年子女的生活恢复到其父母离婚前的状态。抚养费的给付是基于身为父母的法定义务，而非父母双方的离婚协议。离婚协议只能约定抚养费的数额，不能免除作为父母的法定义务。支付抚养费仅仅是父母履行抚养义务的一种表现形式，当父母一方没有支付抚养费，从有利于儿童身心健康的原则出发，另一方应及时提醒未支付抚养费的一方履行抚养义务，支付抚养费，避免父母一方在儿童成长中缺位。

2. 抚养费属于人身权利范围而非经济行为范围。抚养费是指对未成年人的健康成长所必需的费用，它包含日常的生活费、教育费、医疗费等内容。抚养费是一种特殊的债权债务关系，是基于人身关系存在的，具有人身属性。具有人身属性的债权债务关系并不同于一般的债权债务关系，不由普通的合同法规调整。

3. 判决支付抚养费利息违反法律规定。逾期利息是债务人违反合同约定承担违约责任的一种形式，应当受合同法规制。依据《中华人民共和国合同法》第二条“本法所称合同是平等主体的自然人、法人、其他组织之间设立、变更、终止民事权利义务关系的协议。婚姻、收养、监护等有关身份关系的协议，适用其他法律的规定"，父母离婚时达成的关于抚养费的协议具有人身关系属性，是不适用合同法的，因此自然也不能按照合同法主张抚养费逾期利息。

4. 追讨抚养费不能成为一种获利手段。人身关系不适用诉讼时效的规定，基于人身关系的债权也不适用诉讼时效的规定。抚养费纠纷也不适用诉讼时效的规定，这有可能造成垫付抚养费一方因对方长期不履行支付抚养费义务而获利，从公平、公正的法律原则出发，垫付抚养费一方要求未支付抚养费一方支付资金占用利息的请求不能得到支持，从而督促垫付抚养费一方及时主张其权利。

5. 最高人民法院公布的典型案例认为抚养费违约金条款没有法律依据，不予以支持。最高人民法院于2015年发布博小某诉博某抚养费一案，该典型案例认为抚养费的给付并非基于合同，关于未支付抚养费的违约金条款于法无据，不应支持。同理，从法律适用统一方面讲，基于合同而主张的资金利息损失，要求未支付抚养费的一方支付抚养费资金利息损失同样不能支持。

编写人：四川省成都市金牛区人民法院　胡敏　宋珊

28

亲情陪伴及抚育理念因素在抚养关系变更中的考量

——郭某火诉陈某珠变更抚养关系案

【案件基本信息】

1. 裁判书字号

福建省厦门市中级人民法院（2019）闽02民终260号民事判决书

2. 案由：变更抚养关系

3. 当事人

原告（被上诉人）：郭某火

被告（上诉人）：陈某珠

【基本案情】

郭某火与陈某珠于2012年3月27日登记结婚。2013年6月26日，郭某火、陈某珠生育婚生子郭某辰。2014年11月20日，厦门市思明区人民法院作出（2014）思民初字第13547号民事判决。判决准予郭某火、陈某珠离婚，婚生子郭某辰随陈某珠共同生活，郭某火每月支付抚养费1500元。郭某辰自2014年4月起被陈某珠寄养在郭某火叔父郭某远家中至今。

郭某火向一审法院起诉请求：1. 判令婚生子郭某辰变更为由郭某火抚养；2. 判令陈某珠每月支付郭某辰抚养费1500元。

【案件焦点】

在双方当事人都具备基本抚养能力的情况下，直接抚养方对幼儿的亲情陪伴条件及注重心理健康的抚育理念应成为考量抚养关系的重要因素之一。

【法院裁判要旨】

福建省厦门市思明区人民法院一审认为，确定子女随哪方共同生活，应当适用“未成年子女利益优先”原则。因此，首先应当考虑的是，抚养者能否提供足够抚养未成年子女的基本经济能力。其次应当考虑的是，抚养者能否提供让子女心理得以健康成长的安全环境和关爱。幼儿在正常的成长过程中，物质条件并非最重要的，在物质条件能满足其基本生存需要后，幼儿对关爱的情绪需求，远远超过对物质条件的需求。本案中，双方婚生子经法院判决由陈某珠直接抚养，然陈某珠却将其送到郭某火亲戚家中代养，纵使代养家庭对双方幼儿关爱有加，终究不能替代幼儿对亲生父母依恋的心理需求，以及幼儿在成长过程中对父母关爱的情感需求，陈某珠送养行为并未考虑直接抚养子女理所应当承担的除金钱给付之外的陪伴、教育等责任。因此，从保障未成年子女的权益角度考量，由郭某火直接抚养子女，更有利于保障未成年子女的权益。依照《中华人民共和国婚姻法》第三十六条第三款、第三十七条，《最高人民法院关于人民法院审理离婚案件处理子女抚养问题的若干具体意见》第十六条之规定，判决：一、婚生子郭某辰由郭某火直接抚养，随郭某火共同生活；二、陈某珠每月支付婚生子郭某辰的抚养费1500元直至婚生子郭某辰年满18周岁时止。

陈某珠不服，提出上诉，福建省厦门市中级人民法院认为，根据在案的证据及双方当事人的陈述，郭某火虽曾因经济犯罪受过刑事处罚，但其已接受完教育改造，且郭某火具备电工作业专业技能、于2018年4月重新组建家庭，目前尚未生育其他子女，生活状态稳定，诚然陈某珠的经济条件远优越于郭某火，但陈某珠在过去抚养郭某辰的过程中，长期将幼小的郭某辰寄养在他人家中，其自己则在异地做生意，其欲给孩子提供更好的经济条件虽无可厚非，但其忽略父母亲情陪伴对孩子的重要性则属理念之失当，特别是在与郭某火就孩子的抚养问题发生矛盾过程中，并未能认识到父亲在孩子成长过程中不可替代的作用，主张对方情绪失控当着孩子的面殴打他人等给孩子造成心理伤害，但其并未意识到自己同样具有保护孩子心理不受伤害的义务，在孩子父亲发生不当行为时也应给予孩子正面的疏导，避免给孩子造成二次伤害，而非一味强调对方的过错，甚至希望法庭对尚不满6周岁的孩子进行询问父亲的暴力行为给孩子留下的印象，因此，本院认为，经济条件不是决定抚养关系的决定性因素，父母亲情对孩子而言是同等重要的，子女与父母之间的亲密关系将对孩子的一生造成深远的影响，而郭某辰在过去的成长过程中父爱严重缺失，郭某辰尚年幼具备重新建立父子亲情的条件，郭某火现也有亲自抚养孩子的强烈意愿，且陈某珠的教育理念明显有待提高，一审法院暂将郭某辰变更为由郭某火直接抚养，并无不当，双方在今后应共同配合教育陪伴抚养孩子成长，相互支持相互监督，以孩子的健康成长为重，减少双方的矛盾，直接抚养一方也应充分重视另一方与孩子的情感维系，珍惜直接抚养孩子的机会。综上所述，陈某珠的上诉请求理由不足，不能成立，应予驳回；一审判决认定事实清楚，适用法律正确，应予维持。依照《中华人民共和国民事诉讼法》第一百七十条第一款第（一）项规定，判决：

驳回上诉，维持原判。

【法官后语】

关于变更抚养关系，《最高人民法院关于人民法院审理离婚案件处理子女抚养问题的若干具体意见》第十六条规定了三种法定变更抚养权的情形，同时还规定了“有其他正当理由需要变更的”，对于该兜底条款的适用并无具体的规定，司法实践中也少有总结，本文认为，本案属于可适用该条款的较为典型的情形之一，即将直接抚养方对幼儿的亲情陪伴条件及注重心理健康的抚育理念作为考量抚养关系的重要因素之一，可供司法实践中审理同类案件时予以参考。

随着经济社会的不断发展，抚养条件除了经济方面的硬件外，更需要关注父母本身的抚养理念这一软件。抚养离异家庭的孩子，本就只能由父母一方直接抚养，父母亲情缺位的可能性高于普通家庭，然而，在大多数抚养关系纠纷中，当事人更多的是关注双方能够提供给孩子的经济条件，并以此作为争取抚养关系的重要砝码，也就是更为注重物质条件的重要性，同时，往往极力寻找对方对孩子的“不好”，忽略己方对孩子心理健康的责任及作用。在双方当事人都具备基本抚养能力的情况下，除了经济物质条件的优劣之外，更应当考虑对孩子心理健康的影响，特别是对于幼儿，直接的亲情陪伴是十分重要的，直接抚养方的抚育理念亦不可忽视。

本案双方当事人之间的经济物质条件虽有较大差别，且原告还曾因经济犯罪被判处刑罚过，但是法庭经过调查发现，原告所犯经济犯罪系轻罪，且服刑期间并无不良表现，同时，刑满释放后重新组建了家庭，具有电工的技术，具备抚养孩子的能力。虽然原告的经济条件与被告相比相差较大，但被告过度重视创造经济条件，长期将孩子寄养在他人家中，且其同时养育三个孩子，对与原告共同育有的孩子陪伴精力也受限，更为重要的是，其在诉讼过程中并未意识到自己对孩子的直接陪伴的重要性。故其在亲情陪伴及心理守护上存在明显缺失，加之，原告有抚养孩子的强烈愿望，应当给予原告平等的机会直接抚养孩子。法庭也旨在通过本案的审理，让当事人能够明白正确的抚育理念：除去给予孩子好的物质条件外，更应重视亲情陪伴以及孩子的心理健康。

编写人：福建省厦门市中级人民法院　陈丽英

29

现代辅助生育技术所涉父母子女间身份关系的认定

——王某甲诉宋某某变更抚养关系案

【案件基本信息】

1. 裁判书字号

北京市第一中级人民法院（2019）京01民终7366号民事判决书

2. 案由：变更抚养关系纠纷

3. 当事人

原告（上诉人）：王某甲

被告（被上诉人）：宋某某

【基本案情】

王某甲与宋某某（女）于1999年结婚。宋某某患有原发不孕症，于2007年接受了“腹腔镜全子宫+双附件切除+盆腔及腹主动脉旁淋巴结清扫术”，彻底丧失生育能力。2012年，王某甲与宋某某商议一致通过中介机构采用代孕的方式生育子女，精子由王某甲提供，代孕女性在医院建档产检、生产均使用宋某某的身份证，以宋某某的名义进行。2013年11月20日，王某乙、王某丙出生，出生医学证明上所载的父母分别为王某甲、宋某某，但实际与宋某某无血缘关系。

2017年2月7日，王某甲与宋某某经法院调解离婚，双方达成如下协议：“一、王某甲与宋某某离婚；二、婚生女王某乙和王某丙由宋某某抚养，王某甲不支付王某乙及王某丙的抚养费……”王某甲与宋某某离婚后，王某乙与王某丙一直随宋某某共同生活。王某甲以王某乙、王某丙非宋某某自然受孕出生，非宋某某婚生子女为由向法院起诉请求变更王某乙、王某丙的抚养权由其抚养。

【案件焦点】

1. 王某甲、宋某某分别与王某乙、王某丙的身份关系认定问题；2. 王某乙、王某丙的抚养权归属问题。

【法院裁判要旨】

北京市昌平区人民法院认为，首先，关于王某乙、王某丙与王某甲、宋某某之间的关系问题。王某甲与宋某某婚姻关系存续期间与其他女性生育王某乙、王某丙，两个孩子应属于王某甲的非婚生子女。宋某某与王某乙、王某丙之间已形成有抚养关系的继父母子女关系，其权利义务应当适用婚姻法对父母子女关系的有关规定。其次，关于王某乙、王某丙抚养权的问题，以不变更为宜。判决：驳回王某甲的诉讼请求。

北京市第一中级人民法院认为：一、王某甲、宋某某与王某乙、王某丙的身份关系认定问题。在夫妻关系存续期间，经双方一致同意运用现代辅助生育技术生育子女，在夫妻其中一方与所生子女无血缘关系的情况下，无论该子女是否在夫妻关系存续期间出生，都应视为夫妻双方的婚生子女。具体到本案，王某乙、王某丙为王某甲、宋某某在夫妻关系存续期间运用现代辅助生育技术所生，宋某某与王某乙、王某丙无血缘关系，以上事实，双方均无异议。关于是否经双方一致同意一节，综合王某甲与宋某某均陈述双方于2011年或2012年共同商议代孕生子事宜，及代孕女性在医院建档、产检直至生产的相关手续均使用宋某某的名义等事实，可充分证明本案所涉运用现代辅助生育技术系经王某甲、宋某某一致同意。综上，王某乙、王某丙应视为王某甲、宋某某的婚生子女。一审判决认定王某乙、王某丙为王某甲的非婚生子女，认定宋某某与王某乙、王某丙为继父母子女关系，均有不当，本院予以纠正。二、王某乙、王某丙的抚养权归属问题。在确认王某乙、王某丙为王某甲、宋某某婚生子女的前提下，就王某乙、王某丙的抚养权归属问题，本院再予确认，本着未成年人权益最大化原则，王某乙、王某丙宜由宋某某继续抚养，抚养权不予变更。综上所述，王某甲的上诉请求不能成立，应予驳回；一审判决认定的基本事实清楚，适用法律虽有不当之处，但判决结果正确，应予维持。判决：

驳回上诉，维持原判。

【法官后语】

本案一二审争议的核心焦点问题，即是王某甲、宋某某分别与两个孩子王某乙、王某丙的身份关系认定问题。特别对于与两个孩子无血缘关系的宋某某一方，其与两个孩子身份关系的认定，既是司法裁判的难点，亦直接决定着孩子抚养权归属的走向。

一、专业背景：现代辅助生育技术基本概况

要处理好本案的法律问题，首先要对案件涉及的现代辅助生育技术等相关医学知识有所认知。人类辅助生殖（生育）技术（ART），是指对配子、胚胎或者基因物质进行体内外系统操作获得新生命的技术，包括人工授精（AI）和体外受精–胚胎移植（IVF–ET）及其衍生技术两大类①。随着现代科学技术的不断发展进步，

---

① 中华医学会编著：《临床诊疗指南·辅助生殖技术与精子库分册》，人民卫生出版社2009年版，第58页。

相信辅助生育技术的内涵和外延也会不断发展变化。

根据中华人民共和国卫生部于2001年8月1日颁布并施行至今的《人类辅助生殖技术管理办法》及医疗领域实践情况，以上两大类技术形式，均在我国当前社会生活中有所应用。其一，人工授精技术，是将精子以非性交方式送入女性生殖道，以达到受孕目的的技术①。其二，体外受精－胚胎移植技术，即俗称的试管婴儿技术，是将不孕症患者夫妇的卵子与精子取出体外，在体外培养系统中受精并发育成胚胎后，将胚胎移植入子宫腔内以实现妊娠的技术②。在运用现代辅助生育技术的情况下，所生子女既可能与夫妻双方均有血缘关系，亦可能与其中一方无血缘关系。根据具体情况的不同，该无血缘关系一方既可能是男方，也可能是女方（详见下图）。

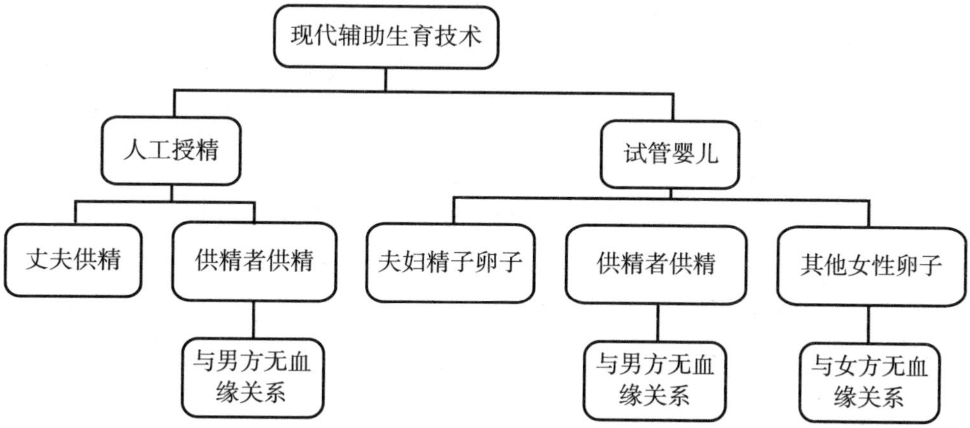

二、既有依据：现有法律规范的梳理与解读

经梳理，我国目前仍无直接涉及运用现代辅助生育技术所生子女身份关系认定的法律及司法解释，但有两份具有一定适用指导效力的规范性文件。一是最高人民法院于1991年作出的《最高人民法院关于夫妻离婚后人工授精所生子女的法律地位如何确定的复函》（以下简称《复函》），主要内容为“经研究，我们认为，在夫妻关系存续期间，双方一致同意进行人工授精，所生子女应视为夫妻双方的婚生子

① 中华医学会编著：《临床诊疗指南·辅助生殖技术与精子库分册》，人民卫生出版社2009年版，第60页。

② 中华医学会编著：《临床诊疗指南·辅助生殖技术与精子库分册》，人民卫生出版社2009年版，第64页。

女，父母子女之间权利义务关系适用《婚姻法》的有关规定”。二是最高人民法院2015年发布的第十批指导性案例中的指导案例50号（以下简称指导案例），其裁判要点之一为，夫妻关系存续期间，双方一致同意利用他人的精子进行人工授精并使女方受孕后，男方反悔，而女方坚持生出该子女的，不论该子女是否在夫妻关系存续期间出生，都应视为夫妻双方的婚生子女。

上述《复函》及指导案例所涉案件的案情存在相同之处，即在夫妻关系存续期间，经双方一致同意，运用他人（供精者）供精的人工授精方式这一现代辅助生育技术使女方受孕。不同之处在于，《复函》所涉案件的子女出生于双方夫妻关系存续期间，而指导案例所涉案件的子女出生于双方夫妻关系结束之后。但《复函》及指导案例的意见均认为，两案所生子女应视为夫妻双方的婚生子女。综上，作出时间相差20余年的《复函》和指导案例通过一致性的意见，明确解决了涉及人工授精（供精者供精）这一部分运用现代辅助生育技术所生子女的身份关系认定问题，即无论该子女是否出生于夫妻关系存续期间，均应视为夫妻双方的婚生子女。

三、规则完善：基于《复函》和指导案例应确立的裁判规则

如前文所述，在我国当前运用现代辅助生育技术的医疗实践中，广泛存在人工授精和试管婴儿两种形式。《复函》和指导案例较好地解决了其中涉及人工授精形式的问题，但对于如本案所涉试管婴儿等其他现代辅助生育技术形式的案件，则无法直接指导适用，而司法实践的需求又是急迫的。我们认为，基于《复函》、指导案例确定的裁判规则和基本法理，对于涉及其他现代辅助生育技术形式的案件，可作如下的论证分析。

维度一：法律层面的推演分析。第一，人工授精技术和试管婴儿技术作为现代辅助生育技术中的不同技术手段，皆属于中立的、客观的医学科学技术，在法律评价上应无差别。第二，对于运用现代辅助生育技术所生子女与夫妻一方无血缘关系的情况，无论该无血缘关系一方为男方还是女方，根据我国现行各类法律规定所体现的男女平权精神，两种情况下所生子女与夫妻双方关系的认定应当是一致的。鉴于以上两点，对《复函》和指导案例的意见作合理的延伸理解适用，可得出如下结论，即在夫妻关系存续期间，经双方一致同意运用现代辅助生育技术生育子女，在夫妻其中一方与所生子女无血缘关系的情况下，无论该子女是否在夫妻关系存续期间出生，都应视为夫妻双方的婚生子女。

维度二：人性伦理的正当抉择。除了上述法律层面的逻辑推演外，从情理及未成年人权益保护的角度，同样应将运用现代辅助生育技术所生与夫妻一方无血缘关系的子女，从法律上认定为夫妻双方的婚生子女。在医疗实践中，对于存在第三人提供精子或卵子的情况，无论从法律和伦理的层面，还是从避免争议纠纷的角度，第三人均应终生不与所生子女见面。在此情况下，如不能从法律层面将此类子女视为夫妻双方的婚生子女，就会在认定子女与无血缘关系一方父母的身份关系时存在法律上新的未解难题，如本案一审将宋某某与王某乙、王某丙认定为有抚养关系的继父母子女关系，显然与现行法律规定不符；更为不可接受的是，可能导致此类未成年子女的各项权益无法获得与其他家庭正常婚生子女同等的法律保护，严重背离我国已签署的《联合国儿童权利公约》所确立并已为我国司法实践多年践行的未成年人利益保护最大化原则，实不可取。

综上，运用现代辅助生育技术生育子女，在夫妻其中一方与所生子女无血缘关系的情况下，会产生父母子女间身份关系的认定问题。结论是，在夫妻关系存续期间，经双方一致同意运用现代辅助生育技术生育子女，在夫妻其中一方与所生子女无血缘关系的情况下，无论该子女是否在夫妻关系存续期间出生，都应视为夫妻双方的婚生子女。这里需明确三项要点：第一，所运用的现代辅助生育技术必须发生于夫妻关系存续期间，否则不能依据婚姻法得出所生子女为婚生子女之结论。第二，运用现代辅助生育技术必须经双方一致同意，这既是基于《复函》和指导案例的意见所延伸的实质要件，同时也是民事法律行为自愿原则的基本体现。对于一方非经另一方同意，采取不当手段运用现代辅助生育技术所生子女的身份关系认定问题，当另行探讨。第三，无论该子女出生于夫妻关系存续期间，还是出生于夫妻关系结束之后，均不影响认定为夫妻双方的婚生子女。

最后回到案件本身，在确认王某乙、王某丙应为王某甲、宋某某婚生子女的前提下，根据本案男女双方的抚养条件及能力、两个孩子出生后的居住生活情况等具体案情，并不难得出两个孩子宜由宋某某继续抚养之结论。

编写人：北京市第一中级人民法院　冯哲

30

新冠肺炎疫情不必然成为调低子女抚养费的事由

——付某某诉付某抚养费案

【案件基本信息】

1. 裁判书字号

重庆市第一中级人民法院（2020）渝01民终345号民事判决书

2. 案由：抚养费纠纷

3. 当事人

原告（被上诉人）：付某某（未成年）

被告（上诉人）：付某

【基本案情】

王某与付某婚后生育付某某。后双方因感情不和，经法院判决离婚，付某某由其母抚养，付某每月支付抚养费900元。付某现就职于重庆某资本管理有限公司，职务为市场部渠道经理，其举证月收入为3000元。付某某未满4周岁，除其他衣食住行需求之外，每月购买奶粉费用在2400元以上。付某某遂以生活教育费用增加为由，向法院起诉请求付某每月支付生活费2000元，并承担实际产生的教育费、医疗费等费用的50%，直至付某某独立生活时止。

【案件焦点】

新冠肺炎疫情是否构成调低抚养费的法定事由。

【法院裁判要旨】

重庆市渝北区人民法院经审理认为，随着社会经济发展水平的提高，子女抚养费支出也会随之增加。抚养费数额可以根据子女的实际需要、父母双方的负担能力和当地实际生活水平确定。根据子女利益优先原则，参照重庆市统计局公布的当地上年度城镇居民人均消费支出水平，判决：由付某每月支付生活费1000元为宜，并承担付某某实际产生的教育费、医疗费的50%，直至付某某独立生活时止。

一审宣判后，新冠肺炎疫情暴发，付某以一审判决抚养费标准占其月收入比例过高，新冠肺炎疫情致其收入下降，且子女长期居家日常消费调低为由提起上诉。

重庆市第一中级人民法院经审理认为，一审判决付某每月支付1000元生活费，已经考虑并平衡了付某负担能力和孩子生活需求，并无不当。根据《最高人民法院关于人民法院审理离婚案件处理子女抚养问题的若干具体意见》第七条规定，“子女抚育费的数额，可根据子女的实际需要、父母双方的负担能力和当地的实际生活水平确定……有特殊情况的，可适当提高或降低上述比例”。

新冠肺炎疫情能否成为调整抚养费的“特殊情况”，应考虑如下因素：一是从抚养费支付时间跨度看，法院判决抚养费的支付时间是从判决生效之日起至被抚养人独立生活时止，被抚养人付某某现年未满4岁，新冠肺炎疫情延续时间明显短于抚养费支付期间，对抚养费支付影响甚微。二是从抚养人负担能力看，本案审理期间新冠肺炎疫情防控虽然仍在持续，但重庆规模工业企业基本全面复工复产。即使不能复工，根据《人力资源社会保障部办公厅关于妥善处理新型冠状病毒感染的肺炎疫情防控期间劳动关系问题的通知》规定，“因受新型冠状病毒感染的肺炎疫情影响造成企业停工停产，职工没有提供正常劳动的，企业应当发放生活费，生活费标准按不低于劳动合同履行地最低月工资标准的70%执行”。且付某未举示证据证明其收入因疫情影响降低，并严重影响抚养费支付能力。三是从子女实际需要看，除教育和医疗支出外，付某某在新冠肺炎疫情期间的基本生活需求与平时并无太大差别，其衣食等基本生活需求必须得到保障。综上，付某的上诉理由不成立，重庆市第一中级人民法院依据《中华人民共和国民事诉讼法》第一百七十条第一款第（一）项规定，判决如下：

驳回上诉，维持原判。

【法官后语】

本案系因离婚后抚养费给付标准引发的纠纷，生效判决并未支持付某以新冠肺炎疫情为由降低抚养费的诉讼请求。

一、调低子女抚养费应符合特定条件

子女抚养费支付是对未成年子女基本生活需要的物质保障，也是离婚案件中法律附加给未直接抚养子女一方当事人的法定义务。《最高人民法院关于人民法院审理离婚案件处理子女抚养问题的若干具体意见》第七条既列举了确定抚养费数额的参考因素，同时也规定特殊情况下抚养费可适度调低，但对何种情况可调低抚养费并没有明确。

司法实践中，关于调低抚养费所掌握的情形一般包括：第一，需要给付抚养费的一方没有经济来源，丧失劳动能力或长期患病，无法按原定数额给付抚养费。第二，未直接抚养子女的一方因犯罪被收监改造，无力给付的。需要注意的是，从保护子女利益原则出发，调低抚养费是附条件的，在调低抚养费给付的情形消失后，未直接抚养子女一方经济能力恢复，如此时子女尚未成年，仍可起诉要求调整抚养费金额。

二、新冠肺炎疫情不必然导致抚养费调低

本次新冠肺炎疫情客观上使部分企业暂时停工停产，由此可能带来劳动者收入降低，但这一情况是否会直接影响离婚家庭子女抚养费支付，则需结合案情具体判断。本案中，付某提出新冠肺炎疫情导致收入调低，并不能构成调低抚养费的理由。

首先，从支付抚养费的时间跨度来看，被扶养人付某某现年未满4岁，按照一审判决的支付时限，即使付某某18岁即能独立生活，也尚有很长一段时间。而新冠肺炎疫情是暂时的，对于抚养费支付影响甚微，疫情结束之后社会生产生活也将恢复原状，对抚养费支付并不会产生根本性影响。

其次，从抚养人的负担能力来看，付某系某公司市场部渠道经理，具有一定的收入水平。新冠肺炎疫情防控停工停产期间，人社部办公厅《关于妥善处理新型冠状病毒感染的肺炎疫情防控期间劳动关系问题的通知》明确“因受新型冠状病毒感染的肺炎疫情影响造成企业停工停产，职工没有提供正常劳动的，企业应当发放生活费，生活费标准按不低于劳动合同履行地最低月工资标准的70%执行”。因此，企业应当保障劳动者停工停产期间基本生活需要。本案中，付某并未举示证据证明疫情期间其收入明显调低。

最后，从子女生活的实际需要来看，一审判决付某每月支付1000元生活费，已考虑并平衡了付某负担能力和子女的生活需求，也参考了重庆市上年度城镇居民人均消费支出水平，符合法律规定和客观情况。疫情期间尽管子女长期待在家中，并不必然导致日常生活需求降低。因此，调低抚养费数额并不符合子女生活实际情况和切身利益。

三、调整抚养费应兼顾子女利益保护和公平原则

离婚协议约定或法院判决的子女抚养费用并非不能变更，法院需要在子女实际需要和父母支付能力之间寻求平衡点。一方面，在子女需求增加的情况下，如原定抚养费数额不足以维持当地生活水平以及医疗、教育等实际需要时，如继续由直接抚养一方单独承担将有违公平原则，也不符合保护未能年人利益的价值取向。另一方面，应充分考虑抚养人的给付能力，如一方抚养人经济状况发生重大变故，没有经济来源时，也应按照公平原则酌情确定父母双方承担的抚养费数额，以尽可能保障子女利益。

编写人：重庆市第一中级人民法院　陈义熙　赵颖嘉　黄晨

31

祖父母或外祖父母的照顾能力是否为确定婚生子抚养权的参考因素

——王某诉张某离婚案

【案件基本信息】

1. 裁判书字号

福建省漳州市中级人民法院（2020）闽06民终334号民事判决书

2. 案由：离婚纠纷

3. 当事人

原告（上诉人）：王某

被告（被上诉人）：张某

【基本案情】

张某与王某于2016年12月30日登记结婚，2017年10月24日婚生一子王某某。张某曾于2018年向一审法院提起诉讼，要求与王某离婚，一审法院经审理于2018年12月14日作出判决，驳回了张某的离婚诉讼请求。2019年7月，张某再次向一审法院起诉请求：1. 判令张某、王某离婚；2. 婚生子王某某由张某抚养，王某每月支付抚养费2000元。一审诉讼中，双方均确认无夫妻共同债权。

一审宣判后，王某提起上诉，其认为婚生子王某某应由王某直接抚养，理由如下：第一，婚生子出生后就在王某家生活，并由爷爷、奶奶帮忙照顾至今，且他们也明确表示愿意继续帮忙照顾。第二，王某在漳州市区工作，张某在漳浦县工作，以后孩子在漳州读书，张某带孩子读书明显不可能。第三，一审判决王某某由被上诉人抚养的理由是孩子未满2周岁，但司法解释是一般随母亲生活，而不是应当。第四，张某的母亲不会带孩子。

【案件焦点】

1. 确定子女抚养权的原则；2. 祖父母或外祖父母的照顾能力是否为确定婚生子抚养权的参考因素。

【法院裁判要旨】

福建省漳州市芗城区人民法院一审认为，对于婚生子王某某，双方均要求直接抚养，依《最高人民法院关于人民法院审理离婚案件处理子女抚养问题的若干具体意见》（以下简称《抚养意见》）第一条关于“两周岁以下的子女，一般随母方生活”的规定，并从有利于子女身心健康，保障子女的合法权益出发，结合双方的抚养能力和抚养条件的具体情况，婚生子王某某可由张某直接抚养。故判决：

一、准予张某与王某离婚；

二、婚生子王某某由张某直接抚养，王某应于每月15日之前支付抚养费800元给张某，从2019年10月起至婚生子王某某年满18周岁止。

王某不服一审判决，向福建省漳州市中级人民法院提出上诉。

福建省漳州市中级人民法院二审认为，关于婚生子王某某应由谁抚养的问题。王某上诉主张的主要理由是“婚生子从出生至今由爷爷奶奶照顾，张某在漳浦上班，张某的母亲不会带孩子”。但是，综合双方诉辩及庭询陈述，双方均认可“张某产假结束后，孩子随张某去漳浦”“张某到11月份断奶”。换言之，在孩子出生后，系由张某与王某的父母共同承担照顾的义务。而本案婚生子年龄尚幼，一审法院依据《抚养意见》第一条关于“两周岁以下的子女，一般随母方生活”的规定，结合双方的工作情况、抚养条件等因素，判决由张某直接抚养并无不当。王某仅以“2018年9月孩子生病是因为张某及父母不会照顾”以及请月嫂的理由说明张某的母亲不会带孩子，亦不具有说服力，同时王某也未提供证据证明其具备更加有利于抚养婚生子的条件和能力，王某的该项上诉理由缺乏事实和法律依据，不予支持。综上所述，王某的上诉请求不能成立，应予驳回。一审判决认定事实清楚，适用法律正确，应予维持。二审法院判决：

驳回上诉，维持原判。

【法官后语】

子女抚养权和财产问题，系离婚纠纷中的两大重点和难点。财产问题的解决难点在于财产种类杂、可能涉及第三人，难取证，难分割。而子女抚养权的解决难点在于综合评判难，不仅在于考量因素多，而且因为这些因素大都属于事实问题，亦难举证。

一、抚养权的确定以子女利益最大化为根本原则

（一）2周岁以下的幼儿，年龄仍然为首要考虑因素

上诉人一方提出，《抚养意见》第一条里规定的是“一般”，而非“应当”。但是作为一般性原则，对该规定的理解，应为只有出现该条后半句所述的三种情形之一，才随父生活。虽然二审期间婚生子已逾2岁，但如果一审法院确定抚养权并无不当之处，且二审亦未出现母方有任何不利于抚养孩子的新情况、新事由（对此，父方具有举证义务），则不应予以变更。将婚生子的年龄作为确定抚养权的首要考虑因素，亦与民法典的精神相一致。

（二）以不改变婚生子现有生活环境为原则

上诉人还提出，孩子从出生开始即待在父方家中，一直由爷爷奶奶照顾，根据《抚养意见》第三条“改变生活环境对子女健康成长明显不利的”规定，应当由父方抚养对孩子更为有利。被上诉人则提出，双方分居后，母方想看孩子，但被父方阻拦，并因此报警。

实践中，从有利于子女利益的角度出发，一般以不改变婚生子现有生活环境为原则，但本案并不属于此种情形，首先，综合双方诉辩及庭询陈述，双方均认可“张某产假结束后，孩子随张某去漳浦”“张某到11月断奶”，换言之，孩子出生后，系由被上诉人与上诉人的父母共同承担照顾的义务。其次，一方通过将孩子强制带走或者隐藏孩子阻止另一方看孩子，并以“孩子一直待在其身边，不宜改变婚生子生活环境”为由主张直接抚养权的，不应予以支持。如果鼓励这种通过抢孩子或藏匿孩子而在离婚或抚养纠纷案件中获得子女抚养权的做法，受伤害最大的仍然是婚生子女。一是人为造成孩子与父母任何一方的隔离，会使孩子产生不安、恐惧等不良的情绪；二是将父母的矛盾公开化，间接使离婚的影响扩大化，会对子女造成严重心理阴影。

二、当父母的工作情况表明需要祖父母或外祖父母帮忙照顾孩子时，祖父母或外祖父母的照顾能力亦是重要的参考因素

《抚养意见》第四条明确祖父母或外祖父母在某些情形下可作为子女随父母生活的优先考虑条件。本案虽然不具备第一个要求，即“子女单独随祖父母或外祖父母共同生活多年”，但是父母双方在育儿问题上均需要祖父母或外祖父母的帮忙这一情形双方是相同的。父方在庭审时自述从孩子出生后均由其母亲帮忙照顾孩子；母方在县城工作，虽然她是教师，上课时间有一定的灵活性，但是她自己也认可需要婚生子的外祖父母帮忙照顾，外祖父母亦表示愿意帮忙。而在现实生活中，年轻夫妻依靠长辈帮忙照顾子女亦是常态。因此，在此情形下，对祖父母或外祖父母的照顾能力进行审查则是必然的要求。

如何判断照顾能力，具备相当大的困难，双方无法举证，亦不可能当庭演示，而照顾能力亦非单纯通过一个动作或一个片段即能予以评判，因此可以通过审查提出主张一方的理由是否成立来判断。上诉人一方以“2018年9月孩子生病是因为张某及父母不会照顾”以及请月嫂的理由说明张某的母亲不会带孩子，并不具有说服力。

上诉人和被上诉人还提出双方育儿观念存在重大差异，均认为对方不会照顾孩子。双方各执一词，莫衷一是。退一步讲，即使双方表述为真，单纯育儿理念不同，也不能据此否定一方的照顾能力，因此，育儿理念不同不能作为不具有照顾能力的抗辩理由。

编写人：福建省漳州市中级人民法院　陈燕萍

32

欺诈性抚养及情谊抚养之抚养费的返还问题

——元某诉徐甲离婚案

【案件基本信息】

1. 裁判书字号

江西省抚州市中级人民法院（2019）赣10民终489号民事判决书

2. 案由：离婚纠纷

3. 当事人

原告（被上诉人）：元某

被告（上诉人）：徐甲

【基本案情】

元某与徐甲2014年年初经人介绍相识，同年正月十二订婚，后同居生活。2014年9月23日元某生育徐乙。9月29日，徐乙因病入院治疗，徐甲支出医疗费10647.71元。后徐乙一直在徐甲处生活，并由承担生活、学习费用。2017年6月7日，经江西某司法鉴定中心鉴定，“排除徐甲为徐乙的生物学父亲”。

2018年2月13日，元某（乙方）与徐甲（甲方）在双方父亲及村干部在场的情况下，签订《解除婚约协议》，约定：1. 为配合好徐乙落实户口，甲乙双方必须首先补办结婚证，此证仅供孩子上户口用，不约束双方的感情和私生活，孩子落户时女方户口不迁入男方，待孩子落好户口后，双方必须及时到民政部门申请离婚证。2. 甲方付给乙方彩礼钱12万元，乙方家长同意归还8万元，其余4万元和金首饰、酒席款等各项支出，甲方概不能做追回要求。付款方式：双方相关人员签字后乙方家长先付给甲方家长4万元；配合孩子上好户口后，双方及时主动到民政部门申请离婚证书，然后凭离婚证乙方再甲方4万元，终止婚姻关系。3. 甲、乙双方协议离婚后，徐乙的抚养监护问题一致同意定由甲方监护抚养，但根据法律条款规定，乙方必须酌情给甲方一定抚养费，且抚养费由乙方本人负担，具体标准双方协商确定，同时乙方今后不能要求追回徐乙的监护权，仅保留对儿子的探望权以及享受儿子长大成年以后对母亲赡养义务的权利。协议签订后，当日元某的父亲返还徐甲彩礼 4 万元。2018 年 2 月 23 日，双方登记结婚。后元某要求徐甲办理离婚登记，徐甲迟迟不去，元某遂提起诉讼，要求判决元某与徐甲离婚；婚生儿子徐乙由徐甲抚养成年，元某每年承担 500 元抚养费。徐甲辩称，经鉴定，徐乙不是徐甲的孩子。徐甲抚养徐乙产生的花销：生活费 5 万元，奶粉钱 2 万元，教育费 1 万元，元某养胎费 1 万元，徐乙的医疗费 2.5 万元；徐甲的精神损害抚慰金 5 万元，合计 16.5 万元，已返还彩礼 4 万元，元某尚需给付徐甲合计 12.5 万元。

【案件焦点】

1. 元某与徐甲夫妻感情是否已经破裂；2. 徐乙应当由谁抚养；3. 元某是否应当返还徐甲支付的抚养费，如何计算返还的数额。

【法院裁判要旨】

江西省崇仁县人民法院经审理认为：元某和徐甲的婚姻基础较差，双方缔结婚姻的目的并非基于感情，且双方均同意离婚，元某诉请离婚予以支持。徐乙的抚养问题，虽双方协议约定由徐乙抚养，但身份协议不发生法律效力，对双方没有约束力。元某作为亲生母亲应当抚养徐乙。关于抚养费返还问题。元某应按照当地人均年生活消费支出的标准支付 40%，从 2018 年 2 月 13 日起支付至 2019 年 3 月 19 日（当庭徐甲明确表示不抚养徐乙）金额为 4316 元；2019 年 3 月 20 日起，元某按照 9870 元/年的标准支付抚养费至元某履行抚养义务止。徐甲没有证据证明元某婚内有过错，徐甲要求赔偿精神损害 50000 元的请求不予支持。

依照《中华人民共和国婚姻法》第三十二条第三款第（五）项、第二十一条第一款及《中华人民共和国民法总则》第六条规定，作出如下判决：

一、准予元某与徐甲离婚；

二、徐乙由元某抚养并承担抚养费，限元某于判决生效后 5 日内开始履行抚养义务；

三、元某支付徐甲自 2018 年 2 月 13 日起至徐甲明确表示不抚养徐乙（2019 年 3 月 19 日）止的抚养费 4316 元，限于判决生效后 5 日内支付；2019 年 3 月 20 日起，元某按照 9870 元/年的标准支付徐甲抚养费至元某履行抚养义务止；

四、驳回元某及徐甲的其他请求。

徐甲不服一审判决，提起上诉。江西省抚州市中级人民法院经审理认为：关于抚养费返还问题。元某与徐甲订婚后生育徐乙，徐甲误以为徐乙系其亲生子，由此支出的抚养费用可以认定为欺诈性抚养支出。徐乙并非徐甲的亲生子，徐甲没有法定抚养义务，其基于错误认识对徐甲进行抚养并支出的费用属于其合理损失，应由过错方元某承担返还责任。从事实看，欺诈性抚养从 2014 年 9 月 23 日徐乙出生后开始，至 2018 年 2 月 13 日双方解除婚约后终结。徐甲具体支出费用为医疗费 10647.71 元、抚养费 33504 元，小计 44152 元。2018 年 2 月 13 日之后的抚养费支出，徐甲已经知晓徐乙并非其亲生儿子，其出于感情原因自愿抚养并负担部分费用的行为属于情谊行为，不属于民法调整内的民事法律行为，对双方当事人均没有法律约束力。故徐甲不得就其自愿负担的部分抚养费用向元某主张返还，非其自愿负担的部分费用，依法应由元某负担并向实际支出人返还。从善良风俗的角度出发，结合徐甲一直善意付出和元某未尽到抚养义务的情形，酌定元某应负担徐乙从 2018 年 2 月 13 日起至 2019 年 3 月 19 日止 60% 的抚养费 6474 元（以 9870 元/年为标准计算）。2019 年 3 月 19 日之后至 2019 年 3 月 28 日共计 9 天的抚养费为 243 元。徐甲在抚养费用之外支出的幼儿园 3050 元学费应由法定抚养人元某负担。上述费用合计为 53919 元，徐甲自愿扣减元某返还的 40000 元彩礼款，予以支持，故元某仍应支付 13919 元。

江西省抚州市中级人民法院依照《中华人民共和国民法通则》第二条、第五条、第五十四条《中华人民共和国民法总则》第八条、第十条、第一百三十三条，《中华人民共和国婚姻法》第二十一条、第二十五条，《中华人民共和国民事诉讼法》第一百四十四条、第一百七十条第一款第（二）项规定，作出如下判决：

一、维持江西省崇仁县人民法院（2019）赣 1024 民初 244 号民事判决第一项、第二项，即“准予元某与徐甲离婚”“小孩徐乙由元某抚养并承担抚养费，限元某于判决生效后 5 日内开始履行抚养义务”；

二、撤销江西省崇仁县人民法院（2019）赣 1024 民初 244 号民事判决第三项、第四项，即“元某支付徐甲自 2018 年 2 月 13 日起至徐甲明确表示不抚养徐乙（2019 年 3 月 19 日）止的抚养费 4316 元，限于判决生效后 5 日内支付；2019 年 3

月 20 日起，元某按照 9870 元/年的标准支付徐甲抚养费至元某履行抚养义务止”“驳回元某及徐甲的其他请求”；

三、元某返还徐甲抚养费人民币 13919 元；

四、驳回元某及徐甲的其他请求。

【法官后语】

本案中涉及两个法律问题，一是欺诈性抚养产生的抚养费是否应当返还，二是情谊抚养产生的抚养费是否应当返还，具体分析如下：

一、关于欺诈性抚养产生的抚养费是否应当返还问题

《最高人民法院关于夫妻关系存续期间男方受欺骗抚养非亲生子女离婚后可否向女方追索抚养费的复函》［1991］民他字第 63 号复函，在夫妻关系存续期间，一方与他人通奸生育了子女，隐瞒真情，另一方受欺骗而抚养了非亲生子女，其中离婚后给付的抚育费，受欺骗方要求返还的，可酌情返还；至于在夫妻关系存续期间受欺骗方支出的抚育费用应否返还，因涉及的问题比较复杂，尚需进一步研究。该复函，为欺诈性抚养费返还的进一步研究提供了空间。

所谓欺诈性抚养，是指非亲生父母受他人欺诈，抚养了非亲生子女。笔者认为，依据公平公正、公序良俗的原则，欺诈性抚养费应当返还，因为实际抚养人本无法定上的抚养义务，其抚养非亲生子女必然会产生财产和精神上的损失，而法定抚养义务人逃避了抚养责任，减少了财产损失。从填平损失的角度出发，应当赋予受损失一方请求填补损失的权利。从公序良俗的民法原则，倡导婚姻关系中夫妻相互忠实、相互尊重的角度，判决欺诈方返还抚养费并赔偿精神损失，承担相应法律后果，有利于引导善良风俗，促进家庭和谐稳定。

欺诈性抚养的请求权基础应当确定为侵权责任，因为其法律特征与侵权责任一致，即欺诈方具有主观过错且有侵权行为，实际扶养人产生损失，且该损失与欺诈行为之间有因果关系，故该类型案件，应当确定为侵权纠纷。请求权主体，一般是无抚养义务的实际抚养人。返还主体，是具有法定抚养义务人。抚养费返还的范围，一般是从受欺诈之日到不再抚养之日期间因抚养产生的费用，包括生活费、教育费、医疗费等其他相关费用。受欺诈人因为精神上也受到损害，可同时要求精神损害赔偿。

笔者认为，不管在婚前还是婚姻关系存续期间，欺诈性抚养的事实如果确定，那么有抚养义务人就构成了对无抚养义务人的侵权，欺诈性抚养费当然应当返还。抚养义务人仅仅是同居关系一方或者夫妻一方的个人债务，不是双方的共同债务，理应当由该方单独负担。

二、关于情谊抚养抚养费是返还问题

情谊抚养行为因感情因素而发生，也会在感情因素消失后，转化为民事法律行为。情谊抚养其目的是为了增进感情而抚养，目的一般是为了维护、改善、增进彼此感情，是无偿的，不受法律规定的权利义务限制，不产生法律权利义务，其直接后果当然是情谊抚养费返还的诉请是不能得到支持。但是情谊行为抚养的范围及转化，值得进一步探讨。

具体的情谊抚养的范围认定也应当依据情况具体认定，本案中，在徐甲与元某签订的协议中，明确约定了元某是需要酌情支付一定抚养费，也就是在一定程度上限制了徐甲情谊行为的范围，在此基础上，情谊抚养的范围就需要法官借助利益衡量因素，依据整个案件事实进行分析认定。在徐甲发现其感情目的得不到实现后，明确表示不再抚养，那么其后的抚养行为就已经不再是情谊行为，抚养行为不是自愿无偿，已经转换成立无因管理。超出情谊行为负担的抚养付出，元某应当返还给徐甲。二审法院依据整个案件事实进行分析认定情谊抚养部分是60%，较为合理。

综上，徐甲的返还欺诈性抚养费的诉请得到支持，是基于侵权之诉。徐甲明知欺诈后，基于感情因素仍然愿意抚养，是情谊抚养，该部分不应当返还，但是超出了情谊抚养范围部分，法官依据整个案件事实进行分析认定返还范围。

编写人：江西省抚州市中级人民法院　周超

六、赡养纠纷

33

继子女对未尽抚养教育义务的继父母无赡养义务

——陈某诉蔡某、陈某梅赡养案

【案件基本信息】

1. 裁判书字号

江苏省如东县人民法院（2019）苏0623民初4608号民事判决书

2. 案由：赡养纠纷

3. 当事人

原告：陈某

被告：蔡某、陈某梅

【基本案情】

1983年，陈某与姜某经人介绍相识后结婚；姜某与前夫育有一子蔡某、一女陈某梅随姜某共同生活，时年二人分别为12岁、14岁。同年9月，陈某因犯盗窃罪，被江苏省如东县人民法院判处有期徒刑六年，于1989年9月刑满释放，陈某与姜某于2013年11月25日登记离婚。现陈某已年近80岁，无劳动能力和收入来源，故将蔡某、陈某梅起诉至法院，要求二人承担赡养义务，每月支付生活费1300元，平均负担其医疗费用支出。

【案件焦点】

1. 原、被告之间有无形成抚养关系；2. 两被告有无赡养原告的义务。

【法院裁判要旨】

江苏省如东县人民法院经审理认为：赡养人是指老年人的子女以及其他依法负有赡养义务的人。赡养人应当履行对老年人经济上供养、生活上照料和精神上慰藉的义务，照顾老年人的特殊需要。《中华人民共和国婚姻法》第二十一条规定：父母对子女有抚养教育的义务；子女对父母有赡养扶助的义务……子女不履行赡养义务时，无劳动能力的或生活困难的父母，有要求子女付给赡养费的权利。第二十七条第二款规定：继父或继母和受其抚养教育的继子女间的权利和义务，适用本法对父母子女关系的有关规定。本案中，被告母亲与陈某1983年结婚后，带二被告与陈某共同生活，原、被告之间系继父子、继父女关系，但陈某因犯罪于同年9月即被判处刑罚，至其刑满释放，未能对蔡某、陈某梅进行抚养教育。而且庭审中，双方均确认陈某未能就蔡某、陈某梅在成长、生活过程中的抚养、教育、婚嫁、置业等方面给予生活上照料、经济上资助，故双方未能形成事实上的抚养教育关系，双方之间的权利和义务不适用《中华人民共和国婚姻法》中对父母子女关系的有关规定，蔡某、陈某梅依法不应对陈某承担赡养义务。依照《中华人民共和国婚姻法》第二十一条、第二十七条，《中华人民共和国老年人权益保障法》第十四条，《中华人民共和国民事诉讼法》第六十四条之规定，判决如下：

驳回原告陈某的诉讼请求。

【法官后语】

随着我国人口老龄化问题日趋严重，老年人赡养问题成为越来越受到人们关注的问题，就目前统计数据来看，离婚率持续攀高，离婚后再婚重组的家庭也在增加，随之而来关于继父母与继子女之间的纠纷频发。

原《中华人民共和国婚姻法》第二十一条规定，“子女不履行赡养义务时，无劳动能力的或生活困难的父母，有要求子女给付赡养费的权利”。赡养老人是每个子女应尽的法定义务，一般来说，继父母子女关系的产生来自父或母的再婚，这种关系的初始状态是一种姻亲关系，这种姻亲关系的当事人之间没有法定的赡养义务。只有当继父母对继子女进行了实质上的抚养和教育，形成了抚养和教育的关系，才能要求继子女履行赡养义务。

认定继父母是否对继子女进行了实质性的抚养和教育，应当把握以下几点：1. 再婚时继子女是否为未独立生活的未成年人。一般来讲只有未成年人需要抚养和教育，再婚时子女已经成年或者虽未成年但已经独立生活，如年满16周岁依靠自己工作独立生活的继子女，则一般不受继父母抚养和教育，未形成抚养和教育关系。2. 是否共同生活。虽然父母再婚时，继子女未成年，但双方并未生活在一起，一般也不能认定形成抚养和教育关系。3. 继父母是否负担了继子女的抚养和教育的费用。如果虽然生活在一起，但是并未负担继子女任何的费用也未照顾继子女学习、生活，也不能认定形成抚养和教育关系。4. 共同生活抚养教育未成年继子女持续时间的长短。形成抚养和教育关系，一般认为应当需要长期稳定时间，如抚养和教育的时间较短，也不应认定形成抚养和教育关系。5. 虽然继子女已经成年，但在继子女患病或者需要经济帮助时，继父母给予照顾或者重大经济帮助，继子女认可并接受其帮助的，也可以认定形成抚养和教育关系，当继父母需要赡养时，继子女应当尽赡养义务。

形成抚养和教育关系的继父母和继子女关系根据《中华人民共和国婚姻法》第二十七条的规定，适用该法对父母子女关系的有关规定，在父母需要赡养时，继子女应当履行赡养义务，而未受继父或继母抚养和教育的继子女，则不适用该法关于父母和子女的规定，无赡养继父或继母的义务。就本案而言，虽然原告与两被告母亲姜某结婚时，两被告均未成年，虽然双方系继父子、继父女关系，但双方仅共同生活了数月，原告就因盗窃罪被判处六年有期徒刑被监禁，其刑满释放后，两被告均已经成年。原告未对两被告尽到实质性的抚养和教育义务，也未在经济上给予帮助，因此作为两继子女的被告无赡养原告陈某的义务，故法院判决驳回原告陈某的诉讼请求。

编写人：江苏省如东县人民法院　曾凡平　肖文明

34

在无事前约定下父母帮忙照看小孩不可向子女追索报酬

——林某琼诉黄某观、杨某妮抚养费案

【案件基本信息】

1. 裁判书字号

广东省清远市中级人民法院（2019）粤18民终931号民事判决书

2. 案由：抚养费纠纷

3. 当事人

原告（被上诉人）：林某琼

被告（上诉人）：黄某观

被告（被上诉人）：杨某妮

【基本案情】

林某琼与杨某妮系母女，黄某观与杨某妮系夫妻。2011年7月9日，两人生育了儿子黄某逸。由于黄某观、杨某妮均外出工作，小孩黄某逸出生后不久便交由林某琼携带，一直随林某琼在阳山县黎埠镇生活。直至2017年9月，小孩黄某逸因要到清远市就读小学才搬至清远市区与黄某观、杨某妮共同居住。林某琼称黄某观、杨某妮此前承诺每月向其支付1500元作为黄某逸的生活费及劳务费，但一直没有支付。2018年9月20日，杨某妮向林某琼立写《欠条》一份，承诺在2018年10月1日前向林某琼支付之前承诺的劳务费、抚养费等共计138000元，但该《欠条》黄某观没有签名按印，并予以否认。同年9月28日，黄某观因与杨某妮感情不和向广东省阳山县人民法院提起离婚诉讼，阳山县人民法院经审理判决不准双方离婚。而林某琼因黄某观对杨某妮提起离婚诉讼，故以此《欠条》为据向阳山县人民法院起诉要求黄某观、杨某妮共同向其支付抚养黄某逸期间的劳务费及抚养费共计138000元。

【案件焦点】

杨某妮、黄某观应否向林某琼支付抚养费。

【法院裁判要旨】

广东省阳山县人民法院经审理认为：黄某观、杨某妮外出工作，林某琼基于亲情自愿帮忙照看小孩黄某逸，林某琼与杨某妮签订的《欠条》并不足以证实杨某妮与黄某观之间存在向林某琼支付劳务费及抚养费的合意，林某琼亦无提供证据证明照顾小孩黄某逸期间垫付的具体抚养费用。但考虑到林某琼在携带小孩黄某逸期间确实会产生一定的抚养费用，该费用由林某琼先行垫付后，杨某妮、黄某观作为小孩黄某逸的父母，理应支付给林某琼。而林某琼在携带小孩黄某逸期间，黄某逸系跟随林某琼在黎埠镇居住生活，因此，综合考虑杨某妮、黄某观的实际情况以及黎埠镇当地的生活及消费水平等情形，酌定由被告杨某妮、黄某观共同补偿20000元给原告林某琼。

广东省阳山县人民法院依照《中华人民共和国婚姻法》第二十一条、《最高人民法院关于审理涉及夫妻债务纠纷案件适用法律有关问题的解释》第一条以及《中华人民共和国民事诉讼法》第六十四条之规定作出如下判决：

一、杨某妮、黄某观应在本判决发生法律效力之日起十日内支付补偿款20000元给林某琼；

二、驳回林某琼的其他诉讼请求。

黄某观不服一审判决，提出上诉。广东省清远市中级人民法院经审理认为：虽然抚养黄某逸是黄某观、杨某妮的法定义务，作为外祖母的林某琼此时并无法定的抚养义务。然而，黄某观、杨某妮外出工作，外祖母林某琼基于亲情帮忙照看黄某逸，是林某琼对其女儿杨某妮的爱护与体谅，是林某琼对外孙黄某逸的关心与呵护，且林某琼照顾其外孙黄某逸的行为，符合我国大多数普通家庭的生活习惯。另外，林某琼无提供证据证明照顾黄某逸期间垫付的具体抚养费用。因此黄某观不应向林某琼支付抚养费。阳山县人民法院酌定由黄某观、杨某妮补偿20000元给林某琼确有不当。

广东省清远市中级人民法院依照《中华人民共和国民事诉讼法》第一百七十条第一款第（二）项之规定作出如下判决：

一、撤销广东省阳山县人民法院（2018）粤1823民初1203号民事判决；

二、驳回林某琼的诉讼请求。

【法官后语】

一、祖父母、外祖父母一般情况下对未成年的孙子女、外孙子女并无法定抚养义务

根据《中华人民共和国婚姻法》第二十一条第一款“父母对子女有抚养教育的义务；子女对父母有赡养扶助的义务”、第二款“父母不履行抚养义务时，未成年的或不能独立生活的子女，有要求父母付给抚养费的权利”的规定，明确父母对于未成年子女具有法定的抚养义务，父母是未成年或不能独立生活的子女的法定抚养义务人，如果父母不履行抚养义务，可以要求其支付抚养费。另外，根据《中华人民共和国婚姻法》第二十八条“有负担能力的祖父母、外祖父母，对于父母已经死亡或父母无力抚养的未成年的孙子女、外孙子女，有抚养的义务”的规定可以看出，有负担能力的祖父母、外祖父母只有在父母已经死亡或者父母无力抚养的情况下，才对未成年的孙子女、外孙子女有抚养的义务。因此，本案中抚养黄某逸是黄某观、杨某妮的法定义务，作为外祖母的林某琼此时并无法定的抚养义务。

二、基于传统习俗或血缘亲属之情自愿为子女帮忙照顾孩子，属于道义上的行为，并非民事法律行为

《中华人民共和国民法典》第一百三十三条规定，民事法律行为是民事主体通过意思表示设立、变更、终止民事法律关系的行为。根据民法典关于民事法律行为的定义，其核心概念有二：一是意思表示和设立、变更、终止民事法律关系，其中意思表示是民事法律行为的本质特征，而设立、变更、终止民事法律关系则是行为主体欲通过意思表示所追求的法律效果。二是意思表示是法律行为的核心要素。我国民法通说认为，意思表示是将欲发生私法上效果之意思表达于外部之行为，包括主观要素和客观要素。其中，主观要素一般包括行为意识、表示意思和效果意思。效果意思是希望引起特定法律后果的意识。

在我们中华民族的传统里，父母帮助子女携带小孩和子女孝顺、赡养父母一样，都是我们一代代传承的传统美德，而且在当代社会，男主外女主内的家庭生活方式已经发生改变，许多年轻夫妻会选择双双外出工作，在经济和时间的双重压力下，夫妻双方会选择将小孩交由自己的父母携带照顾。这不仅能减轻子女的生活压力，更是家庭和睦的催化剂，所以老人帮忙携带孙子女、外孙子女，如果要有一个好的家庭关系，就不应该将金钱作为带孙的交易条件，将亲情变成赤裸裸的金钱关

系。孙子女、外孙子女的祖父母、外祖父母帮忙照顾是我国家庭普遍的生活方式和习惯。而民法典婚姻编也规定了家庭成员间有互相帮忙的义务，老人基于传统习俗或血缘亲属之情自愿为子女帮忙照顾孩子，这并非法律上的抚养行为，属于道义且不求回报的自愿行为，主观上没有产生特定法律后果的意思表示，并非民事法律行为，不足以发生民事法律后果，除非双方在事前就通过协议约定一定数额的报酬。因此，无论从法律角度，还是从伦理角度，本案中林某琼自愿为黄某逸支出的抚养费都应视为对黄某逸的赠与，林某琼向黄某观、杨某妮追索其已支付的抚养费没有相应的法律依据。故祖父母、外祖父母自愿帮忙携带照顾孙子女、外孙子女而向孙子女父母追索抚养费，不应得到支持。

编写人：广东省阳山县人民法院　何利君

七、监护权纠纷

35

形成事实抚养关系的继父母对继子女的监护权依法受保护

——张某某诉沈某某监护权案

【案件基本信息】

1. 裁判书字号

北京市朝阳区人民法院（2019）京0105民初32213号民事判决书

2. 案由：监护权纠纷

3. 当事人

原告：张某某

被告：沈某某

【基本案情】

原告张某某系被监护人王甲之继母，被告沈某某系王甲之生母。1998年沈某某与案外人王乙登记结婚，2004年3月19日生育王甲。2008年6月10日，沈某某与王乙经北京市朝阳区人民法院（2008）朝民初字第×××号民事调解书调解离婚，确认婚生女王甲由王乙抚养。2016年2月，沈某某与案外人再婚并育有一女。2018年8月23日，张某某与王乙登记结婚，婚后未生育共同子女。同年12月11日，王乙去世。王甲一直与张某某共同生活。张某某诉称虽然其与王乙于2018年登记结婚，但自2010年起其与王甲、王乙共同生活，原告无其他子女，视王甲为己出，付出了很多精力和爱心，但在沈某某得知王乙去世后，欲带走王甲。张某某认为其具有抚养王甲的经济条件，北京优质的教育资源更利于王甲成长，且王甲适应了与其稳定的生活，愿意继续与其一起生活，故诉至法院，请求法院判决被监护人王甲由原告监护。

【案件焦点】

1. 被监护人王甲的生父去世，作为继母的张某某是否享有对王甲的监护资格，即张某某是否为本案适格主体；2. 张某某（继母）与沈某某（生母）谁更适合作为王甲的监护人，即形成事实抚养关系的继父母与未取得子女抚养权的生父母同时主张子女监护权时判定监护权归属的考量因素。

【法院裁判要旨】

北京市朝阳区人民法院经审理认为：父母是未成年子女的监护人，依法对子女享有监护权并承担监护义务。这里的“父母”包括生父母、养父母及形成抚养关系的继父母。本案中，张某某与王乙虽于2018年8月登记结婚，但根据张某某提交的证据及被监护人王甲本人陈述，张某某与王甲确系共同生活多年，王甲受张某某抚养教育的事实客观存在，双方已形成事实上的抚养关系，该关系并不会因王乙的去世而自行解除，其权利义务应当适用《中华人民共和国婚姻法》关于父母子女关系的规定，故对于沈某某所述张某某与王甲未形成稳定的抚养关系，张某某主体不适格的抗辩意见，不予采信，张某某依法具有监护资格，有权利主张对王甲的监护权。

关于张某某与沈某某谁更适合作为王甲的监护人。第一，张某某与王甲共同生活多年，相知相熟相亲，其具备继续抚养王甲的身体条件及经济条件；第二，张某某与王甲共同生活期间，王甲身体健康、学习成绩优异，这离不开张某某的精心照料和用心付出；第三，通过庭审陈述可知，张某某与王甲之间虽无血缘关系，但通过日常生活点滴已建立深厚的母子感情，且在王乙去世后，双方均表达出想要继续共同生活的意愿，由张某某担任王甲的监护人，系王甲情之所至和心之所向；第四，沈某某虽为王甲的生母，但自王甲4周岁起便不与王甲共同生活，且沈某某已经再婚并又孕育子女，突然改变家庭结构和生活环境不利于王甲的健康成长。综上，张某某虽为继母，但更适宜担任王甲的监护人。

综上，北京市朝阳区人民法院依照《中华人民共和国民法总则》第二十七条、

第三十一条、第三十四条之规定，判决如下：

自本判决生效之日起，被监护人王甲由原告张某某承担监护义务。

【法官后语】

未成年人保护工作是当今社会高度关注的“热点”，以未成年人权益保护为核心的未成年人监护制度作为婚姻家庭法中的一项重要制度一直广受探讨。本案涉及的是重组家庭中未成年人监护问题，该问题关系未成年人切身利益，应当予以重视。结合本案争议焦点，现就未成年人监护资格的取得及监护权归属问题作以下阐述。

一、本案监护资格的取得

沈某某自然取得对王甲的监护资格。我国传统伦理秩序建立在血缘关系之上，血缘关系赋予家庭伦理浓厚的亲情性，是最本真的情感形态，由此形成了“血浓于水”的伦理观念及以血缘关系为基础的伦理规范。基于传统伦理规范的指引，自然血亲关系在家庭观念中当居首位，在我国婚姻家庭法的立法过程中影响巨大。比如对于未成年人的监护，民法总则采用“共同监护”的理念，规定父母是未成年人的监护人，婚姻法又规定父母与子女间的关系不因父母离婚而消除，因此离异父母基于自然血亲关系均享有对子女的监护权。就本案而言，被告沈某某作为王甲之亲生母亲，虽未取得对王甲的抚养权，但基于身份关系依法仍具有对王甲的监护资格，依然享有监护权。

张某某承继取得对王甲的监护资格。俗话说“生身之恩大于人，养育之恩大于天”，知恩图报是中华民族的传统美德。为追求实质正义，传承优良家风，促进重组家庭关系的和谐稳定，我国以善良风俗为依托，规定了拟制血亲关系。我国法律规定，形成抚养教育之事实方成立拟制血亲的继父母子女关系。该关系本身的建立是基于权利义务对等原则，于情于理，无论是继父母与生父母离婚还是生父母一方去世均不应造成继父母监护权的自然终止。通过审理，本案不难确认张某某与王甲事实抚养关系的存在，二者母子感情已经超越血缘主义的偏见，且已形成稳定的家庭亲子关系，难得而可贵。张某某依法享有对王甲的监护资格，此权利合理合法，应当受保护。

二、本案监护权归属的考量因素

1. 以未成年人最大利益为原则

未成年人最大利益原则最早出现在1959年的《儿童权利宣言》第二条规定，1989年联合国国际人权委员会《儿童权利公约》正式将未成年人最大利益原则确立为处理未成年人事务的指导原则，根据原则的要求，未成年人的最大利益应当成为所有公私主体在处理涉及未成年人的有关事项时最重要的考量因素，此后该原则得到了国际社会的广泛认可。我国法律虽然没有明确规定未成年人最大利益原则，但是2017年民法总则已经开始关注“被监护人最大利益”，如该法第三十一条、第三十五条及第三十六条均规定“按照最有利于被监护人的原则”处理相关监护事宜。

随着社会文明的进步，优先保护未成年人的利益已成为社会之共识，但未成年人不应当仅仅成为我们保护的对象，更应成为具有独立意识和独立人格的权利主体。当今社会，人们的法治意识不断增强，固有的传统观念正在逐步改变，在未成年人保护问题上，我国亦努力与《儿童权利公约》的精神保持一致，坚决保障未成年人的最大利益，以促使其健康快乐成长。

2. 依次考虑监护人的监护能力、未成年人情感需求、生活环境和家庭结构关系等因素综合判定监护权归属

关于监护人的监护能力。我国监护制度采用英美法系“大监护”的概念，将亲权与监护统一纳入监护权范畴，故在我国现行法中，监护不只是监护人的一项权利，更是监护人的义务和职责。民法典第三十四条规定，监护人的职责是代理被监护人实施民事法律行为，保护被监护人的人身权利、财产权利以及其他合法权益等。监护人只有具备监护能力，才能履行监护职责，故监护能力应为判定监护权归属的首要因素。此处的监护能力应当包含监护人健康的身体条件及一定的经济能力，如此方能保障未成年人的基本生活需求。

关于未成年人情感需求。如前所述，社会文明的发展正使人们将未成年人视为独立的权利主体，倾听未成年人的内心意愿，尊重未成年人的独立意志。司法实践中，我国对未成年子女利益保护的方向亦从简单的维系子女生存转向促进子女全面健康成长，比如对于8周岁以上的具有一定认知能力的未成年人，判定抚养权或监护权归属时会重点考虑其本身的情感倾向，以满足其内心所需。在监护问题上，只要监

护人具备一定的监护能力，未成年人心之所向将是判定监护权归属的第二考量因素。

关于生活环境和家庭结构关系。生活环境和家庭结构关系是影响未成年人个性发展和心理素质成长的主要因素。根据家庭社会学理论，家庭结构类型决定了家庭职能、家庭环境的不同，影响着家庭观念的变化，重组家庭的儿童在同伴关系、亲子关系、情绪障碍、自我控制等方面，与完整家庭的儿童相比都存在不同程度的差异。根据近年来刑事审判的统计，未成年人犯罪的概率在逐年上升，主要原因就是家庭的不和睦及家庭教育的缺失。因此，在监护问题上，能为未成年人提供一个好的家庭生活环境，是判定监护权归属的重要考量因素。

监护制度的构建与发展，是未成年人保护的重要一环。2017 年民法总则关于未成年人监护制度的立法理念已经有了很大的进步，希望本案能使大家对未成年人监护权拥有更为深入的了解。我相信，随着我国立法的不断完善，未成年人监护制度必将能够更好地保障未成年人的合法权益，为未成年人的全面、健康成长提供更有力的司法保护。

编写人：北京市朝阳区人民法院　李丹　王楠

36

基于跨国代孕产生的父母子女关系认定问题

——陶某诉尹某霖监护权案

【案件基本信息】

1. 裁判书字号

云南省昆明市中级人民法院（2019）云 01 民终 2092 号民事裁定书

2. 案由：监护权纠纷

3. 当事人

原告（上诉人）：陶某

被告（被上诉人）：尹某霖

【基本案情】

原告陶某与被告尹某霖于2009年7月9日登记结婚，婚后经美国加利福尼亚州托伦斯奇迹宝宝公司介绍及安排，陶某与尹某霖于2012年1月24日作为“受助父母”一方签署《卵子捐赠合同》，约定由卵子捐赠人提取的卵子与“受助父亲”的精子用于试管内受精；2012年1月23日陶某与尹某霖作为“受助父母”一方签署《妊娠亲子协议》，约定由代孕人替“受助父母”怀上孩子；10月31日，三胞胎陶某量、陶某杰、陶某闰出生，并获加利福尼亚州圣贝纳迪诺县公共卫生局颁发的加利福尼亚州出生证明。2014年4月25日陶某与尹某霖在云南省昆明市五华区民政局办理协议离婚，在离婚协议中双方约定陶某量、陶某杰、陶某闰由陶某抚养，尹某霖不支付抚养费用。

离婚后，陶某认为陶某量、陶某杰、陶某闰系美国国籍，护照需要法定监护人也即陶某与尹某霖签字配合办理换证，但在原告多次通知被告尹某霖配合办理时，尹某霖以各种理由拖延办理，导致婚生子陶某量、陶某杰、陶某闰的护照过期，目前出行、旅游严重受阻亦无法正常到国外接受教育，故向原审法院提出如下诉讼请求：判令被告尹某霖配合办理其婚生子陶某量、陶某杰、陶某闰的护照签字换证手续，履行监护人义务。

【案件焦点】

尹某霖是否与陶某量、陶某杰、陶某闰形成自然血亲或拟制血亲的母子关系。

【法院裁判要旨】

被告尹某霖是否与陶某量、陶某杰、陶某闰形成自然血亲的母子关系?

1. 原被告双方均认可本案所涉的三个孩子为第三人捐赠卵子通过人工辅助生殖技术代孕出生，被告尹某霖并非三个孩子的“基因母亲”，也非三个孩子的“孕生母亲”。

2. 美国加利福尼亚州圣贝纳迪诺县高级法院作出案卷号为FAMVS1202119的亲子关系判决依托于《妊娠亲子协议》，一审法院认为本案中的《妊娠亲子协议》及美国加利福尼亚州圣贝纳迪诺县高级法院作出案卷号为FAMVS1202119的亲子关系判决无法赋予被告尹某霖母亲身份及其与陶某量、陶某杰、陶某闰的母子关系，理由为：第一，依据《中华人民共和国民法总则》第八条“民事主体从事民事活动，不得违反法律，不得违背公序良俗”，《中华人民共和国民法通则》第六条“民事活动必须遵守法律，法律没有规定的，应当遵守国家政策”及第七条“民事活动应当尊重社会公德，不得损害社会公共利益，破坏国家经济计划，扰乱社会经济秩序”。现行法律未明确规定禁止“代孕”行为，但对于实施人类辅助生殖技术，原卫生部出台《人类精子库管理办法》第三条规定“精子的采集和提供应当遵守当事人自愿和符合社会伦理原则。任何单位和个人不得以营利为目的进行精子的采集与提供活动”，《人类辅助生殖技术管理办法》第三条规定，“禁止以任何形式买卖配子、合子、胚胎。医疗机构和医务人员不得实施任何形式的代孕技术”，《人类辅助生殖技术和人类精子库伦理原则》中第（三）项保护后代原则第四条规定“医务人员不得对近亲间及任何不符合伦理、道德原则的精子和卵子实施人类辅助生殖技术”，第五条规定“医务人员不得实施代孕技术”。以上行政规章虽无法直接作为确认“代孕”的法律依据，但国家及实施辅助生殖技术的行业有其鲜明的禁止立场，明确禁止通过代孕技术而由婚姻共同体之外的第三人完成有偿代孕的过程。第二，“代孕协议”以协议方式将女性的子宫通过有偿代孕协议确定为为委托代孕人提供生育服务的工具，是对女性最基本尊严以及社会伦理、道德等公共利益和秩序的严重违反，依据《中华人民共和国涉外民事关系法律适用法》第五条“外国法律的适用将损害中华人民共和国社会公共利益的，适用中华人民共和国法律”，美国加利福尼亚州圣贝纳迪诺县高级法院作出案卷号为 FAMVS1202119 的亲子关系判决认为被告尹某霖作为三名孩子“合法自然母亲”，一审法院依法不予认可。综上，一审法院认为被告尹某霖未与陶某量、陶某杰、陶某闰形成自然血亲的母子关系。

被告尹某霖是否与陶某量、陶某杰、陶某闰形成拟制血亲的母子关系？在我国法律规定的父母子女关系中，除自然血亲关系外还包含拟制血亲关系，即养父母子女关系和有抚养关系的继父母子女关系。

1. 被告尹某霖未与陶某量、陶某杰、陶某闰形成事实收养关系。《中华人民共和国收养法》第十五条规定“收养应当向县级以上人民政府民政部门登记。收养关系自登记之日起成立”。本案中没有证据证实被告尹某霖与陶某量、陶某杰、陶某闰具备形成收养关系法定条件的相关事实，一审法院认为本案不存在合法的养父母子女关系。

2. 被告尹某霖未与陶某量、陶某杰、陶某闰形成继父母子女关系。继父母子女间的权利义务关系，既不同于生父母子女关系，也不同于养父母子女关系；生父母子女之间的权利义务是无条件的，源于自然血亲产生；养父母子女之间的权利义务取决于收养关系是否合法有效，而继父母子女之间的权利义务依据《中华人民共和国婚姻法》第二十七条第二款规定产生，即继父母子女关系适用《中华人民共和国婚姻法》第二十一条的规定，继父母与继子女之间只有存在事实上的“抚养教育”关系，才能具备为法律所认可的继父母子女关系，即需要通过继父母是否为继子女给付了经济上的抚养支出、是否存在共同生活的事实、继父母对继子女的抚养是否在时间上满足了持续性的要求以及继父母在主观上是否具有抚养继子女的意愿等方面综合予以判断。本案中，2012年10月31日三个孩子在美国加利福尼亚州出生，原告陶某与被告尹某霖于2014年4月25日协议离婚，离婚协议约定三个孩子由原告陶某抚养，被告尹某霖不支付抚养费用，离婚后被告尹某霖未对三个孩子进行过探望。结合以上案件事实，一审法院认为被告尹某霖与三个孩子共同生活的时间较短，其主观上也没有抚养三个孩子的意愿，故被告尹某霖未与陶某量、陶某杰、陶某闰形成继父母子女关系。综上，一审法院认为，因被告尹某霖未与陶某量、陶某杰、陶某闰形成母子关系，故对于原告要求判令被告尹某霖配合办理其婚生子陶某量、陶某杰、陶某闰的护照签字换证手续，履行监护人义务的诉讼请求，一审法院不予支持。应当说明的是，一审法院在审理过程中查阅了相关资料并了解了国际社会对于跨国代孕的最新发展动态，对于跨国代孕所引发的纠纷，不同国家在案件裁判结果上存在巨大分歧，本案的审理立足于我国法律、社会伦理道德及国家政策，并非对联合国《儿童权利公约》所确立的儿童最大利益原则的放弃，本案所涉三名具有美国国籍的跨国代孕孩子享有不可剥夺的生存权和发展权。

一审法院依照《中华人民共和国民法总则》第八条、第二十六条第一款、第二十七条第一款，《中华人民共和国民法通则》第六条、第七条及《中华人民共和国民事诉讼法》第六十四条、第一百一十八条之规定，判决：驳回原告陶某的全部诉讼请求。

一审判决宣判后，陶某不服，向本院提起上诉。双方当事人对一审判决认定的法律事实无异议，本院予以确认。二审在查明案件事实及审阅证据后，组织双方当事人进行调解，并向上诉人释法，后上诉人陶某向本院申请撤回上诉。本院依照《中华人民共和国民事诉讼法》第一百七十三条规定，裁定：

准许上诉人陶某撤回上诉。

一审判决自本裁定送达之日起发生法律效力。

【法官后语】

我国2001年发布的《人类辅助生殖技术管理办法》明确规定医疗技术人员不得实施代孕技术，否则将根据本法第二十二条规定对其有关主管人员进行行政处分，构成犯罪的，依法追究刑事责任；2003年公布的《人类辅助生殖技术和人类精子库伦理原则》也体现了我国对代孕的零容忍立场，其中基于社会公益原则，规定了医务人员必须严格执行国家人口和计划生育政策，不得对不符合条件的人员实施新型辅助生殖手术。2015年，包括国家卫生和计划生育委员会在内的12个部门联合制定从2015年4月至12月底开展全国性的代孕打击行动更是表明了我国绝对禁止代孕的态度。但由于以上法规只明确禁止了医疗机构和医务人员实施代孕，导致代孕的地下产业链不断发展，更有财力雄厚者寻求跨国代孕，严重影响了社会秩序。代孕导致了夫妻关系、父母身份、性别关系等发生转变，因此形成了更为复杂的自然亲子关系，也引发了很多纠纷。在我们此前听闻的案例中，多数争议是当事人争抢代孕儿童的监护权，那么如果出现了当事人不要代孕儿童的监护权或者跨国法律冲突应当如何处理。

本案中的三胞胎孩子是用原告陶某的精子和捐赠卵子通过试管授精形成胚胎后移植至代孕人的子宫后孕育出生的，也是我们平常所说的代孕宝宝，但三个代孕宝宝是在美国经《代孕协议》产生，通过美国加利福尼亚州圣贝纳迪诺县高级法院制作的法院文书确定了一定的亲权，并且依据美国法律取得了美国国籍，那么似乎可以理解为三个宝宝是合法代孕产生的，但有关亲权能否就得到保障？本案双方当事人的争议实质并不是要获得代孕宝宝的监护权，而是原告要求被告行使监护权，即陶某量、陶某杰、陶某闰虽系美国国籍，但出生后一直在中国生活，他们所取得的美国护照有效期为五年，现需要法定监护人也即原告陶某与被告尹某霖签字配合办理换证。但被告尹某霖认为三个代孕宝宝系由原告陶某提供精子，通过在美国购买卵子，协议委托他人代孕产生，现被告和原告已经离婚，尹某霖既不是孩子的生理母亲也没有和孩子形成事实上的抚养关系，所以不愿意协助配合办理换证。也就是说被告尹某霖与三个孩子没有亲缘联系，也没有抚育三个孩子的愿望和要求。在实际生活中，很多夫妻离婚后形同陌路，甚至似仇敌，所以被告不愿意协助三个孩子更换护照的抗辩，不论从法理上还是情理上都是说得通的，一审判决也对此进行了详细阐述。

我国目前尚未出台专门针对跨国代孕的法律，在实际案例中，主要是依据其他法律法规来对代孕产生的亲权进行调整，这在司法实践中也是一个难点。在此前的案例中，无论代孕行为是否合法，我们都是采取保护代孕儿童的态度，也就是儿童利益最大化原则，这在之前的上海、无锡代孕案例中都有体现。但在本案中如果采用儿童利益最大化就意味着被告的合法权益受到了侵犯，用法律强制被告为人母亲势必成为勉为其难之举。此外，陶某量、陶某杰、陶某闰系美国国籍，由美国法院确定的亲权是否和我国法律存在冲突也是应当考虑的。解决跨国代孕中的法律冲突主要有两种方法。第一种是直接方法，即通过各国的国内实体法或是双边、多边国际公约直接调整跨国代孕涉及的各方当事人的权利义务。但此方法的适用领域有限，尤其是跨国代孕带有人身性质，因不同国家的历史传统不同，很难在此方面达成共识。第二种方法是间接方法，即通过冲突规范的指引来确定调整涉外民事法律关系的实体法，而不是直接规定权利义务等。本案一审、二审在实体审理上均是采用第二种方法，即并非对《儿童权利公约》所确立的儿童最大利益原则的放弃，但同时兼顾保护我国公民的合法利益。因此，代孕儿童虽然和其他儿童一样有不可剥夺的生存和发展权利，但并不是通过“合法”的跨国代孕就能够避免诸多是非，或许不让一个幼小的生命从出生就融入争议与纠纷才是儿童最大利益原则。

编写人：云南省昆明市中级人民法院　李城橙

37

监护应以最有利于未成年人健康成长为原则

——申请人邹某某申请撤销监护人资格案

【案件基本信息】

1. 裁判书字号

广东省广州市花都区人民法院（2019）粤 0114 民特 10 号民事判决书

2. 案由：申请撤销监护人资格

3. 当事人

申请人：邹某某

被申请人：温某甲、温某乙、赖某某

【基本案情】

温某甲与邹某甲于2004年6月16日登记结婚，同年10月13日生育了女儿邹某乙，邹某乙出生后不久，母亲温某甲离家出走至今，未履行抚养邹某乙的义务，邹某乙先后由其父亲邹某甲、祖母陈某某抚养照顾，后其父亲、祖母先后去世，祖父已于1985年去世。邹某乙的外祖父为温某乙，外祖母为赖某某，两人未抚养照顾过邹某乙。邹某某与邹某甲是胞姐弟关系。父亲、祖母去世后，邹某乙一直由邹某某抚养照顾至今，共同居住在广州市花都区花东镇某村。邹某某认为温某甲、温某乙、赖某某从未履行过对邹某乙的监护职责，未照顾过邹某乙，其本人务农为生，有监护能力，愿意照顾邹某乙，故申请撤销邹某乙母亲及外祖父母的监护人资格，指定其作为邹某乙的监护人。经询问邹某乙，其确认前述情况，表示其现在中学就读，同意邹某某作为其监护人。邹某乙所在村村民委员会出具证明表示同意邹某某作为邹某乙的监护人。

被申请人温某甲、温某乙、赖某某均未到庭。

【案件焦点】

1. 邹某某是否可基于法律规定及现实情况取得邹某乙的监护权；2. 何种情况下可撤销温某甲、温某乙、赖某某的监护资格；3. 监护权纠纷的处理应如何体现未成年人利益最大化原则。

【法院裁判要旨】

广州市花都区人民法院经审理认为：邹某乙的父亲、祖父母已经去世，母亲温某甲自邹某乙出生后便离家出走至今，其间未履行对邹某乙的监护职责和抚养义务，对邹某乙的成长造成了不利的影响，在邹某乙的母亲离家、父亲去世、祖母去世后，邹某乙的外祖父母温某乙、赖某某亦从未携带照料过邹某乙，故可确认其三人目前不适宜担任邹某乙的监护人，应撤销其三人作为邹某乙监护人的资格。邹某某与邹某甲是胞姐弟关系（即邹某某为邹某乙的姑母），在邹某乙祖母去世后，一直抚养照顾邹某乙，使邹某乙有所依靠，顺利就学及健康成长，且邹某某、邹某乙所在地村民委员会亦同意邹某某作为邹某乙的监护人，因此，按照目前最有利于被监护人邹某乙的原则，邹某某申请指定其为邹某乙的监护人，合理有据，予以支持。

广州市花都区人民法院依照《中华人民共和国民法总则》第二十六条、第二十七条、第三十六条，《中华人民共和国未成年人保护法》第五十三条的规定，判决如下：

一、撤销被申请人温某甲、温某乙、赖某某对邹某乙的监护人资格；

二、指定申请人邹某某为邹某乙的监护人。

【法官后语】

未成年人属于无民事行为能力人或限制民事行为能力人，法律设置监护权以保护未成年人权利，监护权是监护人对被监护人以及财产及其他合法权益进行监督、保护的身份权。监护权取得的方式可以分为自然取得、承继取得以及法院或者其他有权机关指定取得。

《中华人民共和国民法典》第二十六条第一款规定："父母对未成年子女负有抚养、教育和保护的义务。"据此，未成年人的父母系其法定第一顺序监护人，这属于监护权的自然取得。第二十七条规定："父母是未成年子女的监护人。未成年人的父母已经死亡或者没有监护能力的，由下列有监护能力的人按顺序担任监护人：（一）祖父母、外祖父母；（二）兄、姐；（三）其他愿意担任监护人的个人或者组织，但是须经未成年人住所地的居民委员会、村民委员会或者民政部门同意。"据此，如果未成年人的父母没有监护能力或者不正当履行监护义务的，个人或者组织可由村委会、居委会或者法院、民政部门指定取得监护权。但如果父母或者其他近亲属均不履行抚养或监护义务，从而导致未成年人事实上由其他远亲或者其他个人进行照顾的，如亲生母亲改嫁或离家出走多年不归，严重影响了未成年人的健康成长的，其他个人或者组织可根据《中华人民共和国民法典》第三十六条"监护人有下列情形之一的，人民法院根据有关个人或者组织的申请，撤销其监护人资格，安排必要的临时监护措施，并按照最有利于被监护人的原则依法指定监护人：

（一）实施严重损害被监护人身心健康的行为；（二）怠于履行监护职责，或者无法履行监护职责且拒绝将监护职责部分或者全部委托给他人，导致被监护人处于危困状态；（三）实施严重侵害被监护人合法权益的其他行为”的规定，申请撤销其监护资格，另行指定监护人。

指定监护人应当以最有利于未成年人成长为原则。就本案而言，经调查，邹某乙的母亲、外祖父母虽然健在，但均不履行监护职责，对邹某乙不闻不问，依法可撤销其监护资格。邹某乙的姑母虽然并非其近亲属，但却长期对其进行关心照料，应准许其作为未成年人的监护人。同时，邹某某表示当地村民委员会担心邹某乙的母亲及外祖父母事后索要邹某乙的监护权，不愿意为其指定监护人，其没有相应的文件，在为邹某乙办理上学、就医等事宜上困难重重。为了查清事实，法院调查询问了邹某乙所在地的村民委员会，其出具了意见证明邹某某长期照顾邹某乙的生活起居，同意邹某某作为邹某乙的监护人。另外，《中华人民共和国民法典》第三十一条第二款规定：“居民委员会、村民委员会、民政部门或者人民法院应当尊重被监护人的真实意愿，按照最有利于被监护人的原则在依法具有监护资格的人中指定监护人。”作为被监护人，如其能明确表达自己意志的，应当听取其意见。法院参考民法典关于民事行为能力的规定及离婚案件处理子女抚养权的规定，认为邹某乙已年满8周岁，属于限制民事行为能力人，有一定的意思能力，为了充分尊重被监护人的真实意愿，法院询问了邹某乙的意见，按照最有利于被监护人的原则，指定邹某某作为邹某乙的监护人。

编写人：广东省广州市花都区人民法院　陈佩勤

八、分家析产纠纷

38

被拆迁安置人基于身份关系可享有拆迁安置财产权益

——姚某诉靳某等分家析产案

【案件基本信息】

1. 裁判书字号

北京市第二中级人民法院（2019）京02民终12558号民事判决书

2. 案由：分家析产纠纷

3. 当事人

原告（被上诉人）：姚某

被告（上诉人）：靳某、白甲、白乙、白丙

【基本案情】

靳某与白甲系夫妻，白丙为靳某与白甲之子。姚某与白丙原系夫妻，2006年3月20日登记结婚，婚后育有一女白乙。白丙与姚某2018年7月因离婚纠纷诉至一审法院，一审法院于2019年3月18日作出（2018）京0106民初24607号民事判决书，载明："双方均认可，原、被告自2016年12月开始分居……原告在与被告婚姻存续期间，与他人同居，并育有一子……判决如下：一、原告白丙与被告姚某离婚；二、婚生女白乙由原告白丙自行抚养，被告姚某每月可探望白乙两次，以孩子意愿为准；三、原告白丙于本判决书生效之日起十日内给付被告姚某赔偿款50000元。"

2012年8月20日，靳某（乙方）与北京市丰台区××乡××村腾退办公室

（甲方）签订《安置补偿协议》，约定：一、乙方腾退的宅基地位于×号，确认宅基地面积 164 平方米，建筑面积 114 平方米。在册人口 2 人，应安置人口 5 人，分别是：户主：靳某；之夫：白甲；之子：白丙；之儿媳：姚某；之孙女：白乙。二、腾退补偿款：甲方按照腾退补偿标准给予乙方宅基地补偿款 1148000 元；房屋重置成新价及附属物 92046 元；共计 1240046 元。三、奖励费：提前搬家奖 10000 元、工程配合奖 100000 元；期限内腾退补偿奖励费 246000 元。四、补助费：重点村综合补助费 246000 元；搬家补助费 3280 元；期房补助费 144344 元。五、周转补助费：自 2012 年 8 月至 2013 年 7 月周转补助费按 1500 元/人/月标准计算共计 90000 元。六、奖励费、补助费及周转补助费统称为腾退所得款总计 839624 元。七、腾退安置面积 311.68 平方米；购房总款：1443440 元。指标内面积 250 平方米（3800/平方米），购房款 950000 元；指标外面积 61.68 平方米（8000/平方米），购房款 493440 元。共计购房 4 套，总建筑面积 311.68 平方米。八、结算款项：乙方补偿款及所得款抵扣购房款后余款为 636230 元。

同日，靳某（乙方）与某房地产经纪有限公司（甲方）签订《××村宅基地腾退回迁安置房认定单》，约定：合计人口：5 人；人均安置面积合计 250 平方米；共计认定 4 套；总建筑面积 311.68 平方米：××园×号楼 5 单元 201 号（以下简称 201 号）2 居室，建筑面积 77.92 平方米，房款 296096 元；××园×号楼 5 单元 202 号（以下简称 202 号）2 居室，建筑面积 77.92 平方米，房款 296096 元；××园×号楼 5 单元 301 号（以下简称 301 号）2 居室，建筑面积 77.92 平方米，房款 296096 元；××园×号楼 5 单元 302 号（以下简称 302 号）2 居室，建筑面积 77.92 平方米，房款 555152 元，总购房款 1443440 元。

另查，《××村“城乡一体化”改造宅基地腾退补偿安置方案》规定：每宗宅基地为一产权户。宅基地补偿价为 7000 元/平方米。第五章腾退奖励和补助：1. 提前搬家奖：5000 元/产权户。2. 工程配合奖：100000 元/产权户。3. 按认定宅基地面积给予规定期限内腾退奖励费 1500 元/平方米。4. 重点村综合整治补助费：1500 元/平方米。5. 搬家补助费：20 元/平方米。9. 安置周转费：选择定向安置方式的被腾退人，腾退人在与其签订定向补偿安置协议时，给予周转补助费为每月每人 1500 元。周转补助期自腾退房屋之日起至办理定向安置房入住手续之日止，每年发放一次。10. 期房补助费：以被腾退户购买安置房总房款的 10% 作为期房补助费。

再查，2013年8月至2016年12月周转补助费按照每人每月1500元发放至靳某账户。靳某等四人称，拆迁房屋腾退后，靳某使用周转补助费租住两套一居室，靳某、白甲、白乙、白丙、姚某共同居住。姚某认可租房及居住事实，但认为租金为白丙支付。

关于安置房屋使用情况，靳某等四人称安置房于2016年5月交付，交付状态为毛坯房，装修后于2017年1月开始使用：其中301号房屋闲置，出租一两个月后闲置至今；靳某、白甲居住使用302号房屋；201号、202号房屋自2017年1月开始出租，每月租金4000元，但有承租人变更的闲置期，并非始终处于出租状态。姚某称安置房系通过中介出租，每月租金五六千元。双方均认可，因姚某与白丙离婚纠纷，姚某未居住使用过安置房屋。

庭审中，双方均认可，拆迁院落原宅基地使用权人为靳某，安置房屋产权登记证书尚未办理。关于建房情况，姚某称其未参与建房，但对房屋装修有贡献，关于白丙是否参与建房并不清楚。靳某等四人称姚某、白丙均未参与建房，房屋系靳某、白甲所建。关于腾退补偿及所得款余款，靳某等四人称均由靳某领取，现在靳某、白甲处，被告四人的份额不需要进行分割。

经一审核实，301号房号变更为××园×号楼×号。

二审审理期间，双方当事人均未提交新的证据。靳某、白甲、白乙、白丙表示不同意姚某居住使用301号安置房屋，同意给付姚某安置指标面积折价款21万元，经法院询问，姚某不同意折价方式及折价款的数额，经法院主持调解，双方未能就此协商达成一致意见。

【案件焦点】

1. 姚某不是涉案宅基地使用权人，也不是涉案房屋所有权人，其基于身份关系作为被拆迁安置人是否享有拆迁安置财产权益；2. 村集体的拆迁安置补偿方案能否作为姚某主张财产权利的法律依据。

【法院裁判要旨】

北京市丰台区人民法院经审理认为：家庭共有财产是家庭成员在共同生活期间共同创造所得的财产。

本案诉争的房屋及腾退补偿及所得款系×号宅基地拆迁所得。被拆迁院落内房屋为靳某、白甲所建，姚某称其曾参与房屋装修，但未提供证据予以佐证，法院不予采信。根据《××村“城乡一体化”改造宅基地腾退补偿安置方案》，宅基地补偿款、房屋重置成新价及附属物作价、腾退补偿奖励费、重点村综合补助费、搬家补助费均归靳某、白甲所有；提前搬家奖、工程配合奖，白丙、姚某共计应得44000元；因姚某、白丙共享有100平方米安置面积，故二人期房补助费应得38000元。

姚某与白丙应得份额为二人夫妻关系存续期间共同财产，因白丙在婚姻存续期间存在过错，故分割时姚某可以适当多分。靳某、白甲、白乙、白丙庭审中表示四人的份额不需要进行分割，故其余腾退补偿款归靳某、白甲、白乙、白丙共同所有。现腾退补偿款均在靳某、白甲处，其应当向姚某给付50000元。

2012年8月至2016年12月周转补助费虽由靳某领取，但已实际用于租房支出，姚某亦居住使用租赁房屋，且并未支付房屋租金，其要求分割周转补助费，本院不予支持。

姚某作为拆迁被安置人，应享有相应的安置权益。依据《××村宅基地腾退回迁安置房认定单》，可以确认靳某选购201号、202号、301号、302号房屋时使用了安置人口姚某优惠购房指标，故姚某主张有权居住使用301号安置房屋，并无不当，法院予以支持。姚某要求上述房屋归其所有，因房屋产权证书尚未办理，不具备分割所有权条件，法院暂不分割，待房屋产权证书办理完毕时，可再行处理。

关于房屋租金收益，因201号、202号、301号、302号房屋尚未分割，姚某、靳某、白甲、白乙、白丙对上述房屋均有权使用，而靳某、白甲、白乙、白丙将部分房屋出租，姚某作为使用权人有权分割已经产生的租金收益，具体份额，根据房屋出租时间、租金情况以及姚某、靳某、白甲、白乙、白丙所占房屋份额及对房屋的贡献，由法院酌定。姚某对301号房屋并不享有排他性居住使用权，且安置房屋将来的居住使用及出租情况，法院无法确定，姚某要求靳某、白甲、白乙、白丙给付判决之日起至实际腾退之日止的房屋租金收益，法院不予支持。综上所述，依照《中华人民共和国物权法》第三十条、第九十九条之规定，判决如下：一、坐落于丰台区××乡××村×号腾退补偿款636230元归被告靳某、白甲、白乙、白丙共同所有；二、被告靳某、白甲、白乙、白丙于本判决生效之日起十日内给付原告姚某补偿款50000元；三、原告姚某有权居住使用位于北京市丰台区××园×号楼×

号房屋；四、被告靳某、白甲、白乙、白丙于本判决生效之日起十日内给付原告姚某 2017 年 1 月 1 日至 2019 年 7 月 31 日房屋租金收益 46500 元；五、驳回原告姚某其他诉讼请求。如果未按本判决指定的期间履行给付金钱义务，应当依照《中华人民共和国民事诉讼法》第二百五十三条之规定，加倍支付迟延履行期间的债务利息。

靳某、白甲、白乙、白丙不服一审判决，提出上诉。北京市第二中级人民法院经审理认为：本案诉争的房屋及腾退补偿所得款项系 × 号拆迁所得，被拆迁院落内房屋为靳某、白甲所建，一审法院根据《× × 村“城乡一体化”改造宅基地腾退补偿安置方案》，确定宅基地补偿款、房屋重置成新价及附属物作价、腾退补偿奖励费、重点村综合补助费、搬家补助费均归靳某、白甲所有，确定提前搬家奖、工程配合奖，白丙、姚某共计应得 44000 元，因姚某、白丙共享有 100 平方米安置面积故二人期房补助费应得 38000 元，一审法院的该认定并无不当。姚某作为拆迁被安置人，应当分得安置补偿协议中的提前搬家奖、工程配合奖与期房补助费的相应份额，靳某、白甲、白乙、白丙上诉认为提前搬家奖、工程配合奖与期房补助费补偿没有姚某的份额，没有事实和法律依据，靳某、白甲、白乙、白丙的该项上诉请求不能成立，本院不予支持。姚某与白丙在安置补偿协议项下的应得份额为二人夫妻关系存续期间的共同财产，一审法院对上述款项酌情进行分割并判令靳某、白甲向姚某给付腾退补偿款 50000 元，该处理亦无不当，靳某、白甲、白乙、白丙对此所提异议不能成立，本院不予支持。

姚某作为拆迁被安置人，应享有相应的安置权益。依据《× × 村宅基地腾退回迁安置房认定单》，可以确认靳某选购 201 号、202 号、301 号、302 号房屋时使用了安置人口姚某优惠购房指标，201 号、202 号、301 号、302 号房屋尚未分割，姚某、靳某、白甲、白乙、白丙对上述房屋均有权使用。故姚某有权主张居住使用 301 号安置房屋。靳某、白甲、白乙、白丙不同意姚某居住使用 301 号安置房屋的理由不能成立，本院不予支持。关于靳某、白甲、白乙、白丙对给付姚某房屋租金收益所提异议，因靳某、白甲、白乙、白丙将部分安置房屋用于出租，姚某作为使用权人有权分割已经产生的租金收益，一审法院根据房屋出租时间、租金情况以及姚某、靳某、白甲、白乙、白丙所占房屋份额及对房屋的贡献，酌情确定靳某、白甲、白乙、白丙给付姚某 2017 年 1 月 1 日至 2019 年 7 月 31 日房屋租金收益 46500 元，并无不当。靳某、白甲、白乙、白丙提出的其支付了安置房屋的购房款、装修及购置家具等事宜，应当另行解决，靳某、白甲、白乙、白丙以此为由不同意支付姚某相应的房屋租金收益的上诉意见不能成立，靳某、白甲、白乙、白丙的该项上诉请求依据不足，本院不予支持。

综上所述，靳某、白甲、白乙、白丙的上诉请求不能成立，应予驳回。一审判决认定事实清楚，适用法律正确，应予维持。依照《中华人民共和国民事诉讼法》第一百七十条第一款第（一）项规定，判决如下：

驳回上诉，维持原判。

【法官后语】

本案主要解决的争议问题是作为嫁入的儿媳，姚某不是宅基地使用权人，不是房屋所有权人，其在涉案共有房屋的拆迁安置过程中是否可以享有相应的拆迁安置财产权益。本案明确了被拆迁安置人主张财产权利的权利基础。

一、姚某不是涉案宅基地使用权人，也不是涉案房屋所有权人，其基于身份关系作为被拆迁安置人是否享有拆迁安置财产权益

按照村集体制定的拆迁安置政策所确定的补偿原则，姚某户籍在涉案被拆迁房屋内，在安置补偿协议中被明确作为拆迁被安置人，因此，姚某应当分得安置补偿协议中与其作为被安置人身份相关的提前搬家奖、工程配合奖、期房补助费中的相应份额。而被拆迁院落内房屋为靳某、白甲所建，与宅基地和房屋权属相关的宅基地补偿款、房屋重置成新价及附属物作价、腾退补偿奖励费、搬家补助费等则应当均归宅基地使用权人及房屋所有权人靳某、白甲所有。对于双方争议的优惠购房指标，靳某在选购回迁安置房时用了安置人口姚某的优惠购房指标，在靳某（乙方）与某房地产经纪有限公司（甲方）签订的《××村宅基地腾退回迁安置房认定单》中约定了安置人口数为5人，及因此确定的安置面积合计250平方米，靳某取得的该优惠安置面积是基于姚某的身份因素取得的，因此，姚某在安置面积中享有相应的财产权益。但该财产权益的份额划定或者该财产权益的具体实现，还要结合涉案各方权利人的实际情况、安置房屋购买出资情况等因素加以确定。在没有具体确认或者分割共有权益的情况下，姚某和其他权利人均有权居住使用安置房屋，并共同享有安置房屋的租金收益。姚某主张其享有优惠安置面积相应的房屋居住使用权和不能使用部分面积的租金收益权，不能因其不是宅基地使用权人、不是原房屋权利人就

剥夺其拆迁安置利益。对于靳某等提出的购房出资、装修等其他款项，姚某同样应当共同分担，但这些争议的处理应当在其他相关权利人明确就姚某应承担的购买安置房的支出、装修支出等款项提出进行分担的诉讼主张的情况下予以处理。

二、村集体的拆迁安置补偿方案能否作为姚某主张财产权利的法律依据

对于涉及村民重要利益的宅基地使用方案、征地补偿费的使用分配方案等重要事项，村集体一般通过村民会议或者授权村民代表大会讨论表决形成决议，并依法依规上报备案。依法制定的村集体拆迁安置补偿方案，可以作为确定相关各方权益的法律依据。根据《村民委员会组织法》的规定，对村民会议或者村民代表会议制定通过的拆迁安置补偿方案或者决定有异议的，或者认为该方案侵犯了村民的合法财产权利的，可以申请由乡镇人民政府责令改正。如果认为村民委员会或者村民委员会成员作出的决定侵害村民合法权益的，受侵害的村民也可以申请人民法院予以撤销，由责任人依法承担法律责任。本案中的《××村“城乡一体化”改造宅基地腾退补偿安置方案》规定了每宗宅基地为一产权户，并对宅基地补偿价及提前搬家奖、工程配合奖、搬家补助费、安置周转费、期房补助费等腾退奖励和补助均有明确的规定。该安置补偿方案是拆迁人与被拆迁人签订安置补偿协议的根据，也是诉讼中确定各方权利义务的法律依据。在具体案件中确定各方财产权益及其份额，还要结合安置补偿协议中对被拆迁安置人、补偿项目的具体约定进行认定。

编写人：北京市第二中级人民法院　王平

39

分家单中父母签字形式的瑕疵对分家单效力认定的影响

——李某某诉毛某甲等分家析产案

【案件基本信息】

1. 裁判书字号

北京市第二中级人民法院（2019）京02民终506号民事判决书

2. 案由：分家析产纠纷

3. 当事人

原告（上诉人）：李某某

被告（被上诉人）：毛某甲、毛某乙、毛某丙、毛某丁

【基本案情】

李某某与毛某某系夫妻，育有毛某甲、毛某乙、毛某丙、毛某丁四子。2007年12月25日，毛某某去世。涉案房屋坐落于北京市房山区琉璃河镇石村四街××号院，该院原系祖宅。2000年1月23日，毛某甲、毛某乙、毛某丙、毛某丁、毛某某共同签署分家单，记载：1. 毛某丁分得红砖木制房三间，成材树1棵，位于小南街路南。2. 毛某乙分得红砖木制房四间，没有成材树，位于小南街路北。3. 毛某丙分得红砖木制房三间，成材树2棵、槐树10棵。4. 毛某甲分得红砖木制房四间，成材树2棵、槐树4棵，位于西北路东（原毛某丙的房屋归毛某甲所有）。分家后，毛某丁、毛某乙、毛某丙、毛某甲分别依照分家单取得相应宅院及房屋。毛某丁分得的宅院现为石村四街A号，毛某乙分得的宅院现为石村四街B号，毛某丙分得的房屋所在宅院即为涉案院落，坐落于北京市房山区琉璃河镇石村四街××号院，毛某甲分得的宅院现为石村三街C号。除毛某丙搬至房山区琉璃河镇西南召村居住外，其他三人一直在所分得的院落房屋居住至今。李某某及毛某某居住在毛某丙所分得的宅院即涉案院落内。毛某某去世后，李某某由毛某丁、毛某乙、毛某丙、毛某甲轮流赡养。2009年，毛某丁出资将北京市房山区琉璃河镇石村四街××号院翻建形成现在的北房三间、东房两间的房屋格局。毛某丙表示毛某丁在××号院内建房并未经过其同意，毛某丁认可其建房行为没有争得毛某丙同意，但坚持认为其建房是李某某授意，也是为李某某所建，故认为××号院内现有北房三间、东房两间应归其母亲李某某所有。现李某某起诉要求判令位于北京市房山区琉璃河镇石村四街××号院的北房三间、东房两间归其所有。对此，毛某丁表示，四街××号宅院是老人宅院，签分家单时毛某某、毛某丙、毛某丁在场，其他人都不在场，同意李某某的诉讼请求；毛某甲、毛某乙、毛某丙认为，分家单合法有效，各方均按分家单履行完毕多年，故均不同意李某某诉讼请求。

【案件焦点】

未经李某某签字的分家单是否有效。

【法院裁判要旨】

北京市房山区人民法院经审理认为：毛某丁、毛某乙、毛某丙、毛某甲、毛某某共同签署的分家单系各方当事人的真实意思表示，不违反法律、行政法规的禁止性规定，且已经履行完毕，各方均按照分家单的意思表示相安无事地居住使用多年，该分家单应属合法有效。李某某虽未在分家单上签字，但分家后其与毛某丁、毛某乙、毛某丙、毛某甲共同居住石村多年并未提出异议，视为其认可分家的事实。毛某丁未经毛某丙同意，以母亲李某某的名义擅自将涉案宅院内旧房拆除翻建成北房三间、东房两间，没有法律依据，继而李某某要求确认涉案房屋归其所有的诉讼请求，不予支持。

北京市房山区人民法院依据《中华人民共和国民事诉讼法》第六十四条之规定，作出如下判决：

驳回原告李某某的全部诉讼请求。

李某某不服一审判决，提出上诉。北京市第二中级人民法院经审理认为：分家单在我国农村广泛存在，形式不一，但并不是严格的法律术语，通常会涉及赡养、分家析产、继承、赠与等几方面的内容。本案中的分家单产生于近 19 年之前，虽在形式上欠缺李某某签字，但根据各方陈述、分家单内容，结合各方均按分家单对所涉院落居住使用多年之情形，综合考虑农村民俗习惯，可以认定该分家单系当事人真实意思表示，合法有效。一审法院根据本案证据认定分家单有效并认定确有分家之事实，并无不当。李某某上诉称其未参与分家，该分家单应属无效。对此，李某某虽未在分家单上签字，但在分家后其与毛某甲、毛某乙、毛某丙、毛某丁共同居住多年，考虑到四被告作为李某某之子各家轮流赡养李某某之情形，亦可印证其对此分家单不持异议。李某某关于分家单无效、涉案房屋应归其所有的主张缺乏事实和法律依据。北京市第二中级人民法院依据《中华人民共和国民事诉讼法》第一百七十条第一款第（一）项规定，作出如下判决：

驳回上诉，维持原判。

【法官后语】

分家单是农村地区常见的一种契约形式。依照农村习俗，子女成家后，应当与父母分开居住、生活，但现实情况中，分家已经不仅仅是子女个体在形式上与父母生活的分离，更重要的是涉及家庭内财产分配、债务负担、父母赡养等多方面内容，成为分配和约束家庭成员内部财产关系和人身关系的一种重要行为。而分家单，作为一种对分家行为的书面记载形式，更是持久维护家庭成员内部所涉财产关系和人身关系的凭证。分家单内容的合法性和明确性、形式的完备性和充分性是确保其法律效率的重要考量指标。分家单法律效力的存在与否又直接关系着家庭成员内部财产分配确定性，以及判定日后相互间侵权行为是否成立的依据。

分家单的效力与签字形式不无关系，实践中，分家单形成之后，如遇纠纷，不乏有子女因分家单上父或母一方签字形式存在瑕疵而对分家单的效力提出质疑，究竟能否以“一刀切”的方式根据主要家庭成员的事后否认和分家单上签字欠缺认定分家单无效，是大量以分家单为主要证据提起分家析产纠纷或继承纠纷案件所需释明的焦点问题，本案亦是如此。一般而言，分家单形成时间均已较长，除主要家庭成员外，还会邀请村级威望人士等见证人在场并在分家单上签字，而父母，尤其是母亲一方的签字并不完备的情形较为常见。对于父母或其一方签字缺失的分家单，如果有见证人的证言证明，或者各方均已按照分家单所安排内容实际履行多年未提出异议，则能够高度说明且认定分家单合法有效，仅以父母一方签字缺失的瑕疵抗辩分家单效力不应得到法院的支持。本案中，所涉分家单形成于19年前，各方对分家单签订时李某某是否知晓并在场一节各执一词，而当时场景又未能通过录音录像等方式予以固定，此时，一味地要求当事人对其主张分家单有效的意见进行举证，无疑加大了一方的证明责任，且没有实质意义，而法官通过对案件综合情况的把握，多角度、多因素考量，将法律思维和日常生活习惯相结合也能做出合理推断。李某某育有四子，宅基地及其地上物作为家庭重要财产内容，对其分配的执行程度高低决定了各家庭成员对分家单内容安排的认可与否。而本案中尽管李某某对分家事实不认可，但所涉家庭成员包括李某某本人均已按照分家单内容将宅基地及其地上物予以分割并居住使用多年，分家单中涉及的关于父母即毛某某与李某某的赡养问题的安排，也与近年来各家轮流赡养李某某的情形相吻合，这也能够印证李某某对分家单内容并不持异议，成为最终判定分家单合法有效的有力佐证，进而毛某丁在李某某授意下擅自在毛某丙所分宅院内建房的行为也被认定为侵权，李某某的诉讼请求无法得到支持。

目前，关于分家单效力的认定成为农村地区分家析产纠纷、继承纠纷、排除妨害纠纷等案件中的焦点和难点问题，在存在一定时间和历史跨度的个案中，我们不能仅以当下合同成立和生效的范式标准去衡量之前的契约形式，而应该综合案件的整体情况、既有事实，在充分调查和相互印证的基础上对分家单的效力做出认定。

编写人：北京市房山区人民法院　刘婷婷

40

夫妻共同财产与家庭共有财产的认定标准

——陈甲诉刘某等分家析产案

【案件基本信息】

1. 裁判书字号

福建省泉州市中级人民法院（2019）闽05民终5383号民事判决书

2. 案由：分家析产纠纷

3. 当事人

原告（被上诉人）：陈甲

被告（上诉人）：陈乙（曾用名陈戊）、刘某、陈丙

【基本案情】

陈丁与刘某系夫妻，二人先后育有陈甲、陈乙、陈丙。1989年12月5日，陈丁与刘某因住房困难，以陈乙的名义向安溪县人民政府等单位申请动用空杂地70平方米、建房三层、建筑面积210平方米，安溪县人民政府于1991年8月23日批准其申请。安溪县土地管理局先后颁发了福建省建设用地许可证及土地使用权证。

1992年至1994年，陈丁与刘某完成了坐落在安溪县凤城镇中山路××号房屋第1～2层的建设。2004年至2005年，在以陈乙为主参与下，完成了坐落在安溪县凤城

镇中山路××号房屋第3~5层的建设，其中第4~5层并未办理加层建设审批手续。陈丁于2008年去世。陈丁去世后，因家庭成员未能对上述房产的分割进行协商解决，陈甲向一审法院提起诉讼。2019年3月12日，陈甲依法申请评估，福建鑫八闽价格鉴定评估有限公司作出评估意见书，认定价格评估标的在价格评估基准日的市场价格（按每层面积等于土地证面积计算），合计2730466元。其中一楼（地下负一层）面积97.27平方米，单价1278元/平方米评估金额124311元；二楼店面（地上一层）面积97.27平方米，单价14313元/平方米，评估金额1392226元；三楼住宅（地上二层）面积97.27平方米，单价4260元/平方米，评估金额414370元；四楼住宅（地上三层）面积97.27平方米，单价4160元/平方米，评估金额404643元。陈甲为此支付评估费20000元。审理中，陈丙自愿放弃在本案中享有的相关权益。

【案件焦点】

涉案房产系夫妻共同财产还是家庭共有财产。

【法院裁判要旨】

福建省安溪县人民法院经审理认为：首先，关于涉案房屋的财产性质。农村审批建房及颁发土地使用权证过程中，往往是一个家庭成员作为申请人，其他成员作为共同居住人一起进行宅基地审批手续。故本案涉案农村建房用地虽以陈乙作为申请人呈报并获得批准，土地使用权证也仅登记陈乙一人，但土地使用权证仅是依据审批表进行办理的，土地使用权证并非房产权属证明，故不能据此认定涉案房屋为土地使用权人一人所有，即本案宅基地审批表上的申请人和土地使用证上的使用者均为陈乙，但所建造的房屋并非其个人财产。

1. 关于涉案房屋第1~2层的问题。陈乙虽申请证人刘某民、黄某庆出庭作证，但证明力较弱，并无法证明涉案房屋确系陈乙的，且陈乙又未能提供其他证据予以佐证。同时，结合《中华人民共和国物权法》第一百四十二条规定，建设用地使用权人建造的建筑物、构筑物及其附属设施的所有权属于建设用地使用权人，但有相反证据证明的除外。在建房时陈乙年仅13周岁，尚未成年，其体力、能力尚不足以帮助建房，陈甲自认其未参与出资和建设涉案房屋第1~2层，系其父母自行建设的。因此，涉案房屋第1~2层应认定为陈丁与刘某建设的，系陈丁与刘某共同共有的，较为符合常理。刘某、陈乙辩解涉案房屋系以陈乙名义申请并获得批准及陈丁、刘某未参与建设涉案房屋的第1～2层，陈乙系涉案房屋的所有人的意见，依据不足，本院不予采纳。

2. 关于涉案房屋第3层的问题。陈乙虽申请证人王某河、谢某其、李某民、陈某炳及黄某乐等人出庭作证，但证据证明能力较弱，且陈乙未能提供其他证据予以佐证，但结合陈乙提供的黄某乐出具的清单及建房时陈乙已成年，其体力能够帮助其产生产权份额，故认定以陈乙为主参与了涉案房屋第3层的建设；陈甲诉称其参与出资和建设涉案房屋第3层，但依据不足，不予采纳，若其有其他充分证据，可再行另案主张；陈乙辩解涉案房屋第3层系一人出资建设的，同样依据不足，本院同样不予采纳。

3. 关于涉案房屋第4～5层的问题。由于涉案房屋第4～5层未经审批建设，故不予处理。

关于财产分配的原则：

1. 关于涉案房屋第1～2层的问题。根据《最高人民法院关于继承开始时继承人未表示放弃继承遗产又未分割的可按析产案件处理问题的批复》，陈丁去世后，对属于陈丁的那一半遗产即（97.27平方米×1278元/平方米+97.27平方米×14313元/平方米）/2＝758268.5元，各继承人都没有表示过放弃继承，根据《中华人民共和国继承法》第二十五条第一款规定，应视为均已接受继承，涉案房屋第1～2层应属各继承人共同共有，当事人之间为此发生之诉讼，可按析产案件处理，并参照财产来源、管理使用及实际需要等情况，进行具体分割。本案涉案房屋第1～2层分割应根据《物权法》第九十九条及《最高人民法院关于贯彻执行〈中华人民共和国民法通则〉若干问题的意见（试行）》第九十条的规定，结合本案案件事实，在陈甲、陈乙及刘某对共同共有财产无约定，也未能对共同共有财产的分割进行协商，且陈甲常年居住在台湾地区的前提下，陈甲诉求对共有财产进行分割，并按照评估价值进行经济补偿，于法有据，本院予以支持；根据本案的房产性质、建房用途、家庭成员的年龄、体力强度等综合考虑对房屋份额进行分割，且鉴于陈丙已放弃其在本案享有的相关权益，故本院按刘某占50%即379134.26元，陈甲、陈乙各占25%即189567.125元予以分割，考虑涉案房屋现为刘某、陈乙共同使用管理，故由刘某、陈乙共同补偿给陈甲189567.125元。

2. 关于涉案房屋第3层的问题。鉴于陈甲诉称其参与出资和建设涉案房屋第3层的依据不足，故本院对涉案房屋第3层暂不予处理，双方当事人若有其他充分证据，再行另案主张。综上，陈甲诉求合法有据的部分，本院予以支持；刘某及陈乙辩解合法合理的部分，本院予以采纳；陈丙自愿放弃在本案中享有的相关权益，系其自行处分的权利，且未违反法律法规的强制性、禁止性规定，予以采纳。现陈丙经本院合法传唤，无正当理由拒不到庭参加诉讼，视为自愿放弃诉讼权利，由此产生的法律后果由其自行承担。本院依法缺席审理，在查明事实后，可依法径行判决。依照《中华人民共和国物权法》第九条、第九十九条、第一百条、第一百四十二条，《中华人民共和国民法通则》第七十八条，《中华人民共和国继承法》第二十五条第一款，《最高人民法院关于贯彻执行〈中华人民共和国民法通则〉若干问题的意见（试行）》第九十条，《最高人民法院关于继承开始时继承人未表示放弃继承遗产又未分割的可按析产案件处理问题的批复》，《中华人民共和国民事诉讼法》第十三条第二款、第六十四条第一款、第一百四十四条及《最高人民法院关于适用〈中华人民共和国民事诉讼法〉的解释》第九十条规定，判决如下：

一、刘某、陈乙应于本判决生效之日起十日内共同补偿给陈甲189567.125元；

二、驳回陈甲的其他诉讼请求。

刘某、陈乙不服原审判决，提起上诉。福建省泉州市中级人民法院认为：

一、涉案房屋的权属问题

涉案房屋于1989年申请用地进行基建时，陈乙、陈甲、陈丙均年幼（陈甲13岁、陈乙11岁、陈丙1岁），三人均缺乏经济收入来源，根本无能力出资或出力参与房屋建设，涉案房屋的建设方只能为三人之父母，即陈丁与刘某夫妻二人。故一审认定涉案房屋第1～2层为陈丁与刘某夫妻共同财产，符合客观实际，二审维持该认定。刘某、陈乙主张涉案房屋一层至五层均由陈乙出资建设，于事实不符，不予采信。

二、涉案房产第1～2层的分割问题

陈丁去世后，各继承人均未表示放弃继承，应视为均已接受继承。对此应按析产案件处理，并根据实际情况进行具体分割。一审法院根据评估意见，在陈丙明确表示放弃其在本案享有的相关权益情形下，结合诉争房产的性质、用途、现时使用情况等因素，对属陈丁的份额部分（价值758268.5元），按刘某占50%，陈甲、陈乙各占25%予以分割，并基于涉案房屋现状（现为刘某、陈乙共同管理使用），判令刘某、陈乙共同支付陈甲相应的折价补偿款189567.125元，处理结果恰当，予以维持。刘某、陈乙认为陈甲无权参与分割诉争房屋第1～2层，缺乏事实和法律依据，不予采信。

三、诉争房屋3～5层的处理问题

从现有证据分析，陈甲主张其参与出资和建设涉案房屋第3层的依据并不充分。一审法院对涉案房屋第3层暂不予处理并无不当，对此陈甲也不持异议。当然，当事人若有新的证据或出现新的事实，仍可另案主张。至于诉争房屋第4～5层部分系未经审批建设，属违章建筑，一审不予确权处理并无不当。

综上所述，刘某、陈乙的上诉请求不能成立，应予驳回；一审判决认定事实清楚，适用法律正确，应予维持。

福建省泉州市中级人民法院依照《中华人民共和国民事诉讼法》第一百七十条第一款第（一）项规定，判决如下：

驳回上诉，维持原判。

【法官后语】

在广大农村，宅基地和房屋是农民最重要的财产权利，随着我国城镇化进程进一步加快，涉及农村宅基地、分家析产等纠纷也不断增多。在分家析产纠纷案件中，往往带有一定的特殊性，经常伴着个人财产、夫妻共同财产及家庭共有财产交织杂糅的情况，因此对分家析产纠纷这类案件的处理，应当首先确认待分割财产的性质。

所谓夫妻共同财产是指在夫妻关系存续期间，夫妻所共同拥有的财产，主要包括工资、奖金，生产、经营的收益，以及不属夫妻一方继承或受赠所得的其他应当归于夫妻共同所有的财产。而家庭共有财产则是指家庭成员在家庭共同生活关系存续期间共同创造、共同所得，供全体家庭成员生活、生产的共有财产。即家庭成员共同劳动、提供出资所取得的财产为家庭共有财产。

家庭共有财产，是指全体或部分家庭成员共同所有的财产。要形成家庭共有财产，应具备以下几个要件：1. 家庭关系的存在是形成该项财产的前提。这就是说，该项财产的几个所有人都是同一家庭的成员，他们之间存在亲属关系，并且共同生活。2. 须以家庭成员的劳动收入或其他收入共同形成。这是家庭共有财产与夫妻共同财产的一大区别。夫妻之间，双方均有收入或只有一方有收入，都不影响共有关系的形成。而家庭共有财产则不同，家庭共有财产的来源是家庭成员的共同收入，只有有收入的家庭成员才能成为家庭财产的共有人。3. 家庭共有财产是为了维持家庭成员的生活或生产的目的而形成的财产，如果家庭成员用自己的收入购置自己个人所需物品，则不是家庭共有财产。4. 形成家庭共有财产须有家庭成员间主观上的共有意思表示。如果对某项财产，家庭成员都付出了代价，且也用于家庭生活之中，仅凭这些还不一定就能肯定它为家庭共有财产。因为在家庭成员的主观上还须有形成共有的意思。以上四个条件，笔者认为是形成家庭共有财产的标准，也是家庭共有财产的法律特征。用此标准去衡量，家庭共有财产可能是家庭的全部财产（个人生活用品除外），也可能是家庭中的某些特定财产。而家庭成员可能全部是共有人，也可能只有部分是共有人。

在审判实践中，对于未成年子女是否享有对家庭共有财产的共有权问题，存在两种不同观点：第一种观点认为，家庭共有财产是指家庭成员的共同财产的总和，包括夫妻共同财产，子女通过继承等方式所取得的财产，因此，任何家庭成员都对家庭共有财产享有共有权，未成年子女也不例外；第二种观点认为，未成年子女不能享有对家庭共有财产的共有权，只有那些对家庭共有财产的产生、积累和增值作出过贡献的人，才享有对家庭共有财产的共有权。笔者认为，家庭共有财产是家庭成员在家庭共同生活关系存续期间共同创造、共同所得的共有财产，如果未成年子女没有对家庭财产的产生、积累和增值作出贡献，则不能享有对家庭共有财产的共有权。

结合本案案情，笔者认为，农村审批建房及颁发土地使用权证过程中，往往是一个家庭成员作为申请人，其他成员作为共同居住人一起进行宅基地审批手续。故本案涉案农村建房用地虽以陈乙作为申请人呈报并获得批准，土地使用权证也仅登记陈乙一人，但土地使用权证仅是依据审批表进行办理的，土地使用权证并非房产权属证明，故不能据此就认定涉案房屋为土地使用权人一人所有，即本案宅基地审批表上的申请人和土地使用证上的使用者均为陈乙，但所建造的房屋并非其个人财产。对于涉案房屋第1~2层财产性质的问题。陈乙虽申请证人刘某民、黄某庆出庭作证，但证明力较弱，并无法证明涉案房屋确系陈乙的，且陈乙又未能提供其他证据予以佐证。同时，结合物权法第一百四十二条规定，建设用地使用权人建造的建筑物、构筑物及其附属设施的所有权属于建设用地使用权人，但有相反证据证明的除外。在建房时陈乙年仅13周岁，尚未成年，其体力、能力尚不足以帮助建房，因此，涉案房屋第1～2层虽是以陈乙的名义去申请审批建设的，但仍然应认定为陈丁与刘某建设的，系陈丁与刘某共同共有的，较为符合常理。故一审、二审对涉案房屋的财产性质的认定还是比较妥当的。

编写人：福建省安溪县人民法院　李裕鹏

41

家庭共有财产的分割应经全体共有人同意

——李某存诉李某城分家析产案

【案件基本信息】

1. 裁判书字号

广东省揭阳市中级人民法院（2020）粤52民终259号民事判决书

2. 案由：分家析产纠纷

3. 当事人

原告（上诉人）：李某存

被告（被上诉人）：李某城

第三人：李某盛、李甲欢、李某群、李乙欢、李某周、李某贞

【基本案情】

李某葵与妻子何某美（均已去世）共生育六子女，分别为本案原告李某存、被告李某城、第三人李某盛、李某裕（已去世）、李某周、李某贞。1991年9月22日，原揭阳县国土局、原揭阳县人民政府核发《集体土地建设使用证》［证号列为揭府集建（总）字第05250625000569号］，其中记载土地使用者为李某葵。1993年3月5日，李某城以承交人身份与内畔村经济联合社签订土地转让合同，确认揭

氮公路中心以北33米处起点13米止属转让范围，次日，李某城缴纳鉴证费260元。1994年11月20日，揭阳市榕城区国土局和揭阳市榕城区人民政府核发揭榕集建（94）字第052510625000006号《集体土地建设用地使用证》，载明土地使用者为李某城。1996年农历七月一日，李某存、李某城、李某盛、李某裕、李某周在同村长辈的见证下对部分家庭共有财产进行分配，并由见证人李某松执笔书写一份总《分书》和四份小《分书》，交上述各当事人存执。五份《分书》除明确各人分得的财产情况外，李某松均在过后分别添加了“埔尾埔地、厂地、地磅权属归某存/某周/某城/某盛/某裕”字样。原、被告因涉案标的物的权属问题发生争议，原告于2018年5月28日诉至本院，请求：一、判决确认原被告及家庭成员李某盛、李某裕、李某周于1996年农历七月一日签署的《分书》合法有效。二、判决确认：1. 位于揭阳市梅云镇内畔村揭氮公路中心以北33米处起点13米止范围内四间“厝地”使用权，及地上四间房屋所有权，归属原告享有；2. 位于揭阳市梅云镇内畔村“埔尾”（土名）共计2375.2平方米“厂地”（集体建设用地，地号分别为G10/G11/G12）使用权，及地上所建厂房等建筑物、地磅等附着物所有权，归属原告享有。三、判决被告协助原告办理：1. 上述四间“厝地”使用权变更登记手续，到内畔经济联合社将《土地转让合同》承交人变更为原告；2. 上述“埔尾”（土名）“厂地”使用权变更登记手续，到当地不动产登记部门办理将该土地之集体土地建设用地使用证（新证为不动产权证）“土地使用者”变更登记为原告；四、判决被告停止侵害、排除妨碍，被告不得继续侵犯原告对上述土地和地上建筑物、附着物的正常权益。五、本案诉讼费用均由被告承担。

【案件焦点】

未经共同共有人一致同意，对家庭共有财产予以处分的行为是否有效。

【法院裁判要旨】

广东省揭阳市榕城区人民法院认为，本案属于分家析产纠纷。李某存作为本案原告，诉讼主体资格适格。家庭成员有权对家庭共有财产进行分割处理，在不违反法律强制性规定、不损害第三人合法权益的情况下，各方当事人基于真实意思表示达成的协议内容应属有效。本案中，原告提供的《分书》签订至今已有较长时间，各方在按照协议内容（不含“埔尾埔地、厂地、地磅权属归某存”字样）履行期间并未发生其他争议，李某贞作为家庭成员之一，在庭审中表示对分家情况没有意见，在没有证据证明分家协议违反法律的强制性规定、损害第三人的合法权益的情形下，应认定分书中除“埔尾埔地、厂地、地磅权属归某存”外的内容合法有效。经鉴定，总《分书》上“埔尾埔地、厂地、地磅权属归某存”字迹的形成时间明显晚于该份分书上其他书写字迹和四份小《分书》上除“埔尾埔地、厂地、地磅权属归某周/某城/某盛/某裕”外的其他书写字迹，该鉴定结果与证人李某松的证言相互印证，共同证明在1996年分家析产时并未对争议标的物进行分割，总《分书》上书写的“埔尾埔地、厂地、地磅权属归某存”是原告在没有经过其他家庭成员协商一致的情况下私自增加的，且事后没有得到追认，故该部分内容没有发生效力。根据《中华人民共和国民事诉讼法》第六十四条规定，当事人对自己提出的主张，有责任提供证据。原告提供的证据无法证明其为本案争议标的物的使用权者和所有权者，应承担举证不能的不利后果，本院对原告请求确权、要求被告协助办理产权变更登记、要求被告停止侵害等诉讼请求依法予以驳回，并由原告承担两次司法鉴定的费用。

一审法院作出上述判决后，原告向广州省揭阳市中级人民法院提起上诉。广州省揭阳市中级人民法院判决：

驳回上诉，维持原判。

【法官后语】

分家析产，是指家庭成员分割家庭共有财产各自生活的行为，由此产生的纠纷，称为分家析产纠纷。其前提是存在家庭共有财产，同时，家庭共有财产分割法律关系产生的法律事实通常是共有人的合意。分家析产纠纷由民法总则、物权法等法律调整。家庭共有财产属于全体家庭成员共同共有。依照各地不同风俗习惯，一般由家族长辈、村干部等主持见证，家庭成员协商一致，对共有财产进行分割，并形成析产文书。

《中华人民共和国民法典》对共同共有进行了详细的规定，第三百零一条规定：“处分共有的不动产或者动产以及对共有的不动产或者动产作重大修缮、变更性质或者用途的，应当经占份额三分之二以上的按份共有人或者全体共同共有人同意，但是共有人之间另有约定的除外。”家庭共有财产，除了家庭全体成员有约定为按份共有外，应为全体家庭成员共同共有。因此，经全体共同共有人一致同意，可对共有财产进行分割，这是共有人对所有物享有的处分权。

分家析产是对家庭内部财产的处分，由于家庭生活的自治性，对于家庭财产的取得和使用，家庭成员内部最为清楚，家庭以外的人则较难明晰。因此，分家析产应当以家庭成员协商为原则。在民间，通常采用析产文书的形式将各方的权利义务予以确定。各地对析产文书称呼不同，如本案所称的“分书”等。关于析产文书的法律效力，在不违反法律强制性规定、不损害第三人合法权益的情况下，应尊重当事人意思自治，经共同共有人真实意思表示达成的文书应属有效。

本案中，司法鉴定结果和证人（即分家见证人）证言相互印证，共同证明原告提交的总《分书》上书写的“埔尾埔地、厂地、地磅权属归某存”字样，是原告在没有经过其他家庭成员协商一致的情况下私自增加的，且事后没有得到追认。涉案标的物在分家时并未进行分割，原告的行为损害了其他家庭成员的利益，分书中相应内容没有发生效力。综上，本案原告无法证明享有争议标的物的所有权，其诉讼请求无法得到支持。

编写人：广东省揭阳市榕城区人民法院　林桂滨　陈熳纯

九、继承纠纷

42

继承中如何认定继子女是否享有法定继承权

——王某平、王某祥诉王某等法定继承案

【案件基本信息】

1. 裁判书字号

湖北省宜昌市中级人民法院（2019）鄂05民终1537号民事判决书

2. 案由：法定继承纠纷

3. 当事人

原告（被上诉人）：王某平、王某祥

被告（上诉人）：王某

被告：郭某、陈某伦

【基本案情】

王某驹与周某秀生前共生育王某平、王某祥、王某勤三子。2016年7月24日王某驹因病死亡。王某勤与其前妻谭某玲生育一女王某，王某勤与谭某玲离婚后，于2005年8月16日与郭某登记结婚，郭某与前夫于1994年8月4日生育一子陈某伦，陈某伦在其母郭某与王某勤结婚后一直随其母郭某和继父王某勤共同生活，由其母郭某与继父王某勤共同抚养至成年。2016年8月25日王某勤因病死亡。

另查明：王某驹与周某秀于1998年共同购买了位于秭归县茅坪镇平湖大道××号的房屋一套，建筑面积94.71平方米及储藏间一间（面积约10平方米，无产权

证件)。截至2019年3月18日，周某秀在湖北秭归农村商业银行的存款余额为2171.87元。

周某秀的父母已先于周某秀死亡，王某驹的父母也先于王某驹死亡。王某平生于1962年2月21日。

周某秀于2019年1月17日向本院提起法定继承诉讼，诉讼过程中，一审法院依法追加王某平、王某祥为本案原告参加诉讼。周某秀及原告王某平、王某祥认为，位于秭归县茅坪镇平湖大道××号的房屋一套系周某秀与王某驹生前的共有财产，王某驹死亡后，该房屋的一半属于王某驹的遗产，应由周某秀及原告王某平、王某祥及王某勤继承，遗产分割前王某勤就死亡，王某勤应继承的遗产份额转由周某秀和被告王某、郭某、陈某伦继承。2019年3月9日，周某秀因病死亡。二原告王某平、王某祥继续参加诉讼，将诉讼请求变更为请求判令二原告与三被告共同继承周某秀和王某驹的遗产，位于秭归县茅坪镇平湖大道××号的房屋由二原告所有，三被告应继承的份额由二原告折价补偿。诉讼过程中，原、被告同意对王某驹与周某秀共同购买的房屋及储藏间作价55万元与周某秀的存款2171.87元在本案中一并处理。

【案件焦点】

如何认定继子女具有继承权和代位继承权。

【法院裁判要旨】

一审法院认为：诉讼过程中周某秀死亡，按照法律规定本案应继续进行审理。虽然原告无法提供结婚证、登记证明证实王某驹与周某秀已登记结婚以及登记结婚的准确时间，但王某驹与周某秀的长子王某平生于1962年2月21日，按照推理王某驹与周某秀至少于1962年2月21日前就已登记结婚，即使没有登记结婚，按照婚姻法的相关规定，王某驹与周某秀一起共同生活了54年之久，王某驹与周某秀也早已形成事实婚姻关系。本案案涉房屋、储藏间，应属于死者王某驹与周某秀的夫妻共同财产。案涉房屋及储藏间购买于1998年，王某驹于2016年7月24日死亡。王某驹死亡后，其遗产（房屋及储藏间的一半份额），理应由第一顺序继承人即周某秀、王某平、王某祥及王某勤平均继承，即各自应继承案涉房屋及储藏间的1/8份额，王某勤在继承开始后遗产分割前死亡，其应继承的遗产份额转由其法定继承人即周某秀、郭某、王某、陈某伦平均继承，即每人继承案涉房屋及储藏间1/32

的份额。周某秀在诉讼过程中死亡，其遗产以及其死亡前应继承的遗产份额应由其法定继承人即二原告和王某勤继承，因王某勤先于被继承人周某秀死亡，其应继承的遗产份额应由其晚辈直系血亲代位继承。《中华人民共和国婚姻法》第二十七条第二款规定，继父或继母和受其抚养教育的继子女间的权利和义务，适用本法对父母子女关系的有关规定。《中华人民共和国继承法》第十条规定，本法所说的子女，包括婚生子女、非婚生子女、养子女和有扶养关系的继子女。陈某伦跟随王某勤和郭某共同生活时尚未成年，与王某勤形成了扶养关系，根据上述法律规定，陈某伦对王某勤应继承的遗产份额享有转继承和代位继承的权利。综上，对案涉房屋及储藏间，王某平、王某祥各应继承22/64的份额，王某、陈某伦各应继承9/64的份额，郭某应继承2/64的份额；案涉银行存款2171.87元应为周某秀的遗产，应由二原告继承和被告陈某伦、王某代位继承，其中二原告应各继承1/3的份额，陈某伦、王某各应继承1/6的份额。遗产分割应当有利于生产生活，不损害遗产的效用，不宜分割的遗产，可以采取折价、适当补偿或共有等方法处理。本案案涉房屋及储藏间不宜进行分割，同时原、被告因本案遗产诉争已心生隔阂，如果只确定各自享有的份额而共同共有，既不利于生活，也给今后财产的最终处理留下隐患，因此二原告要求分得案涉房屋及储藏间，并按三被告应继承的份额支付其相应的对价的请求本院予以支持。诉讼中原、被告对案涉房屋及储藏间的市场价格协商一致，一审法院予以认可。

一审法院判决：一、位于秭归县茅坪镇平湖大道××号的周某秀、王某驹生前的房屋和储藏间由王某平、王某祥享有所有权和使用权，王某平、王某祥于本判决生效后三日内共同折价补偿王某人民币77343.75元，补偿陈某伦人民币77343.75元，补偿郭某人民币17187.50元。王某、陈某伦、郭某在收到王某平、王某祥上述款项后三日内协助王某平、王某祥办理上述房屋的产权变更登记手续。二、周某秀在湖北秭归农村商业银行的存款2171.87元，由王某平、王某祥各继承723.96元，由王某、陈某伦各继承361.98元。

二审法院认为：双方当事人的主要争议焦点，一是遗产范围的问题；二是陈某伦是否享有继承权以及是否能够代位继承的问题。1. 遗产是公民死亡时遗留的个人合法财产。本案中，根据一、二审法院调查取证的情况，足以认定周某秀死亡时银行账户遗留存款为2171.87元，一审据此予以分割，具有一定的事实和法律依据。上诉人王某主张周某秀死亡前后有大额存款、二被上诉人有隐匿和侵吞存款行为，并无证据证明，二审法院不予采信。2. 关于陈某伦是否享有继承权以及能否代位继承的问题。《中华人民共和国继承法》第十条第三款规定，享有法定继承权的子女包括婚生子女、非婚生子女、养子女和有扶养关系的继子女。本案中，郭某与王某勤再婚后，郭某的亲生子陈某伦尚未成年，其跟随郭某与继父王某勤一起共同生活直至王某勤去世。在没有证据证明郭某与王某勤约定夫妻财产分别制的情况下，郭某与王某勤婚姻关系存续期间的各自收入应当认定为夫妻共同财产，则共同生活期间，王某勤承担了陈某伦的部分学习教育和生活费用开支，足以认定陈某伦是王某勤具有扶养关系的继子，则陈某伦应是王某勤的法定继承人。《中华人民共和国继承法》第十一条规定："被继承人的子女先于被继承人死亡的，由被继承人的子女的晚辈直系血亲代位继承。代位继承人一般只能继承他的父亲或者母亲有权继承的遗产份额。"二审法院认为，根据上述法律规定，被继承人的子女的晚辈直系血亲享有代位继承权，则晚辈直系血亲应包括自然血亲和拟制血亲。《最高人民法院关于贯彻执行〈中华人民共和国继承法〉若干问题的意见》第二十六条为了界定容易发生争议的涉及拟制血亲的继承人中如何认定代位继承的问题，罗列了四种情形，但并非罗列所有法定情形，亦不表示其他涉及拟制血亲的情形不符合代位继承的规定。根据继承法关于代位继承概念的规定，本案中，陈某伦是与王某勤形成扶养关系的继子，属于王某勤的晚辈直系血亲，即其是被继承人周某秀的亲生子王某勤的具有扶养关系的继子，则陈某伦应当享有代位继承权。这也符合继承法关于代位继承的立法本意。一审法院据此认定陈某伦依法继承本案所涉遗产具有法律依据，并无不当。一审法院认定各法定继承人各自享有的遗产份额，比例计算正确无误，上诉人王某主张陈某伦不享有继承权、一审分割遗产计算比例有误的理由不能成立，本院不予采信。

二审法院判决：

驳回上诉，维持原判。

【法官后语】

关于继子女是否享有法定继承权，《中华人民共和国继承法》（以下简称《继承法》）和 2021 年 1 月 1 日起施行的《中华人民共和国民法典》（以下简称《民法典》）都规定，第一顺序继承人为配偶、子女、父母，而《继承法》第十条第三款规定："本法所说的子女，包括婚生子女、非婚生子女、养子女和有扶养关系的继子女。"《民法典》第一千一百二十七条第三款规定与此相一致。由此可知有扶养关系的继子女属于第一顺序继承人中的子女的范围，即有扶养关系的继子女享有法定继承权。据此，继子女享有法定继承权的前提条件是继父母与继子女之间形成扶养关系。我国《婚姻法》及继承法规定的"扶养关系"中的"扶养"应从广义上理解，其涵盖了继父母对继子女的抚养教育、继子女对继父母的赡养、继兄弟姐妹间的扶养等形态。笔者在此结合本案例主要探讨继父母对继子女的抚养教育这一层面。关于如何界定继父母与继子女之间是否形成扶养关系，目前我国相关法律并没有对此作出具体明确的规定。我国婚姻法第二十七条第二款规定："继父或继母和受其抚养教育的继子女间的权利和义务，适用本法对父母子女关系的有关规定。"基于此规定，有观点认为，继子女受继父母经济上的供养，即继父母负担继子女全部或部分生活费和教育费，同时继父母和继子女共同生活，对继子女形成了教育和生活上的照料，才能认定继父母和继子女之间形成了扶养关系。也有观点认为，形成扶养关系要符合四个条件：1. 形成抚养关系的继子女在其生父与继母或生母与继父再婚时尚未成年；2. 形成抚养关系的继父或继母的配偶应享有直接的抚养权；3. 形成抚养关系的继父或继母与继子女应共同生活；4. 抚养事实达到一定年限，有的认为至少要达到2年，也有的认为要达到3年。《民法典》第一千零七十二条对继父母与继子女间的权利义务关系的规定与婚姻法中的规定一致，没有具体化。笔者认为，上述两种观点中心意思一致，只是侧重点不同，第二种观点可操作性更强，在司法实践中，可以从上述两种观点切入，结合具体案情进行综合分析。

本案中，一审法院和二审法院融合了上述两种观点，结合继父王某勤与继子陈某伦的实际情况从几个方面论述了二者符合上述条件，从而认定二者之间形成了扶养关系，在陈某伦不存在丧失继承权情形的前提下，认定陈某伦对王某勤的遗产享有法定继承权。现实生活中，人们日益追求婚姻的高质量，离婚率居高不下，再婚离婚率较高。再婚关系的不稳定导致继父母与继子女间的关系不稳定，为了有效保护未成年子女的被抚养权、受教育权以及继父母年老丧失劳动能力后的被赡养权，有必要规范继子女与继父母形成扶养关系的认定。民法典已经全国人大通过，从法律层面规范暂时不可能，建议最高人民法院从司法实务层面，以司法解释的形式对此从两个方面予以明确。一是主观上有形成扶养关系的意愿，可要求再婚男女在登记结婚时，明确对配偶子女的抚养意愿。又表现为两种情形，若有收养意愿，按收养法的规定办理收养登记；若无收养意愿，或不具有收养条件的，可形成抚养关系。二是客观上必须对未成年子女进行了扶养，可规定继父母与继子女共同生活，给予生活、教育等方面的照料和费用，且达到一定年限，从法律或司法实务层面体现权利义务对等。这样既有利于未成年人的健康成长，又有利于老年人安度晚年，还有利于继承权的确认。

本案还涉及继子女是否享有代位继承权的问题，根据《继承法》第十一条规定："被继承人的子女先于被继承人死亡的，由被继承人的子女的晚辈直系血亲代位继承。代位继承人一般只能继承他的父亲或者母亲有权继承的遗产份额。"《民法典》第一千一百二十八条第一款和第三款规定："被继承人的子女先于被继承人死亡的，由被继承人的子女的直系晚辈血亲代位继承。代位继承人一般只能继承被代位继承人有权继承的遗产份额。"在已认定陈某伦是与王某勤形成扶养关系的继子的前提下，他们之间就是一种法律上的拟制血亲关系，视同自然血亲的父母子女间的法律关系，从而可认定陈某伦是被继承人周某秀的亲生子王某勤的直系晚辈血亲，则陈某伦对被代位继承人王某勤有权继承的遗产份额当然享有代位继承权。一审法院和二审法院从继承法的立法本意出发作出判决，是公允的。

编写人：湖北省宜昌市秭归县人民法院　潘媛媛　杜云宏

43

承包人死亡后征地取得的土地补偿费不属于遗产

——徐某芝、刘某翠诉刘某军、刘某琼法定继承案

【案件基本信息】

1. 裁判书字号

重庆市第一中级人民法院（2019）渝01民终961号民事判决书

2. 案由：法定继承纠纷

3. 当事人

原告（被上诉人）：徐某芝、刘某翠

被告（上诉人）：刘某军、刘某琼

【基本案情】

徐某芝与刘某荣共生育三个子女，分别为刘某军、刘某琼和刘某翠。刘某荣于1996年去世。徐某芝、刘某荣与刘某军在土地被开发前属同户籍。2017年，刘某军所属户籍的土地被两江新区征用。村委会出具的证明载明“刘某荣应得土地费41143.9元”，被刘某军领取。后，徐某芝、刘某翠、刘某军、刘某琼四人因土地征收获得土地费用继承问题产生纠纷，诉至法院。

【案件焦点】

以家庭承包方式承包土地的承包方即农户的某一成员死亡后，因土地被征收所取得的土地补偿费是否属于死者的遗产。

【法院裁判要旨】

重庆市渝北区人民法院经审理认为：刘某荣去世后未留有遗嘱，亦未曾有遗赠扶养协议，故其遗产应按照法定继承予以继承。刘某荣获得的土地费41143.9元应作为遗产由法定继承人予以继承。徐某芝、刘某翠、刘某军、刘某琼均是法定第一顺位继承人，依法有权继承刘某荣的遗产，即平均继承该遗产，每人继承10285元。现土地费由刘某军领取，故应由刘某军将款项支付给徐某芝、刘某翠。遂判决：

一、刘某军于本判决生效后五日内支付徐某芝、刘某翠各自10285元；

二、驳回徐某芝、刘某翠的其他诉讼请求。

刘某军、刘某琼不服，提起上诉。重庆市第一中级人民法院经审理认为：根据《中华人民共和国农村土地承包法》第十五条规定，“家庭承包的承包方是本集体经济组织的农户”，而不是农户成员。在土地承包期内，承包户中的某个或者部分成员死亡的情况下，土地承包经营权不发生消灭，承包地仍由其他家庭成员继续承包经营，不发生继承问题；当家庭成员全部死亡的，土地承包经营权消灭，由发包方收回承包地。征地补偿款按照家庭为单位发放，以家庭承包的土地面积确定补偿款，家庭内部分配问题，由家庭内部自行解决。对已死亡或丧失农户成员资格的人，自然无法获得补偿，只有现有农户成员才能获得。同时，土地征收补偿款的主要目的是对失地农民预期损失的补偿，是对农民将来生产、生活的保障，已经去世的家庭成员，不能成为享受补偿的权利主体，土地征收补偿款不属于承包收益。本案中，徐某芝、刘某荣、刘某军等五人在土地被开发前属于同户籍，刘某荣于1996年死亡，依照法律规定，从死亡之日起即丧失集体经济组织成员资格，但作为承包方的农户的其他成员还存在，土地承包经营权不发生消灭，由该户中的其他家庭成员根据承包合同继续承包。而刘某荣在征地发生前已经死亡，其不属于享受补偿的权利主体，故征地补偿款不属于刘某荣死亡时存在的承包收益，不属于死亡时遗留的个人合法财产，不能依照继承法作为遗产继承，该款项应由同户籍家庭成员共同享有。遂判决：

一、撤销重庆市渝北区人民法院（2018）渝0112民初23471号民事判决；

二、驳回徐某芝、刘某翠的诉讼请求。

【法官后语】

土地征收补偿是当下热点问题，在一定程度上影响着社会稳定。妥善审理与土地征收补偿相关的案件，不仅有利于社会公共利益的有效实现，也有利于农村集体经济组织和农村村民土地权益的保护，保障国家建设的顺利进行。本案涉及的主要问题为，以家庭承包方式承包土地的承包方即农户的某一成员死亡后，因土地被征收所取得的土地补偿费是否属于死者的遗产。生效判决认定土地补偿费不属于死者的遗产，具体理由如下：

1. 农户成员死亡不发生土地承包经营权的继承。尽管学界对土地承包经营权能否继承的争论从未停息，但从目前的司法实践来看，否定土地承包经营权可继承性的观点占据统治地位。《中华人民共和国农村土地承包法》第十五条规定，家庭承包的承包方是本集体经济组织的农户。一方面，家庭承包方式下，土地承包经营权系以农户为基本单位进行承包，而不是以农民个人为单位进行承包。土地承包经营权具有福利性和社会保障功能，是农民赖以生存的基础。另一方面，土地承包经营权具有身份属性，非本集体经济组织成员不能取得土地承包经营权。继承法关于继承人范围及继承顺序的规定，并无身份属性的限制，若允许继承土地承包经营权，必然导致土地承包经营权流向非本集体经济组织成员乃至城镇居民。为此，继承法和农村土地承包法一直没有规定家庭承包方式的土地承包经营权的继承，而仅规定了承包收益的继承。在土地承包期内，承包户中的某个或者部分成员死亡的，土地承包经营权并不消灭，承包地仍由剩余的家庭成员组成的户继续承包经营；农户的所有成员全部死亡的，土地承包经营权消灭，由发包方收回承包地。

2. 土地补偿费是对农户丧失土地承包经营权的补偿。《中华人民共和国土地管理法》第四十八条第二款规定，征收土地应当依法及时足额支付土地补偿费、安置补助费以及农村村民住宅、其他地上附着物和青苗等的补偿费用，并安排被征地农民的社会保障费用。根据《重庆市土地管理规定》第三十九条第二款规定，征用土地的土地补偿费为该耕地被征用前3年平均年产值的6倍至10倍，征用土地的安置补助费按照需要安置的农业人口数计算。可见，安置补助费是对人的补助，而土地补偿费是对土地承包经营权的补偿。另外，土地补偿费的主要补偿对象为被征地农户或其他依法享有土地承包经营权的成员。根据《重庆市征用征收农民集体所有土地征地补偿费分配使用办法》第十三条规定，已确权确地到户的土地被部分征收或征用的，其土地补偿费以不低于80%的比例支付给被征地农户；未确权确地到户的土地被征收征用后，其土地补偿费和安置补助费以不低于80%的比例平均支付给征地补偿安置方案确定时，本集体经济组织依法享有土地承包经营权的成员。

3. 征地补偿安置方案确定时间是认定土地补偿费性质的主要依据。《最高人民法院关于审理涉及农村土地承包纠纷案件适用法律问题的解释》第二十四条规定："农村集体经济组织或者村民委员会、村民小组，可以依照法律规定的民主议定程序，决定在本集体经济组织内部分配已经收到的土地补偿费。征地补偿安置方案确定时已经具有本集体经济组织成员资格的人，请求支付相应份额的，应予支持……"征地补偿安置方案确定时间是确定被安置人员数量、补偿标准的重要依据，只有在征地补偿安置方案确定时具有本集体经济组织成员资格的人，才有获得土地补偿费的资格。因此，应当以征地补偿安置方案确定时间和农民丧失成员资格时间的先后认定土地补偿费的性质。具体来说，一是征地补偿安置方案确定前已死亡的村民没有获得土地补偿费的资格，即使是其生前的土地承包经营权对应的土地补偿费也不属于其遗产；二是征地补偿安置方案确定之后死亡的村民可以获得土地补偿费，在其死亡后才发放该部分土地补偿费的，应当纳入遗产范围，由继承人依法继承。

本案中，当地村委会出具的证明载明“刘某荣应得土地费41143.9元”，结合刘某荣1996年去世及土地征用时间为2017年的事实，可以认定村委会证明的内容应是刘某荣原承包土地所对应的土地补偿费为41143.9元。由于土地承包经营权不存在继承问题，且本案情形属于已确权确地到户的土地被征用的情形，案涉土地补偿费41143.9元依法属于征地补偿安置方案确定时的被征地农户所有。

编写人：重庆市第一中级人民法院　郝晶晶　杨红平

44

人身保险合同没有指定受益人时，死亡保险金应作为遗产处理

——白某龄、白某晴诉陈某连、白某目法定继承案

【案件基本信息】

1. 裁判书字号

福建省泉州市中级人民法院（2019）闽05民终693号民事判决书

2. 案由：法定继承纠纷

3. 当事人

原告（被上诉人）：白某龄、白某晴

被告（上诉人）：陈某连、白某目

【基本案情】

白某龄与陈某木于2017年2月14日办理结婚登记。在婚姻关系存续期间，白某龄怀有身孕，并于2018年1月14日生育婚生女儿白某晴，现由白某龄抚养。陈某连、白某目系陈某木的父母。2017年6月28日，陈某木在安溪县龙门镇观山村加油站旁发生交通事故后当场死亡。陈某木生前向中国人寿保险投保人身险，投保

人与被保险人均为陈某木，保险合同未指定受益人。事故发生后，陈某连、白某目向中国人寿保险公司申请理赔，该保险公司于2018年1月26日做出理赔决定书，决定：(1) 按《平安福条款》计算给付意外身故保险金20万元整；(2) 按《长期意外13条款》计算给付意外身故保险金20万元整，合计给付40万元整。2018年1月27日左右，该保险公司将保险金40万元全额支付给陈某连、白某目。

陈某木生前尚欠白某碧借款1.5万元，尚欠陈某福借款1万元，尚欠陈某庆借款1.6万元，尚欠陈某坤借款2万元，尚欠沈某凤借款1.5万元，计7.6万元。上述借款7.6万元均由陈某连用本案诉争的保险金予以还清。

白某龄、白某晴以其二人亦是陈某木的法定继承人为由多次向陈某连、白某目要求分割应有的份额，但陈某连、白某目均以各种理由推脱，故起诉请求法院判令陈某连、白某目将所得的陈某木身故保险金、意外身故保险金共计40万元的二分之一，即20万元分割给白某龄、白某晴。

【案件焦点】

以死亡为保险事故之保险合同没有受益人时保险金是否应当归属到被保险人名下作为遗产依法被继承。

【法院裁判要旨】

福建省安溪县人民法院经审理认为：遗产是公民死亡时遗留的个人财产。陈某木生前向中国人寿保险公司投保人身险，但没有指定受益人，该保险金40万元作为被保险人陈某木的遗产，应由其第一顺序继承人继承。《中华人民共和国民法总则》第十六条规定："涉及遗产继承，接受赠与等胎儿利益保护的，胎儿视为具有民事权利能力……"根据该规定，白某晴在陈某木身故前并未出生，在陈某木身故后出生，故其依法应视为享有继承权等相应的民事权利，有权继承陈某木的遗产即保险金的相应份额。据此，陈某木的第一顺序继承人有4人，为其父陈某连、其母白某目、其妻白某龄、其女白某晴。同时，继承遗产依法应当清偿被继承人生前所负债务。根据上述认定的事实，该保险金40万元应先扣除陈某木生前所负债务7.6万元，余款32.4万元由陈某连、白某目、白某龄、白某晴平均分割，即白某龄、白某晴、陈某连、白某目各可分得余款32.4万元的1/4即8.1万元。综上所述，白某龄、白某晴的诉讼请求有事实及法律依据部分，法院予以支持。陈某连、白某目的辩解有事实及法律依据部分，法院予以采纳。

福建省安溪县人民法院依照《中华人民共和国民法总则》第十六条，《中华人民共和国继承法》第三条第（七）项、第十条、第十三条、第三十三条，《中华人民共和国民事诉讼法》第六十四条第一款以及《最高人民法院关于适用〈中华人民共和国民事诉讼法〉的解释》第九十条规定，判决如下：

一、陈某连、白某目应于本判决生效之日起 10 日内共同支付白某龄、白某晴依法继承的陈某木身故的保险金各 8.1 万元，计 16.2 万元；

二、驳回白某龄、白某晴的其他诉讼请求。

陈某连、白某目不服一审判决，提起上诉。上诉人陈某连、白某目提供了新证据，泉州市中级人民法院经审理认为，一审判决查明陈某木生前债务 7.6 万元且由陈某连用诉争保险赔偿金偿还，白某龄、白某晴对此事实不持异议，也没有提出上诉，本院予以确认。现陈某连、白某目上诉主张（一审亦主张）陈某木生前债务还包括支付宝透支 7958 元，欠傅某安 10000 元、陈某花 16000 元、翁某灿 8000 元、白某峰 3500 元、啄某 3500 元和因陈某木交通事故死亡诉讼产生的一审诉讼费 12800 元和律师费 26000 元以及白某龄产检、分娩、坐月子等费用 11000 元，并且提供了陈某木支付宝透支的偿还截图以及证人傅某安、陈某花、翁某灿均出庭作证，本院对该四笔债务合计 41958 元予以认定，另白某峰、啄某的债务，因该二人没有出庭作证，本院在本案中不予认定。因陈某木交通事故死亡产生的诉讼费、律师费，陈某连、白某目表示在另一案中主张，故在本案不予审查。对白某龄产检、分娩、坐月子等费用，陈某连、白某目未能举证，本院不予支持。综上，陈某木生前债务包括一审判决认定的 76000 元和本院二审认定的 41958 元，合计 117958 元。诉争保险赔偿金 40 万元，扣除前述债务，剩余 282042 元，由陈某连、白某目、白某龄、白某晴四个法定继承人平均分配，白某龄、白某晴可以分得 141021 元。

综上，陈某连、白某目的上诉请求部分成立，本院予以支持。原审认定事实基本清楚，由于二审出现新证据，陈某木生前债务有新的事实，本院予以改判。

福建省泉州市中级人民法院依照《中华人民共和国民事诉讼法》第一百七十条第一款第（二）项的规定，作出如下判决：

一、撤销福建省安溪县人民法院（2018）闽 0524 民初 2903 号民事判决；

二、陈某连、白某目应于本判决生效后十日内向白某龄、白某晴支付陈某木的身故保险金141021元；

三、驳回白某龄、白某晴的一审其他诉讼请求。

【法官后语】

对于以死亡为保险事故之保险合同没有受益人时保险金的归属问题，应当将死亡保险金作为被保险人之遗产，由其法定继承人继承。《中华人民共和国保险法》第四十二条第一款规定："被保险人死亡后，有下列情形之一的，保险金作为被保险人的遗产，由保险人依照《中华人民共和国继承法》的规定履行给付保险金的义务：(一) 没有指定受益人，或者受益人指定不明无法确定的……"且参照《最高人民法院关于保险金能否作为被保险人遗产的批复》：人身保险金能否列入被保险人的遗产，取决于被保险人是否指定了受益人。未指定受益人的，被保险人死亡后，其人身保险金应作为遗产处理，可以用来清偿债务或者赔偿。本案中的40万元就是陈某木的死亡保险金，且没有指定受益人，因此，这笔款项可以作为陈某木的遗产处理，可以用来清偿债务。

理由是：(1) 被保险人是保险金请求权的主体，无论被保险人生存还是死亡，保险金请求权原本都应由被保险人享有，被保险人可以通过指定的方式把这种权利赋予指定受益人，但享有随时变更受益人的权利，当无适格的指定受益人时，保险金回归到被保险人名义下进而进入被保险人的遗产也是理所当然。① (2) 将死亡保险金作为被保险人的遗产由其继承人继承，一定程度上是为了保护被保险人的债权人的利益。《中华人民共和国继承法》第三十三条规定继承遗产应当清偿被继承人依法应当缴纳的税款和债务，缴纳税款和清偿债务以他的遗产实际价值为限。在被保险人死亡没有指定受益人的情况下，保险金作为被保险人的遗产需要依法缴纳税款和清偿债务。所以，应当将死亡保险金遗产化处理。

有观点认为，保险金作为遗产使人身保险合同保险金丧失了其在偿债和纳税方面的优势，混同于一般财产，削弱了人身保险的作用和意义。② 但是，我们认为，人身保险利益不同于财产保险利益，其本质上为以伦理为基础具有人身依附属性的

---

① 杨信：《保险金列为被保险人遗产之合理性分析——解读我国〈保险法〉第42条》，载《特区经济》2012年第4期。

② 周鑫路：《保险金作为遗产的法律问题研究》，华东政法大学2010年硕士学位论文。

利害关系，其中包括亲属血缘关系、姻亲关系、劳动关系等利害关系。尽管人身依附的属性随着社会发展逐渐淡化，但是嵌入的伦理道德价值并未因发展而改变，这也成为人身保险利益区别于其他商事法律制度的鲜明标志。尽管人身保险利益反映在商事领域，但是亲属法和人身保险利益都是伦理道德在法律上嵌入的体系体现，两者在伦理基础、调整对象上存在重叠，在规范强制性等方面具有共同之处，因此并不阻碍人身保险合同与亲属法的互动，尤其是与继承法的衔接。《中华人民共和国保险法》第四十二条规定在受益人缺位的情况下，将保险金转为被保险人的遗产，与保险法强调保护被保险人利益的理念一致，符合法律在体系上的整体性要求，本案中陈某木生前向中国人寿保险公司投保人身险，投保人与被保险人均为陈某木，保险合同未指定受益人，应当将死亡保险金作为遗产处理。

编写人：福建省安溪县人民法院　陈伟南

45

自书遗嘱在全文笔迹鉴定未果情况下的效力认定

——张乙诉张甲、韩某分家析产、继承案

【案件基本信息】

1. 裁判书字号

北京市第二中级人民法院（2019）京 02 民终 7559 号民事判决书

2. 案由：分家析产、继承纠纷

3. 当事人

原告（被上诉人）：张乙

被告（上诉人）：张甲、韩某

【基本案情】

张某先与前妻尹某育有一女张乙，张某先与尹某离婚后，于 2011 年 12 月 26 日与韩某生育一子张甲。2015 年 1 月 30 日，张某先与韩某登记结婚。2015 年 8 月

21日，张某先因病去世。

张某先名下有A号房屋一套，张某先与尹某协议离婚，约定A号房屋归张某先所有。张乙主张张某先生前留有遗嘱，女儿张乙是该房产的唯一继承人，为此提供《协议》一份，其中载有：丰台区×××A室，其女儿张乙将是该房产的唯一继承人。落款签名为张某先，时间为2010年6月10日。张甲及其法定代理人韩某不认可上述《协议》的真实性。经一审法院提示并告知相应法律后果，二人不申请对上述《协议》的笔迹进行司法鉴定，一审法院对上述《协议》的真实性和关联性予以确认。

另，张甲及韩某主张张某先于2014年已承诺并实际上把A号房屋退还给单位，重新购买B号房屋，并交纳部分房款60万元，该行为是对《协议》内容的根本否定。一审法院前往张某先生前工作单位核实，A号房屋产权还在张某先名下，张某先有权购买B号房屋，但必须交回A号房屋，并交齐房款。张某先已交纳60万元，剩余房款已过交款期限。如果不继续购买B号房屋，所交的60万元可以退还给张某先家人。

双方当事人对一审法院调查的张某先名下基金、股票账户及张某先工亡后相关待遇情况均予以认可。

二审中，因张乙未能按鉴定机构要求提供比对样本对《协议》进行全文笔迹鉴定，后张乙变更鉴定申请对《协议》中的部分相同字进行笔迹鉴定，经二审法院委托，鉴定机构经鉴定认为《协议》第2行、第3行、第5行、第6行、第8行中的“张、某、先”书写字迹和落款处的“张某先”签名字迹与样本上的“张某先”签名字迹是同一人书写。张甲和韩某对鉴定意见不予认可，但未能提供推翻该鉴定意见的相反证据。

【案件焦点】

1.《协议》是否真实有效；2. A号房屋是否应当依据《协议》内容，按遗嘱继承处理。

【法院裁判要旨】

北京市丰台区人民法院经审理认为：直至张某先去世A号房屋仍系其个人财产，在张某先去世后应属于其遗产范围，可以在本案继承分割。《协议》是否为遗嘱，不应由文书的名称决定，上述协议中的内容符合遗嘱关于亲笔书写、签名和注明年月日的形式要件，能够认定系张某先的真实意思表示，该部分内容应是合法、有效的自书遗嘱。张某先生前的行为虽与前述遗嘱的意思表示相背离，但A号房屋并未因此在继承开始前发生灭失或所有权转移的情形，张某先的行为亦尚不足以认定撤销其在自书遗嘱中明确的意思表示。

北京市丰台区人民法院判决：

一、坐落于北京市丰台区A号的房屋归张乙所有；

二、在中国核工业集团有限公司处的600000元购房款，其中100000元属于张乙，剩余部分属于韩某、张甲；驳回张乙的其他诉讼请求。

北京市第二中级人民法院经审理认为：北京长城司法鉴定所经鉴定认为《协议》第2行、第3行、第5行、第6行、第8行中的“张、某、先”书写字迹和落款处的“张某先”签名字迹与样本上的“张某先”签名字迹是同一人书写。经查，《协议》正文自上而下共9行，正文各行之间的行距及文字之间的间距相当，正文中有“张”字5个，“某”字3个，“先”字2个，且分散位于正文第2行、第3行、第5行、第6行、第8行中，结合北京长城司法鉴定所的上述鉴定意见、张某先的认知水平及自然人的正常书写习惯，《协议》系张某先本人书写具有高度可能性，对《协议》的真实性予以确认。

除一审法院对《协议》真实性举证责任分配不当外，二审法院同意一审法院裁判意见。

北京市第二中级人民法院依照《中华人民共和国民事诉讼法》第一百七十条第一款第（一）项规定，作出如下判决：驳回上诉，维持原判。

【法官后语】

本案是关于自书遗嘱真实性举证责任分配，及自书遗嘱全文笔迹鉴定未果的情况下，自书遗嘱效力认定的典型案例。

一、自书遗嘱真实性举证责任的分配

实践中，由于法官“谁主张谁举证”的不同认识和理解，自书遗嘱真实性的举证责任分配尚未完全统一，笔者认为自书遗嘱真实性的举证责任一般应分配给持有人一方。自书遗嘱属于私文书证，持有人之所以向法庭提交自书遗嘱，是希望依据自书遗嘱的内容获取更多更大的利益，且持有人一般在自书遗嘱形成时或者至少比提出异议的当事人更早知晓自书遗嘱的形成过程和内容，从证明条件和能力上权衡，持有人对证明自书遗嘱真实性往往处于相对主动的地位，将举证责任分配给持有人，在一定程度上也能敦促自书遗嘱持有人积极利用其主动地位，为证明自书遗嘱真实性提前做好准备。自2020年5月1日施行的《最高人民法院关于民事诉讼证据的若干规定》第九十二条①已经对后一种观点予以明确规定。

此外，如果将举证责任分配给提出异议的一方当事人，在遗嘱持有人伪造自书遗嘱提交法庭，且不积极配合笔迹鉴定的情况下，提出异议的当事人往往很难提出有力证据证明其主张，进而败诉，对于人民法院来说，此类虚假诉讼风险难以规避，从裁判效果上看，也是对诚实信用原则的严重破坏。

本案中，一审法院将《协议》真实性的举证责任分配给了原审被告不妥，二审法院在审理中及时予以纠正，依被上诉人（原审原告）申请启动了笔迹鉴定。

二、自书遗嘱在全文笔迹鉴定未果情况下的效力认定

申请笔迹鉴定是当事人在诉讼中举证证明自书遗嘱真实性的通常做法，然而实践中，鉴定机构一般要求提供经双方当事人质证认可的，包含自书遗嘱全文80%内容的比对样本五份以上，才可以对自书遗嘱全文是否为被继承人书写进行笔迹鉴定，全文笔迹鉴定意见固然对认定自书遗嘱起着决定性的作用，但诉讼中最终能够进行全文笔迹鉴定的并不多见。首先，除非被继承人生前留有大量手稿材料，否则客观上申请人或者对方当事人很难提供符合上述条件的比对样本；其次，即使提供了符合数量要求的比对样本，如果对方当事人对比对样本真实性不认可，人民法院经审查亦无法确定真实性的情况下，全文笔迹鉴定往往因比对样本不足而无法进行，如此，笔迹鉴定在此类案件中所被赋予的“理想”作用难以充分发挥。

笔者认为，在全文笔迹鉴定未果的情况下，如果能够对自书遗嘱中的部分字迹进行笔迹鉴定（以下简称相同字笔迹鉴定），结合立遗嘱人自身情况和自然人书写习惯，能够确信自书遗嘱全文是立遗嘱人书写具有高度可能性的，应当认定持有人完成了对自书遗嘱真实性的举证责任。如果对方当事人仍对自书遗嘱真实性提出异议，那其应承担相应的举证责任。如果异议方举证不能，且该自书遗嘱同时符合继承法关于自书遗嘱形式要件的规定，就应当对该自书遗嘱的效力予以确认。相同字

---

① 私文书证的真实性，由主张以私文书证证明案件事实的当事人承担举证责任。私文书证由制作者或者其代理人签名、盖章或捺印的，推定为真实。

笔迹鉴定与全文笔迹鉴定相比，一方面申请人客观上更有条件和能力提供符合条件的比对样本，另一方面可以在一定程度上降低对方当事人否认比对样本真实性的概率，笔迹鉴定在此类案件中的作用能够得到进一步发挥。

本案中，被上诉人起初申请对《协议》进行全文笔迹鉴定，因未能按照鉴定机构的要求，补充提供有与《协议》内容相同字迹的样本材料，之后变更申请进行相同字笔迹鉴定。经鉴定，《协议》第2行、第3行、第5行、第6行、第8行中的“张、某、先”书写字迹和落款处的“张某先”签名字迹与样本上的“张某先”签名字迹是同一人书写。从《协议》的内容看，正文自上而下共9行，正文各行之间的行距及文字之间的间距相当，正文中有“张”字5个，“某”字3个，“先”字2个，且分散位于正文第2行、第3行、第5行、第6行、第8行中，如果《协议》中的全文不是张某先书写，仅在《协议》第2行、第3行、第5行、第6行、第8行中写上“张”字、“某”字或“先”字，在《协议》落款处签名，明显不合常理，在案亦无证据证明张某先生前有作出上述反常行为的可能，故本案结合相同字笔迹鉴定的鉴定意见、张某先的认知水平及自然人的正常书写习惯，认定《协议》系张某先本人书写具有高度可能性，并对《协议》的真实性予以确认。鉴于《协议》中的部分内容、落款签名、日期符合自书遗嘱法定形式要件，最终对《协议》中属于自书遗嘱部分的效力予以确认。

编写人：北京市第二中级人民法院　陈光旭

46

涉外遗嘱继承的准据法选择与适用

——吴乙诉吴甲等继承案

【案件基本信息】

1. 裁判书字号

北京市第一中级人民法院（2019）京01民终5350号民事判决书

2. 案由：继承纠纷

3. 当事人

原告（被上诉人）：吴乙

被告（上诉人）：吴甲、赵甲

被告（被上诉人）：高甲、吴丙、吴丁

【基本案情】

吴父与赵母系夫妻，婚后生有三子一女，即吴乙、吴戊、吴甲、赵甲。吴父、赵母、吴乙、吴甲、赵甲均为澳大利亚国籍。吴戊与高甲系夫妻，婚后生有一子一女，即吴丙、吴丁。赵母、吴父分别于2010年5月31日、2014年7月28日在澳大利亚去世。吴戊于2018年8月27日去世。

吴父自其单位北京某大学分得涉案房屋，后购买，于2009年取得房产证，登记在吴父名下。2005年5月25日，吴父、赵母分别授权吴甲全权处理二人在北京某大学的事宜。2007年3月22日，吴父、赵母就上述委托事宜另行制作委托书，并经所在国公证认证。吴乙提交了经所在国公证认证的《临终遗嘱》，内容为：立遗嘱人为本人，居于新南威尔士州某路某房。本人谨此撤销之前由本人在任何时间作出的所有遗嘱及遗嘱性质的处置，并宣布此为本人的临终遗嘱。本人指派本人儿子吴乙为本临终遗嘱的执行人和受托人，但若本人儿子吴乙先于本人离世，那么本人指派本人儿媳Svetlana Wu为遗嘱执行人和受托人……本人将本人所有财产，不论是动产还是不动产，不论何种性质位于何处，均遗赠并赠与我的受托人按照以下信托持有：1. 偿还我的所有合法债务、葬礼和遗嘱费用、州遗产税、联邦遗产税以及所有其他在本人死亡后或因本人死亡而应当支付的任何税项或税款。2. 为本人所述的儿子持有本人剩余遗产；若他先于本人离世，则为本人所述儿媳持有；而若儿媳亦先于本人离世，则为本人孙子Andrew Nazarov Wu持有。3. 在本人该份遗嘱里，提及本人受托人之处指暂时的一名或数名受托人，而任何提及单数之处均包括复数，反之亦然；提及任何一个性别之处包括其他性别。落款日期为1995年9月7日，落款处有吴父及见证人的签名。

吴乙要求依法由其继承涉案房屋。高甲、吴丙、吴丁同意吴乙的诉讼请求。

吴甲、赵甲认为被继承人是澳大利亚国籍，死亡时经常居住地是新南威尔士州。新南威尔士州居民订立的遗嘱只对本州境内的财产有效，本案遗嘱对中国的遗产无效。

【案件焦点】

1. 本案遗嘱是否有效；2. 吴乙是否属遗嘱所确定的继承人；3. 本案遗嘱内容所涉及的财产是否包含涉案房屋。

【法院裁判要旨】

北京市海淀区人民法院经审理认为：本案应当适用澳大利亚新南威尔士州法律进行审理。遗嘱形式符合规定，具有法律效力，涉案房屋作为吴父、赵母的夫妻共同财产，二人去世后应作为遗产按照遗嘱由吴乙继承。判决涉案房屋由吴乙继承。

吴甲、赵甲不服原审判决，提起上诉。北京市第一中级人民法院经审理认为：

一、本案遗嘱是否有效

（一）对本案遗嘱争议问题的“识别”

吴甲和赵甲认为，本案涉及两份《遗嘱》只对澳大利亚新南威尔士州境内的遗产有效，对于境外的遗产，如果国家之间有协议的，应另行订立国际遗嘱或者是遗产所在地国家的遗嘱。所以，在澳大利亚新南威尔士州订立的遗嘱不能对处于中国境内的不动产发生效力。从国际私法理论的角度分析吴甲和赵甲的上述观点可知，二人的实质主张是，如果在新南威尔士州境内订立的一份遗嘱处分了境外财产，那么遗嘱的该部分内容无效，故应适用财产所在地的法律按照法定继承原则处理。这与吴甲、赵甲反复强调的一审判决混淆了中澳两国的司法管辖权的观点一致。因而，吴甲、赵甲所提出的该项异议，应识别为如下问题，即本案所涉遗嘱是否有效。

我国法律不承认“反致”和“转致”制度，故应适用澳大利亚实体法解决遗嘱是否有效的问题，而不管该国是否存在冲突规范以及冲突规范所确定的准据法如何。

（二）本案所应适用的准据法

遗嘱效力，适用遗嘱人立遗嘱时或者死亡时经常居所地法律或者国籍国法律。涉外民事关系适用外国法律，该国不同区域实施不同法律的，适用与该涉外民事关系有最密切联系区域的法律。澳大利亚各州有不同的法律体系，因吴父、赵母居住地、死亡地均为澳大利亚新南威尔士州，故确定最密切联系区域的法律为新南威尔士州继承法律规范。经询问，双方当事人对上述法律规范的适用无异议。诉讼中，吴乙向法院提供了经公证认证的新南威尔士州《继承法》，吴甲、赵甲对该法案的真实有效性不持异议，故本案的具体准据法应确定为该法案。一审法院对外国法的查明准确，本院予以确认。

（三）本案遗嘱的效力问题

依据对本案争议问题的识别，应根据新南威尔士州《继承法》确定该遗嘱的效力。二审审理中，吴甲、赵甲未能提供准确的法律依据。经审查，该法案中对本案争议问题确无明确的规定。另外，吴甲、赵甲认为，在新南威尔士州处理遗嘱案件，除了必须有《遗嘱》外，还需向法院提供《财产清单》并由司法机关进行遗嘱认证，三者缺一不可，而本案吴乙提供的财产清单中并不包含本案涉案房屋。依据吴甲、赵甲提供的翻译文件内容，遗嘱认证只是一种确认效力的程序，而非遗嘱有效的必要条件。一审庭审中，双方也认可遗嘱一经订立即发生法律效力，当地高级法院的认证仅是遗嘱执行的依据。因此，财产清单是否包含涉案房屋，新南威尔士州最高法院对本案的遗嘱认证是否准确，均不涉及遗嘱本身的效力认定。

综上所述，吴甲、赵甲关于遗嘱无效，应该适用中国法处理的意见，欠缺相应的法律依据，本院对该上诉意见不予支持。

二、被上诉人吴乙是否属遗嘱所确定的继承人

吴甲、赵甲否认吴乙属于遗嘱所确定的继承人诉讼请求不成立，理由如下：

第一，本院通过查阅《英汉法律词典》（法律出版社1999年版），案涉遗嘱中单词“devise”的法律词义为遗赠，不动产遗赠。而“bequeath”的法律词义为（按遗嘱的）遗赠（财产）。虽然本案未共同委托进行翻译，基于被上诉人吴乙提供的翻译件更为贴合原意，本院对该翻译件准确性予以确认。

第二，遗嘱第二条的内容是“为本人所述的儿子持有本人剩余遗产；若他先于本人离世，则为本人所述儿媳持有；而若儿媳先于本人离世，则为本人孙子Andrew Nazarov Wu持有”。二审中，经本院询问，吴甲、赵甲认可Andrew Nazarov Wu是被上诉人吴乙之子，因此，从该句话的前后表述，完全可以确定“本人所述的儿子”即为被上诉人吴乙本人。

综上所述，吴甲、赵甲认为吴乙不属于遗嘱所确定的继承人的观点不能成立，本院不予采纳。

三、本案遗嘱内容所涉及的财产是否包含涉案房屋

虽然遗嘱订立时间在1995年9月7日，而涉案房屋取得房产证的时间在2009年12月4日，但不能因处分时该房屋尚未取得，就认定遗嘱处分的内容不包括涉案房屋。依据新南威尔士州《继承法》第四条规定，个人可以通过遗嘱处分其死亡时遗留的财产，无论签署遗嘱时，个人是否享有财产权利。因此，本案遗嘱处分其未来的可得财产合法有效。当然，亦不能以此认为遗嘱没有处理本案的涉案房屋。吴乙虽然在提供的财产清单上未列明中国境内的房产，但诉讼中吴乙对此已经进行了合理的解释，认为财产清单范围和实际财产范围并不需要一致。吴甲、赵甲亦未提供相应的法律规范指明该情形产生的法律后果，故而，仅仅以财产清单与实际财产范围不符便认为遗嘱未处分涉案房屋的理由亦不能成立。综上，判决驳回上诉，维持原判。

【法官后语】

本案系一起较为典型的涉外遗嘱继承纠纷，涉及的主要问题包括争议问题的识别、外国法的查明、准据法的适用及遗嘱效力的认定等。其中法院在本案中对以下问题进行了重点审查。

一、本案争议问题的“识别”

国际私法中的识别是指依据一定的法律观点或法律概念，对案件有关事实的性质作出“定性”或“分类”，把它归入特定的法律范畴，从而确定应援引哪一冲突规范的法律认识过程。它包括密切相关的两个方面，一是依据一定的法律正确地解释某一法律概念；二是依据该法律概念正确地判定特定事实的法律性质①。由于各国法律观念和法律概念的不一致，往往对同一事实构成作出不同的定性或分类，导致“识别的冲突”经常发生。因此，依据何种标准识别尤为必要。关于识别依据有多种学说②，《涉外民事关系法律适用法》第八条规定“涉外民事关系的定性，适用法院地法律”即采纳了其中法院地法说。

本案中，吴乙主张应按照被继承人吴父、赵母在澳大利亚新南威尔士州订立的

---

① 李双元、欧福永主编：《国际私法》，北京大学出版社2018年版，第104页。

② 关于识别依据的主张包括法院地法说、准据法说、分析学与比较法学说、个案识别说、功能识别说等。

遗嘱由其继承相应遗产。吴甲、赵甲则认为该遗嘱仅对新南威尔士州境内遗产有效，对中国境内的不动产不产生效力，二人虽提出反对意见，但对遗嘱的真实性未提出异议。归纳诉辩双方的意见，可以探知双方争议焦点问题为遗嘱对中国境内遗产是否有效，此即法院对本案问题的识别，亦为本案援引正确冲突规范的前提。

二、本案中准据法的适用

国际私法上一般需要分别解决立嘱能力、遗嘱方式、遗嘱的解释、遗嘱的撤销和遗嘱的实质效力等问题的准据法。结合上述本案问题的识别，可以确定本案需要重点审查的是遗嘱实质效力的准据法。

（一）我国涉外遗嘱继承法律适用的规定

我国最早涉及遗产继承的法律规定集中在《中华人民共和国继承法》（1985年4月10日颁布）中，其第三十六条第二款[①]对动产与不动产的准据法作了规定，但没有区分“涉外的法定继承”与“涉外的遗嘱继承”。随着立法的完善，对于涉外民事法律关系的冲突规范便集中在《中华人民共和国民法通则》（1986年4月12日颁布）第八章涉外民事关系的法律适用中。其中第一百四十九条[②]的规定明确了不动产遗产的“法定继承”适用不动产所在地法律，但对遗嘱继承未有提及。之后《中华人民共和国涉外民事关系法律适用法》（2010年10月28日颁布）颁布施行之日起，依据新法优于旧法的法律适用原则，该法成为我国处理涉外民事关系、处理涉外继承案件的特别法律适用规范。其中第五十一条[③]明确了该法优先于《中华人民共和国继承法》第三十六条和《中华人民共和国民法通则》第一百四十六条、第一百四十七条的规定适用。第三十一条延续了《中华人民共和国民法通则》第一百四十九条的表述，但仍未涉及不动产的遗嘱继承的法律适用。本案中被继承人所留遗产既涉及动产，亦涉及不动产，且为遗嘱继承。鉴于此，结合《中华人民共和国涉

---

① 《中华人民共和国继承法》第三十六条第二款：“外国人继承在中华人民共和国境内的遗产或者继承在中华人民共和国境外的中国公民的遗产，动产适用被继承人住所地法律，不动产适用不动产所在地法律。”

② 《中华人民共和国民法通则》第一百四十九条：“遗产的法定继承，动产适用被继承人死亡时住所地法律，不动产适用不动产所在地法律。”

③ 《中华人民共和国涉外民事关系法律适用法》第五十一条：“《中华人民共和国民法通则》第一百四十六条、第一百四十七条，《中华人民共和国继承法》第三十六条，与本法的规定不一致的，适用本法。”

外民事关系法律适用法》第十二条[①]、第三十二条[②]、第三十三条[③]之规定，笔者理解我国对涉外遗嘱继承采用不区分动产与不动产的“统一主义”，即不以不动产所在地为不动产遗嘱的准据法，而是将准据法统一于属人法或被继承人本国法，或为被继承人经常居住地法或惯常住所地法。本案中被继承人吴父、赵母立遗嘱时及死亡时经常居住地均为澳大利亚新南威尔士州，故本案应适用的准据法为该地法律。

（二）外国法的查明

一般而言，外国法的查明方法包括三种：一是由当事人举证证明，又称为“听讯原则”；二是法官依职权查明，无须当事人举证，也称为“调查原则”；三是法官依职权查明，但当事人亦负有协助的义务。当经过一切可能的方法和途径，仍不能查明外国法的内容时，关于法律适用的解决方法亦有多种主张[④]。我国涉及外国法查明的法律主要规定于《中华人民共和国涉外民事关系法律适用法》第十条“涉外民事关系适用的外国法律，由人民法院、仲裁机构或者行政机关查明。当事人选择适用外国法律的，应当提供该国法律。不能查明外国法律或者该国法律没有规定的，适用中华人民共和国法律”；最高人民法院《关于适用〈中华人民共和国涉外民事关系法律适用法〉若干问题的解释（一）》第十七条“人民法院通过由当事人提供、已对中华人民共和国生效的国际条约规定的途径、中外法律专家提供等合理途径仍不能获得外国法律的，可以认定为不能查明外国法律”；最高人民法院《关于贯彻执行〈中华人民共和国民法通则〉若干问题的意见（试行）》第一百九十三条“对于应当适用的外国法律，可通过下列途径查明：（1）由当事人提供；（2）由与我国订立司法协助协定的缔约对方的中央机关提供；（3）由我国驻该国使

---

① 《中华人民共和国涉外民事关系法律适用法》第十二条：“自然人的民事行为能力，适用经常居所地法律。自然人从事民事活动，依照经常居所地法律为无民事行为能力，依照行为地法律为有民事行为能力的，适用行为地法律，但涉及婚姻家庭、继承的除外。”

② 《中华人民共和国涉外民事关系法律适用法》第三十二条：“遗嘱方式，符合遗嘱人立遗嘱时或者死亡时经常居所地法律、国籍国法律或者遗嘱行为地法律的，遗嘱均为成立。”

③ 《中华人民共和国涉外民事关系法律适用法》第三十三条：“遗嘱效力，适用遗嘱人立遗嘱时或者死亡时经常居所地法律或者国籍国法律。”

④ 外国法不能查明时的法律适用主张有：（1）直接适用内国法；（2）推定外国法与内国法相同；（3）驳回当事人的诉讼请求或抗辩；（4）适用与本应适用的外国法相似的法律；（5）适用一般法理或者一般法律原则；（6）适用辅助性连结点再次选择准据法；（7）适用与当事人有最密切联系的国家的法律。

领馆提供；（4）由该国驻我国使馆提供；（5）由中外法律专家提供。通过以上途径仍不能查明的，适用中华人民共和国法律”等规定中。本案中法院确定应适用的准据法为澳大利亚新南威尔士州相关法律，当事人向法院提供经公证认证的外国法律文件，因当事人提供外国法律可作为法院查明外国法的一种方式，经法庭询问双方当事人对该法律文件的真实性并无异议，故本案由当事人提供外国法，法院予以认定。

（三）外国法的适用

《中华人民共和国涉外民事关系法律适用法》第六条规定，涉外民事关系适用外国法律，该国不同区域实施不同法律的，适用与该涉外民事关系有最密切联系区域的法律。澳大利亚各州有不同的法律体系，因吴父、赵母居住地、死亡地均为澳大利亚新南威尔士州，故确定最密切联系区域的法律为新南威尔士州继承法律规范。我国《涉外民事关系法律适用法》第九条规定涉外民事关系适用的外国法律，不包括该国的法律适用法，从而否定了国际私法中的“反致”或“转致”制度。故本案应依据吴乙向法院提交的经公证认证的澳大利亚新南威尔士州《继承法》对该实体法进行认定。

三、本案遗嘱的效力

遗嘱的效力，是指遗嘱人设立的遗嘱所发生的法律后果。遗嘱作为一种单方民事法律行为，只要有遗嘱人单独的意思表示就可以成立，但成立的遗嘱并不一定就能发生遗嘱人预期的法律后果，即未必有法律效果①。只有具备法律规定的条件，才能有效地发生法律效力。也只有有效的遗嘱，才能被执行，才能使遗嘱人的意愿得以充分、完全地实现。在上述确定本案应适用的准据法后，法院查明澳大利亚新南威尔士州《继承法》第四条规定：“（1）个人可以通过遗嘱处置在其死亡时遗留的财产。（2）无论签署遗嘱时，个人是否享有财产权利，第（1）款均适用。（3）个人可通过遗嘱来处置其个人代表在其本人死亡后以个人代表身份享有的财产。（4）无论应享权利是否在个人死亡之日存在，第（3）款均适用。（5）个人不得通过遗嘱来处置其本人在死亡时作为受托人身份持有的财产。”具体到本案中，被继承人吴父、赵母虽然在订立遗嘱时尚未取得涉案房屋的产权，但依据上述法条的规定，无论签署遗嘱时，个人是否享有财产权利，均可以通过遗嘱来处理，因此吴父、赵母所立遗嘱对中国境内的涉案房屋及其他财产具有效力。

---

① 郭明瑞、房绍坤主编：《继承法》，法律出版社2004年版，第153页。

四、处理涉外遗嘱继承纠纷时可遵循的审判思路

本案系一起较为典型的涉外遗嘱继承纠纷，可从中大致归纳以下审判思路。

第一步，识别案件争议问题。涉外遗嘱继承案件往往涉及人身、财产等多种法律关系，因此首先需要在纷繁复杂的法律关系中抽丝剥茧，识别出最核心的问题，从而确定下一步应适用何种冲突规范。这一步类似于日常审判中归纳争议焦点。第二步，确定准据法。依据上述识别的争议问题确定案件所应适用的准据法。遗嘱能力、遗嘱形式、遗嘱内容、遗嘱效力等不同问题所对应的准据法可能并不相同。因此需对应上述问题确定应适用我国法律还是外国法律。第三步，法律查明。若根据第二步，最终适用我国法律为准据法则相对容易，在此不再赘述。若最终适用外国法，则可依据我国最高人民法院《关于贯彻执行〈中华人民共和国民法通则〉若干问题的意见（试行）》第一百九十三条、《中华人民共和国涉外民事关系法律适用法》第十条、最高人民法院《关于适用〈中华人民共和国涉外民事关系法律适用法〉若干问题的解释（一）》第十七条等规定对外国法进行查明。第四步，法律适用。如上所述，对最终适用我国法律的情形不再赘述。在适用外国法时，应注意我国不承认“转致”或“反致”，因此不适用外国的法律适用法。第五步，解决案件争议问题。在上述确定准据法、查明相关法律后，接下来需要法官结合个案具体情形，准确适用法律，对案件作出整体认定。

编写人：北京市第一中级人民法院　王国庆　方硕

47

遗嘱信托的效力认定规则及处理方式

——李某诉钦某、李某今遗嘱继承案

【案件基本信息】

1. 裁判书字号

上海市静安区人民法院（2019）沪02民终1307号民事判决书

2. 案由：遗嘱继承纠纷

3. 当事人

原告（上诉人）：李某

被告（上诉人）：钦某（系李某今之母）、李某今

第三人：李某甲、李某乙、李某丙

【基本案情】

1980年4月2日，被继承人李某丁与案外人李某莉登记结婚。婚后二人育有一女，即本案原告李某。2006年，李某丁与被告钦某生育被告李某今。2012年5月28日，李某莉向法院起诉离婚。2012年11月3日，李某丁与被告钦某又生育一女，取名李某佳。2013年2月16日，李某丁与李某莉经法院判决离婚。2013年9月5日，李某丁与被告钦某登记结婚。2015年5月30日，李某佳死亡。2015年8月11日，李某丁因病在上海瑞金医院过世。过世前，李某丁于2015年8月1日写下亲笔遗嘱一份，内容如下：（一）财产总计：1. 元普投资500万元（月月盈）招商证券托管；2. 上海银行易精灵及招商证券约500万元；3. 金家巷、青浦练塘前进街、海口房产各一套。（二）财产处理：1. 在上海再购买三房两厅房产一套，该房购买价约650万元左右，只传承给下一代，永久不得出售（现有三套房产可出售，出售的所得并入李某丁家族基金会，不出售则收租金）；2. 剩余350万元资金及房产出售款项约400万元和650万元房屋和其他资产约1400万元，成立“李某丁家族基金会”管理。（三）财产使用：妻子钦某、女儿李某今每月可领取生活费一万元整（现房租金5000元，再领现金5000元），所有医疗费全部报销，买房之前的房租全额领取。李某今国内学费全报。每年钦某、李某甲、李某乙、李某丙各从基金会领取管理费一万元。妻儿、三兄妹医疗费自费部分报销一半（住院大病）。（四）财产管理：由钦某、李某甲、李某乙、李某丙共同负责。新购650万元房产钦某、李某今、李某均有权居住，但不居住者，不能向居住者收取租金。

李某丁曾于2014年11月23日写下自书遗嘱一份，其中提及设立“李某丁家族信托基金会”。

李某丁过世时，钦某及李某丁名下财产中夫妻共同财产部分的价值为人民币8542396.42元及8876.03美元（含李某丁名下有价证券、理财产品、外汇以及第三人处为李某丁办丧事的余款）。另有海口房屋一套及三菱汽车一辆，系李某丁婚前

48

已故被继承人立遗嘱时行为能力确认规则

——隗乙诉侯甲继承案

【案件基本信息】

1. 裁判书字号

北京市第三中级人民法院（2019）京03民终5586号民事判决书

2. 案由：继承纠纷

3. 当事人

原告（被上诉人）：隗乙

被告（上诉人）：侯甲

【基本案情】

被继承人周某某与侯乙系夫妻，二人育有子女侯丙及被告侯甲，原告为侯丙之女。侯乙、周某某分别于1996年6月19日、2016年1月28日死亡。2004年1月18日，侯丙死亡。

位于北京市朝阳区劲松×号房屋（以下简称涉案房屋）登记在周某某名下，评估价为367.41万元。周某某名下中国工商银行、北京银行账户留有存款，存折及存单均由被告持有。原告诉称，自母亲侯丙去世后，原告一直与侯甲共同照顾周某某。周某某去世后，原告与被告共同享有继承权。故要求分割涉案房屋及银行存款。被告辩称，房子和存款与原告无关。

被告提交周某某所立《遗嘱》一份，主要内容为侯甲出资购房并装修，周某某去世后，涉案房屋由侯甲继承。该遗嘱落款为“立遗嘱人周某某2001年12月19日”。原告不认可该遗嘱真实性。经释明，双方均不申请笔迹鉴定。

经查，周某某曾被诊断患有精神分裂症，并多次住院治疗。其住院病历载明“意识清醒，情志低下，表情呆滞，生活懒散……对思维内容不肯暴露”“意识清楚、定向力完整”“意识清晰，定向力可，多人强制步入病房，兴奋、话多，冲动、接触差，步态欠稳，存在言语性幻听，异常思维内容；情绪不稳，自诉情绪低落……拒绝接受检查治疗，无自知力。出院时……仍存在妄想内容，情感尚协调，无自知力”。

此外，就另案周某某诉被告返还原物一案，本院曾委托中国法医学会司法鉴定中心对周某某的民事行为能力及诉讼行为能力进行鉴定。鉴定中心出具《法医精神病学鉴定意见书》，鉴定意见为：周某某系精神分裂症偏执型患者，目前仍处于疾病进展期，评定为限制民事行为能力，对该案无诉讼能力。

庭审中，关于周某某生前精神及身体状态一节，原告自述“忽好忽坏……她需要吃药维持精神状态。我和被告一起曾经偷偷将药放在水里面让她吃”。被告自述“只要按时吃药，精神状态就非常好。我感冒发烧不能照顾母亲的时候，让原告给我母亲在水里打过药”。

【案件焦点】

1. 被继承人周某某行为能力有无瑕疵，所订遗嘱是否有效；2. 被继承人周某某遗产应如何分配。

【法院裁判要旨】

北京市朝阳区人民法院经审理认为：根据周某某的门诊病历及鉴定报告所示，其因精神分裂症多次入院治疗，出院后，周某某未能坚持服用抗精神病药物治疗，病情不稳定，结合本案双方对周某某精神状态的自述，能够形成较为完整的证据链佐证原告的主张，故本院对于原告的主张予以采信。对于周某某所立遗嘱的效力，本院不予确认。关于被告所述涉案房屋由其购买，其并未就此提交充分证据予以佐证，本院不予支持。综上，涉案房屋及存款均应作为周某某的遗产由原被告双方予以继承。结合本案查明的事实，可以认定被告对周某某尽到了较多的赡养义务，因此对其遗产应予多分。鉴于涉案房屋由被告实际居住、相关存单原件均由被告持有，本院认为，涉案房屋及存款归被告所有为宜，由被告给付原告相应补偿款项。综上所述，依照《中华人民共和国继承法》之规定，判决涉案房屋及名下存款由侯甲继承，侯甲给付隗乙相应补偿款。

侯甲不服一审判决，提出上诉。北京市第三中级人民法院经审理认为：关于被继承人周某某订立的遗嘱是否有效一节。法律规定，无行为能力人或者限制行为能力人所立的遗嘱无效，遗嘱人立遗嘱时必须有行为能力。周某某自 1969 年开始即有精神分裂症状，系慢性精神分裂症患者，病程达数十年，曾间断在精神病医院门诊或住院治疗，未能坚持服用抗精神病药物治疗，病情不稳定，故 2012 年 11 月 9 日的鉴定意见认为周某某目前仍处于疾病进展期，评定其为限制民事行为能力人。侯甲主张周某某在订立遗嘱时具有完全民事行为能力，但其提交的证据不足以证明其该项主张。综合上述情况，本院认为，周某某患有精神分裂症数年且病情多次反复，在无充分有效的证据证明周某某在订立遗嘱时具有完全民事行为能力的情况下，一审法院对于周某某所立遗嘱的效力不予确定并无不当。侯甲的上诉请求不能成立，应予驳回；一审判决认定事实清楚，适用法律正确，应予维持。依照《中华人民共和国民事诉讼法》的规定，判决：

驳回上诉，维持原判。

【法官后语】

设立遗嘱属于无相对人的单方法律行为，于意思表示完成时成立。因意思能力是行为能力的内核，行为能力瑕疵者所立遗嘱应属无效。被继承人订立遗嘱时有无行为能力是判断遗嘱效力的重要标准。对于已故被继承人，因其所立遗嘱的效力直接影响继承人的合法权益，故对其行为能力是否存在瑕疵的判断更应谨慎。确定已故被继承人民事行为能力是否存在瑕疵，应以客观判断依据为主、以主观判断依据为辅、主客观依据相统一，以达到证明标准。

一、以客观判断依据为主

客观判断依据主要指案件中的被继承人生前鉴定意见、门诊病历等具有科学性、专业性、客观性的证据。首先，应以鉴定意见作为基础性判断标准，考虑精神疾病是否具有持续状态。关于有无精神疾病的判断必须参考医学上的具体指标，即使被继承人已经去世，但其在生前可能因为另诉或其他事由进行过司法精神病学鉴定，法官应根据该鉴定意见的表述对被继承人精神障碍的严重程度，特别是对精神障碍的“持续性”进行初步判断，以对被继承人订立遗嘱时的行为能力进行初步的合理性推测。本案中，由于被继承人生前与本案被告有过纠纷，在 2012 年诉讼时曾对其民事行为能力及诉讼行为能力进行鉴定，鉴定机构认为被继承人患精神分裂症偏执型且仍处于疾病进展期，应属限制民事行为能力人。根据鉴定意见中“进展期”的表述，可合理推定该精神疾病具有持续性，极有可能反复发作并病情加重，且根据鉴定意见表述可知被继承人对事物的实质性分析、判断理解能力均存在欠缺，无法自主做出主客观相一致的意思表达，不能完全辨认自己的行为，以上结论对本案而言仍有一定参考价值。其次，关于门诊病历、病史资料等诊断材料，应注重诊断日期。订立遗嘱前后的精神状态应作为判断行为能力的辅助标准，特别是针对精神病持续存在的患者而言。本案中，被继承人于2001年订立遗嘱，根据病历材料，在2001年前后被继承人均因患有精神分裂症多次入院治疗，且病历多次载明被继承人存在妄想内容、无自知力等表现，结合上述鉴定意见可合理推测被继承人在订立遗嘱时不具有完全民事行为能力。

二、以主观判断依据为辅

主观判断依据主要是指案件当事人关于被继承人精神状态的相关陈述等。在类似案件中因无法启动鉴定，故对被继承人行为能力的判断还应询问案件当事人对被继承人精神状态的意见，以做出更为全面严谨的结论。《最高人民法院关于贯彻执行〈中华人民共和国民法通则〉若干问题的意见（试行）》第七条规定：“……在不具备诊断、鉴定条件的情况下，也可以参照群众公认的当事人的精神状态认定，但应以利害关系人没有异议为限。”此法条虽提出可参照群众公认的当事人的精神状态认定，但对如何获取该群众意见、以何种形式呈现等细节问题并未规定，在司法实务中也较少出现此种形式，而笔者认为在继承纠纷中，实质上只需征询案件当事人的意见即可，原因有二：一是继承遗产纠纷所涉利益仅与案件当事人相关。只要案件当事人关于精神状态的表述一致且无异议，就应当予以认定。二是继承纠纷当事人一般与被继承人接触较多，对被继承人的精神状态更为了解，其表述具有较高可信度。在本案中，继承人范围仅包括原告和被告，原被告对被继承人的精神状态表述是一致的，即均认为被继承人需要吃药才能维持精神状态，故按照当事人的自述，被继承人的确患有精神疾病且易反复发作，与多次住院的事实相符，其行为能力存在瑕疵。

三、主客观依据相统一

为了最大限度查明遗嘱意愿的真实性，法院应在参照精神医学鉴定结果的基础上，综合其他调查结果，作出最终判断。在此过程中，应综合全案证据，按照“主客观相统一”的规则，即鉴定意见、门诊病历等客观判断依据中关于精神状态、行为能力的表述应当和当事人自述保持一致，双方当事人之间的自述也应当保持一致，形成环环相扣、相互印证的完整可用的证据链，以达到民事诉讼中“高度盖然性”证明标准。本案中，被告主张按遗嘱进行分配，原告主张被继承人行为能力欠缺，遗嘱并非其真实意思表示，并提交鉴定意见、门诊病历等证据证明，而被告仅有证人证言等予以反驳，证明力较小，应承担举证不能的不利后果。综上，被继承人行为能力欠缺事实已有充分证据佐证，对该事实法官的内心确信已经达到了“高度盖然性”的证明标准，应认定被继承人所订立遗嘱无效，本案依照法定继承处理。

因继承纠纷多发生于被继承人去世后，在不具备鉴定条件的情况下如何确定遗嘱效力是重点问题。通过结合理论和审判实务，本案对被继承人行为能力的判断提供了步骤清晰、具体可行的裁判思路，即以客观判断依据为主，以主观判断依据为辅，遵循“主客观相统一”规则且满足“高度盖然性”的证明标准。此种裁判思路可最大限度查明遗嘱意愿的真实性，保障继承人的合法权益，对今后类似案件的裁判具有一定的参考价值。

编写人：北京市朝阳区人民法院　贾宜臻　王乐

49

养子女与生父母之间的权利义务关系因收养关系的成立而解除

——张某甲诉张某乙等遗嘱继承案

【案件基本信息】

1. 裁判书字号

山东省淄博市中级人民法院（2019）鲁03民终3861号民事判决书

2. 案由：遗嘱继承纠纷

3. 当事人

原告（反诉被告、被上诉人）：张某甲

被告（反诉原告、上诉人）：张某乙

被告（反诉被告、被上诉人）：张某丙、张某丁

第三人（反诉原告、上诉人）：徐某某

【基本案情】

张某乙、徐某某、张某甲、张某丙、张某丁系兄弟姐妹，亲生父亲为被继承人张某戊，张某戊与妻子（生母）已经离婚，徐某某在收养法施行前已过继给其姑母、姑父，与姑母、姑父二人一起生活。2019年3月至4月，张某戊患病。7月7日，张某戊在陈某某、顾某某的见证下，立下一份遗嘱，由顾某某在张某甲家中用打印机打印。其中遗嘱第2条写明：1. 立遗嘱人于2001年3月取得位于山东省淄博市淄川区吉祥路A室房屋产权，房屋建筑面积88.64平方米；2. 因本人目前由女儿张某甲独自赡养，故自愿将该房屋产权全部赠与女儿张某甲个人，与其他人无关。立遗嘱人：张某戊；见证人：陈某某；执行人：顾某某。张某戊、陈某某、顾某某均在遗嘱上签名、摁手印，被继承人张某戊于同年7月13日因病死亡。

【案件焦点】

1. 被继承人张某戊所立遗嘱是否有效；2. 徐某某对张某戊的遗产是否享有相应的继承权。

【法院裁判要旨】

山东省淄博市淄川区人民法院经审理认为：徐某某与其姑母、姑父的关系，因在《中华人民共和国收养法》（以下简称收养法）施行前已经建立，根据法不溯及既往的原则，徐某某与其姑母、姑父的收养关系手续，不受该法约束。故，徐某某与其姑母、姑父之间的收养关系成立。根据收养法相关规定，养子女与生父母及其他近亲属间的权利义务关系，因收养关系的成立而消除。故徐某某与张某戊之间的权利义务关系消除。徐某某对张某戊的遗产没有继承权。

根据《中华人民共和国继承法》（以下简称继承法）关于代书遗嘱的规定及张某丙、张某丁陈述的其父生前的意愿及状况以及张某甲提供的录像，能够证明：1. 张某戊在立遗嘱时具有完全民事行为能力；2. 张某戊明确表示把涉案房产给予张某甲；3. 遗嘱内容是张某戊真实的意思表示，其表达的内容完整、清晰；4. 见证人

顾某某、陈某某在场见证。顾某某的签字位置虽然是在“执行人”处，但是顾某某见证了遗嘱的形成过程，也符合见证人必须具备的条件。张某戊所立遗嘱合法有效，应认定为有效遗嘱。各方当事人应当尊重逝者遗愿，按照遗嘱的内容执行。据此，一审判决：一、被继承人张某戊于2019年7月7日签署的遗嘱合法有效；二、被继承人张某戊的遗产：位于淄川区吉祥路A室房产由张某甲继承所有；三、张某乙、张某丙、张某丁协助张某甲办理张某戊名下位于淄川区吉祥路A室房产的过户手续；四、驳回张某乙、徐某某的反诉请求。

张某乙、徐某某持原审起诉意见提起上诉。山东省淄博市中级人民法院经审理认为：徐某某自述三四岁时跟随姑父、姑母生活，14岁将户口迁至其姑父、姑母户口并改名徐某某，15岁回到亲生父母身边开始工作，因此徐某某自小与其姑父、姑母长期共同生活直至其参加工作能够独立生活，双方之间形成了养父母子女之间的权利义务关系，一审判决对该事实认定正确，予以确认。徐某某虽然主张其跟随姑父、姑母生活是为了照顾多病的姑母，但这与徐某某的年龄、能力明显不符，对此不予采信。养子女与生父母之间的权利义务关系因收养关系的成立而解除，因此徐某某对于其生父张某戊不再享有继承权。徐某某主张在张某戊去世前的几年内对张某戊尽到了较多的赡养义务，但未提交有效证据证实，其他多数继承人对此也不认可，即使存在该事实，徐某某的该项主张也是在法定继承情形下的遗产处置，涉案遗嘱符合继承法关于代书遗嘱的构成要件，合法有效。综上所述，张某乙、徐某某的上诉请求不能成立，应予驳回。据此，二审判决：驳回上诉，维持原判。

【法官后语】

本案主要涉及养子女与生父母之间权利义务关系的正确认定问题。即收养关系成立后，养子女与生父母之间的权利义务关系是否仍然存在。

从血缘来看，子女与其生父母之间的血缘关系不能因收养而改变，但收养的法律效力与血缘关系是不同的概念。对此问题予以正确理解和认定，需要对收养的法律效力具有清晰的认识。收养的效力，是指收养行为对于养子女和养父母之间的权利义务关系产生的法律后果。在收养行为生效之后，一般会产生以下几个方面的法律后果：

第一，养父母及其近亲属与养子女之间产生拟制的直系血亲关系。收养法第二十三条第一款规定："自收养关系成立之日起，养父母与养子女间的权利义务关系，适用法律关于父母子女关系的规定；养子女与养父母的近亲属间的权利义务关系，适用法律关于子女与父母的近亲属关系的规定。"根据这一规定，自收养关系成立之日起，收养人与被收养人之间就形成法律拟制的直系血亲关系，养子女从此取得了与婚生子女完全相同的法律地位。根据我国婚姻法、收养法、继承法等有关法律的规定，养子女和养父母之间的权利和义务主要有：1. 养父母有抚养教育养子女的义务，养子女有对养父母赡养的义务；2. 养子女可以随父姓，也可以随母姓，经当事人协商一致，也可以保留原姓；3. 养父母有管教和保护未成年养子女的权利和义务；4. 养子女和养父母互为第一顺序的继承人。此外，养子女与养父母的近亲属之间也产生法律拟制的近亲属的关系，即子女与祖父母、外祖父母、孙子女、外孙子女、兄弟、姐妹之间的权利和义务同样对养子女适用。比如，养子女与养祖父关系形成后，养子女即可以与其他兄弟姐妹一样，作为第二顺序的法定继承人，继承养祖父的财产。

第二，养子女与生父母以及近亲属间的权利和义务关系消除。收养法第二十三条第二款规定："养子女与生父母及其他近亲属间的权利义务关系，因收养关系的成立而消除。"根据这一规定，自收养关系成立之日起，养子女与生父母之间的父母子女关系消除，而且其效力涉及养子女与其祖父母、外祖父母及兄弟姐妹关系的消除。这样规定的原因在于维护收养关系的稳定，因为，如果收养关系成立之后还是保留原有的家庭关系，那么不利于养子女在新的生活环境中与养父母及其近亲属建立起和睦和亲密的家庭关系，因此法律作了这一规定。

由此不难看出，对于养子女与生父母之间的权利义务关系而言，在收养关系成立后，养子女与生父母之间的权利义务关系依法因收养关系的成立而解除。也就是说，虽然养子女与其生父母之间的血缘关系不可能因为收养而改变，但二者之间在法律上的权利义务依法发生上述改变。因此，本案中徐某某与生父母之间权利义务关系已经因收养关系成立而消除，故徐某某不享有对其生父母遗产的继承权。

编写人：山东省淄博市中级人民法院　荣明潇　杨富元

山东省淄博市博山区人民法院　刘盛炅

50

夫妻共同遗嘱效力认定与变更权的行使

——杨某秀诉杨某等遗赠案

【案件基本信息】

1. 裁判书字号

江苏省盐城市中级人民法院（2019）苏09民终4085号民事判决书

2. 案由：遗赠纠纷

3. 当事人

原告（被上诉人）：杨某秀

被告：杨某

被告（上诉人）：陈某铌、陈甲

【基本案情】

2013年，杨某秀和其丈夫陈某虎共同立下遗嘱，其中有如下内容：现有京华苑房屋，待我们俩去世后赠与三个孙子（女）。2014年陈某虎死亡，后杨某秀向法院起诉，要求判令京华苑房屋及外地另外两套房屋归其所有。因京华苑房屋为夫妻二人共同立遗嘱赠与三个孙子（女），陈某虎虽然死亡，但杨某秀尚在，受遗赠的条件尚不成就，故法院对京华苑房屋未作分割。之后，杨某秀又起诉至一审法院，要求撤销共同遗嘱中将京华苑房屋遗赠给三个孙子（女）的内容。

【案件焦点】

1. 在我国继承法没有明确规定的情形下，是否应当认可夫妻共同遗嘱的效力；2. 共同遗嘱在夫妻一方死亡后，在世另一方能否任意变更遗嘱内容。

【法院裁判要旨】

江苏省滨海县人民法院一审审理认为：京华苑房屋是原告杨某秀和其丈夫陈

某虎的夫妻共同财产，夫妻双方享有平等的处分权，处分权行使的效力及于财产的全部。根据2013年的遗嘱，涉案房屋在杨某秀、陈某虎去世后遗赠给杨某、陈某铌、陈甲，陈某虎已经于2014年死亡，仍然健在的杨某秀作为夫妻共同财产的所有权人，有撤销遗赠协议的权利，其撤销行为的效力亦及于共同财产的全部。

滨海县人民法院作出判决：撤销将京华苑房屋遗赠给杨某、陈某铌、陈甲三人的遗赠协议。

陈某铌、陈甲不服上诉。盐城市中级人民法院经审理认为：虽然我国继承法并没有共同遗嘱的相关规定，但共同遗嘱实质上反映了共同遗嘱人对生前以及死后财产作出处分的一种合意，体现了当事人意思自治和对自身民事权利的自由处分基本原则，也符合父母双亡后子女才去分割处理父母财产的传统继承习惯，应当认可共同遗嘱效力。涉案共同遗嘱属于有效的自书共同遗嘱。共同遗嘱人一方先死亡时，属于该遗嘱人的财产份额即发生继承，生存方仅可变更、撤销涉及其个人财产部分的遗嘱内容，但共同遗嘱内容存在相互牵连、不可分割情形，且变更、撤销行为违背共同遗嘱人共同意思表示的除外。本案中，陈某虎在订立遗嘱至去世时，并未更改遗嘱内容，故上述房屋中属于陈某虎个人的财产份额即发生继承。现杨某秀主张撤销该共同遗嘱中关于京华苑房屋的遗赠，既违背了共同遗赠人陈某虎生前的真实意思表示，亦因房屋中属于陈某虎个人财产份额已发生继承而无法撤销。但该共同遗嘱中遗赠的内容并不存在相互牵连、不可分割情形，且并未明确遗赠部分内容不可撤销，故杨某秀作为仍健在的遗嘱人，有权撤销变更该共同遗嘱中属于自己财产份额部分的遗赠内容。

江苏省盐城市中级人民法院作出判决：

一、撤销一审判决；

二、撤销陈某虎、杨某秀订立的共同遗嘱中杨某秀将京华苑房屋享有份额（房屋产权一半）遗赠给杨某、陈某铌、陈甲的内容；

三、驳回杨某秀的其他诉讼请求。

【法官后语】

有关夫妻共同遗嘱的内容，继承法、婚姻法及《民法典》均未规定，实践中因此类案件引发的纠纷不在少数，因此有必要就夫妻共同遗嘱的效力等问题进行论证分析。

一、夫妻共同遗嘱的一般法律效力

司法实践中，对夫妻共同遗嘱的效力问题存在较大争议，尚未形成统一的处理标准。目前存在肯定说和否定说两种截然不同的观点。笔者基于遗嘱继承纠纷的裁判效果，主张在当前司法实践层面，认可夫妻共同遗嘱的法律效力符合遗嘱继承的基本法理，应当认可夫妻共同遗嘱的法律效力。理由如下：

1. 认可夫妻共同遗嘱效力体现了私法自治的原则。遗嘱继承属于私法调整的范畴，因此，夫妻共同遗嘱只要反映夫妻真实的共同意思表示，处分其有权处分的财产，且完全不涉及对外交易安全和交易规则，应当认可其效力，不应过度关注其行为方式。

2. 夫妻共同遗嘱符合遗嘱单方法律行为的特性。笔者认为，单方法律行为中的单方并非仅限单人，单方法律行为的核心在于依据意思表示作出方的意志行为即可发生法律效果，不需要与相对方的意思表示取得一致，在意思表示作出方多人且意思表示一致的情形下，仍为单方法律行为。夫妻共同遗嘱中，夫妻作为订立遗嘱一方是一个整体，对外而言，这一整体作出的处理其财产的意思表示不需要有相对人进行领受，所以满足单方法律行为构成要件。因此，夫妻共同遗嘱并未发生性质上的变化，仍属于继承法中的遗嘱。

二、夫妻共同遗嘱的生效要件

在认可夫妻共同遗嘱的一般法律效力的基础上，还应明确夫妻共同遗嘱具备现实法律效力的要件。笔者认为，夫妻共同遗嘱的生效要件可参照民法典关于单独遗嘱的生效要件规定处理，但在具体形式要件上应有所区别。

在实质要件上，夫妻共同遗嘱主要应满足以下几个要件：订立共同遗嘱的夫妻均有民事行为能力；必须是夫妻的真实意思；在共同财产范围内处分财产；共同遗嘱没有剥夺应当有特留份的继承者的权利。

在形式要件上，共同遗嘱可采取公证、自书、代书、打印以及录像等形式作出，并由各共同立遗嘱人签字或在录像中记录其姓名。其中，自书形式考虑到共同亲笔书写客观无法实现，只要一方亲笔书写遗嘱内容后经双方均签名并写明日期，即可认定满足形式生效要件。

三、夫妻共同遗嘱的变更

1. 是否享有任意变更权

夫妻共同遗嘱中，因订立主体为复数致使遗嘱自由与契约遵守原则之间存在一定的冲突，加之发生继承效力时间点复杂多样，故是否认可遗嘱人享有任意变更权，在理论界和实务界均存在不同意见。

笔者认为，当前司法裁判中应当优先体现遗嘱自由的基本原则，以认可夫妻共同遗嘱的订立人享有遗嘱任意变更权为原则，特殊情形为例外。具体理由如下：

首先，每个人只有权为自己个人财产的继承设立遗嘱，无权处分他人财产。夫妻共同遗嘱是以个人单独遗嘱意思表示的一致性为前提，遗嘱所处分的共同财产实为夫妻个人财产份额的集合。因此，共同遗嘱以个人单独遗嘱自由为基础，失去了这一基础，共同遗嘱的正当性就不复存在。

其次，任意变更权的行使不会造成不良后果。根据民法典第一千一百四十二条规定，遗嘱人可以撤销变更所立遗嘱。夫妻共同遗嘱仅是遗嘱的一种特殊形式，被任意撤销并不损害外部继承人或受遗赠人的合理预期，仅可能影响共同财产最终继承的完整性。同时，夫妻共同遗嘱仅是为意愿一致的当事人提供一种更好处理共同财产的选择方式，这种方式本身就是任意、可选择的，而非强制、唯一的。

但如夫妻一方已先去世，存在以下情形应当对任意变更权作出必要限制：一是遗嘱中明确含有保持继承财产完整性意思表示内容的，如将共有房产指定给没有住房或生活较为困难的子女继承用于居住生活；二是遗嘱中明确约定不可单方变更的。前者中指定继承的财产多半含有特定性或保障性用途，指定继承主要目的并非单纯增加继承人或受遗赠人经济利益，属于遗产不可分割情形；后者中夫妻之间共同遵守的契约已承载有具体明确的义务内容，表明夫妻双方均已经同意放弃遗嘱自由的权利。上述情形下，如仍赋予在世一方任意变更权，不仅明显违反夫妻双方关于遗产安排的真实意思表示，而且不符合诚实信用、等价公平的民法原则。当然，如继承人或受遗赠人出现民法典第一千一百二十五条关于丧失继承权法定事项时，在世一方遗嘱人的任意变更权应不受限制，以体现对在世一方遗嘱人合法权益的充分保障。

2. 任意变更权的范围与效果

无论夫妻一方是否先已去世，遗嘱人仅可变更属于自身财产份额部分的遗嘱内容，在未得到另一方同意的情形下，无权变更遗嘱中有关另一方财产份额的处分内容。因此，在前述案例中，一审判决将整个房产遗赠内容全部撤销显然不当，更何况在夫妻一方先已去世的情形下，先去世一方的房产份额业已发生继承，故二审予以纠正并改判撤销在世一方自己房产份额部分的遗赠内容无疑是正确的。

夫妻一方变更共同遗嘱后，该共同遗嘱内容因失去了遗嘱人意思表示的一致性，进而导致财产处分的关联性丧失，共同遗嘱失去了原来的财产整体继承效果。如上所述，在夫妻未去世一方对共同遗嘱变更情形下，因去世方财产份额部分已发生继承，故共同遗嘱部分失效。那么夫妻双方均在世且未变更一方未重新立下新遗嘱的情形下，该共同遗嘱是全部失效还是部分失效呢，也即未变更一方的财产份额是按照法定继承处理还是仍按照该共同遗嘱中未变更的内容处理？笔者认为应按照共同遗嘱未变更的内容处理，不发生法定继承。理由是：共同遗嘱的变更行为仅导致共同财产继承的完整性丧失，但共同遗嘱中一方遗嘱人如何处分自身财产份额的意思表示明确具体，即共同遗嘱中已包含了其如何处分自身财产份额的内容，而只要此部分内容未发生变动，就可以按照单独遗嘱对待处理。

3. 任意变更权的行使方式

考虑到夫妻一方先去世情形下遗嘱任意变更权存在不可撤销情形，且涉及已去世一方意思表示的理解，容易引发争议，故笔者主张结合前述形成诉权的特性，可以参照民法典第一百四十七条至第一百五十一条关于合同撤销权的规定，由当事人通过向人民法院起诉要求变更的方式行使任意变更权。一方面，可以督促当事人慎重行使权利；另一方面，能够确保共同财产后续处置行为的稳定性和合法性，避免引发不必要的财产分割纠纷争议。但在夫妻均在世情形下，夫妻均可自行行使遗嘱任意变更权，比如通过单方书面声明方式或自行订立内容不一致的遗嘱。

编写人：江苏省盐城市中级人民法院　杨曦希

51

遗产分割协议与遗嘱发生冲突时的效力认定及适用

——王甲等诉王丙法定继承案

【案件基本信息】

1. 裁判书字号

北京市高级人民法院（2019）京民申6734号民事裁定书

2. 案由：法定继承纠纷

3. 当事人

原告（被上诉人、再审被申请人）：王甲、王乙、郑某

被告（上诉人、再审申请人）：王丙

【基本案情】

被继承人王戊与张某育有三名子女，即王乙、王丙、王丁。王戊于2009年3月11日死亡，张某于2016年1月5日因交通事故死亡。王丁与郑某系夫妻，育有一子即王甲。王丁于2016年9月13日死亡，生前无遗嘱。

王戊、张某生前共有房屋两套，即北京市西城区木樨地A号房屋与B号房屋。2003年12月8日，王戊与张某在北京市公证处订立公证遗嘱，将A号房屋中属于其二人的份额留给王丙继承。王戊去世后，张某向王丙出示上述遗嘱。2014年8月15日起，王丙将A号房屋对外出租，收取租金208000元。B号房屋由王丙居住，未对外出租。

2016年2月1日，王丁、王乙、王丙三人签订《协议书》一份，内容为："父母遗产，三人均分。本协议一式三份。王丁、王丙、王乙 2016年2月1日。"王甲、王乙、王丙认可上述协议系王丁、王丙、王乙本人所签。

三原告认为三名子女已经达成协议约定父母遗产三人均分，故涉案两套房屋及相应的房屋租金均应三人均分，且因王丙未尽赡养义务，其不应分得遗产，故要求

涉案两套房屋由三原告继承。对于王丁应继承王戊和张某的遗产，王甲同意放弃继承，由郑某继承王丁应继承的遗产。王丙不同意原告的诉讼请求，称协议书确实是其本人所签，但该协议是清点父母生前生活用品时由王丁出具，约定的范围是母亲交通事故的赔偿款及父母的生活用品，不包括两套房产，该协议在约定上以及财产处分权上有重大瑕疵，属于约定不明的协议，不应该被认定为有效，故要求按照公证遗嘱由其继承 A 号房屋，且因其尽赡养义务多，故对 B 号房屋的继承应多分份额。

【案件焦点】

1. 法定继承人之间签署的遗产分割协议是否有效；2. 遗产分割协议与被继承人订立的遗嘱内容发生冲突时，应如何继承遗产。

【法院裁判要旨】

北京市西城区人民法院经审理认为：对于涉案两套房屋的继承，王丁、王乙、王丙于 2016 年 2 月 1 日签订《协议书》，明确约定父母遗产三人均分，该协议书系各方当事人的真实意思表示，内容不违反法律、法规的强制性规定，当属合法有效，对王丁、王乙、王丙均具有约束力，王丁、王乙、王丙均应按约履行。庭审中，王甲、郑某、王乙均明确表示认可该协议书，并同意按照该协议书分割遗产，本院对此不持异议。王丙虽辩称其与王丁、王乙签订的协议书所涉及的财产范围系母亲的死亡赔偿金及父母的生活用品，但未向本院提交证据予以证明，本院对该项抗辩意见不予采信。对于王丙辩称的王戊与张某已经立有公证遗嘱将 A 号房屋留给其继承，故 A 号房屋应由其继承的意见，经庭审查明，王丙自认在王戊去世后其已经得知遗嘱，在其已经得知公证遗嘱的情况下仍签订协议书，系其对其权利的自行处分，王丙应按照协议书内容履行，故对王丙的上述意见，本院无法支持。综上，本院对于涉案两套房屋的分割，将按照王丁、王乙、王丙达成的协议书，由三人平均继承。

对于房屋租金，A 号房屋已由王丙对外出租，该部分租金本院将依法予以均等分割。B 号房屋并未出租，三原告亦未向王丙表示过入住该房屋，王丙并未侵犯三原告对该房屋的权利，对三原告要求王丙支付 B 号房屋租金的意见，本院不予支持。

北京市西城区人民法院依照《中华人民共和国继承法》第二条、第五条、第十条、第十三条、第十五条，《中华人民共和国民法总则》第一百三十六条、第一百四十三条，《最高人民法院关于适用〈中华人民共和国民事诉讼法〉的解释》第九十条之规定，判决如下：

一、北京市西城区木樨地A号房屋由郑某、王乙、王丙共同继承，每人各继承三分之一份额。

二、北京市西城区木樨地B号房屋由郑某、王乙、王丙共同继承，每人各继承三分之一份额。

三、北京市西城区木樨地A号房屋自2014年8月15日至2018年12月15日房屋租金208000元，自本判决生效后15日内由王丙支付郑某69333元、支付王乙69333元。

四、驳回王甲、郑某、王丙的其他诉讼请求。

王丙不服原审判决，提起上诉。北京市第二中级人法院经审理认为：王丙在已经知晓公证遗嘱内容的前提下，仍然与其他二位继承人王丁、王乙签署协议，且王丙并未举证证明该协议存在无效或应被撤销之情形，该协议应认定为王丁、王乙、王丙的真实意思表示，故对于被继承人王戊与张某所留之遗产，应按照协议内容进行继承分割。综上，判决如下：

驳回上诉，维持原判。

王丙不服二审判决，向北京市高级人民法院申请再审。北京市高级人民法院作出驳回再审申请的裁定。

【法官后语】

继承法鼓励继承人通过协商的方式解决遗产继承问题，同时规定公民可以以订立遗嘱的形式处理个人财产。当继承人签署的遗产分割协议与被继承人订立的遗嘱同时存在且内容发生冲突时，二者的效力如何认定？应依照何者继承遗产？房屋租金是否属于遗产？这是本案的审理重点。

一、遗产分割协议的效力

遗产分割协议系继承人之间关于遗产继承事宜达成的合意，可以参照适用合同法的规定。实践中有观点认为因遗产分割协议涉及身份关系，而不应适用合同法的规定，其实不然。遗产分割协议虽系涉及身份关系的继承人订立，但其中包含了财产内容，应与无财产内容的收养合同、监护协议区分开来。

遗产分割协议是否有效，应考虑协议双方是否具备相应的民事行为能力，意思表示是否真实，协议内容是否违反法律、行政法规的强制性规定以及是否违背公序良俗。本案三位继承人签署遗产分割协议，该协议系具备完全民事行为能力的继承人自愿签署，协议内容虽与被继承人所留遗嘱相冲突，但未违反法律、行政法规的强制性规定，亦不与公序良俗相违背，当属合法有效。若协议存在重大误解、欺诈等情形，则受误解方、受欺诈方享有撤销权。要求撤销协议的，其应对协议存在可撤销情形承担举证责任且在法定期限内行使撤销权。本案中王丙虽称其存在重大误解，但未提供证据证明，未起诉请求撤销协议，故法院未支持其该项意见。

二、遗产分割协议所及遗产范围

协议书约定“父母遗产，三人均分”，该协议当属约定明确的协议，其标的物即为二被继承人所留遗产。王丙主张协议书仅用于处理父母的生活用品及母亲的死亡赔偿金，而不包括涉案房屋，但未提供证据证明，故一、二审及再审法院均未支持其该项意见。

三、遗产分割协议与遗嘱发生冲突时的适用

遗产分割协议虽系财产内容的协议，但协议方系具有身份关系的家庭成员，其在签署协议时对于遗产的认识尤其是自身可继承遗产份额的期待，影响协议的适用。若继承人知晓遗嘱存在，仍自愿签署遗产分割协议，应视为其自愿放弃遗嘱继承，自行处分其权利，其应信守协议并依约履行。若继承人在签署协议后才知晓被继承人留有与协议书内容相冲突的遗嘱，要求按照遗嘱分割遗产的，应考虑协议书关于冲突部分遗产的约定是否其真实意思表示及是否存在重大误解，若非其真实意思表示或存在对遗产的重大误解，则依据遗嘱处理，对于未发生冲突的遗产，仍应按照协议书履行。

四、房屋租金的性质

房屋租金系因租赁这一民事法律活动而产生的合法收益，属于法定孳息的范畴。继承案件中，房屋租金因遗产房屋而产生，可作为遗产在继承案件中一并分割。本案中，A号房屋自2014年开始出租，王甲、郑某、王乙要求继承房屋租金，各继承人应根据其继承房屋的份额享有相应比例的租金数额，因租金均由王丙收取，故法院判决王丙按照比例支付其他继承人相应款项。关于张某去世前的租金部分，因涉案房屋租金一直由王丙收取并保管，现并无证据证明张某在其去世前将该部分租金赠与王丙，王丙本人亦无此抗辩，故该部分租金虽由王丙收取，但性质上仍属于张某的财产，在张某去世后该部分租金转化为张某的遗产，应随房屋一并予以继承分割，且王丙亦未举证证明各继承人就张某遗产进行过继承，故法院对该部分租金一并作出分割。实践中，除继承人间就遗产继承订立分割协议外，还存在继承人在被继承人生前订立财产分割协议、被继承人与继承人共同订立遗产分割协议的情形。关于继承人在被继承人生前订立财产分割协议，有观点认为因订立协议时被继承人尚未去世，应属无权处分。笔者认为，该种生前的财产分割协议可以视为附期限附条件的合同，期限即被继承人去世，条件即被继承人对遗产无其他处分行为，法定继承人签署该协议实际上是对其个人期待利益的处分，不应简单地认定为对他人财产的无权处分。关于被继承人与继承人共同订立遗产分割协议，在符合继承法关于遗嘱要件的规定时，该协议可以视为被继承人订立的遗嘱，若其签署协议后，又单独订立遗嘱，则应按照继承法关于遗嘱效力的规定进行认定。

编写人：北京市西城区人民法院　陈思桦

52

继承人以外的对被继承人扶养较多的人有权对损害其利益的调解书提起撤销之诉

——刘某诉德某、张某第三人撤销之诉案

【案件基本信息】

1. 裁判书字号

北京市第一中级人民法院（2019）京01民终11443号民事判决书

2. 案由：第三人撤销之诉（法定继承纠纷）

3. 当事人

原告（被上诉人）：刘某

被告（上诉人）：德某

被告：张某

【基本案情】

1985年9月，薛某与张某云结婚，二人婚后生育一子，即本案被告张某，后二人于1990年经法院调解离婚。1991年8月，薛某与包某再婚，后二人于1992年5月27日经法院调解离婚。1996年薛某办理了户籍变更登记，婚姻状况显示为离婚。1997年6月9日，德某与薛某登记结婚。2008年9月5日，薛某在未与德某解除婚姻关系的情况下，使用1996年婚姻状况为离婚的户口本与刘某再次登记结婚。2017年8月30日，薛某因病去世。2019年9月3日北京市昌平区人民法院判决确认刘某与薛某于2008年9月5日缔结的婚姻关系无效。2017年10月16日德某与张某在北京市昌平区人民法院达成（2017）京0114民初16853号民事调解书，内容如下：一、登记在被继承人薛某名下位于北京市昌平区天通中苑某房屋由德某继承，德某于2019年4月15日前支付张某上述房屋折价款800000元；二、张某于2017年11月18日前配合德某办理上述房屋的产权转移登记手续；三、案件受理费4400元，由德某负担。刘某表示自2008年起至薛某死亡，刘某一直与薛某共同生活，尽到了扶助义务，并向法院提供了1995年10月26日薛某向北京医科大学第一医院人事处出具的辞职申请，北京市城镇登记失业人员求职证，以及由北京市昌平区天通苑北街道办事处天通中苑第一社区居民委员会加盖印章予以确认的情况说明、住院费用清单等证明。刘某主张德某和张某在自己不知情的情况下达成民事调解书，严重侵犯了其合法权益，故起诉要求撤销（2017）京0114民初16853号调解书第一、二项内容。

【案件焦点】

1. 继承人以外的对被继承人扶养较多的人是否有权提起撤销之诉；2. 刘某对薛某是否尽到了较多扶养义务。

【法院裁判要旨】

北京市昌平区人民法院经审理认为：继承人以外的对被继承人扶养较多的人，

可以分配给他们适当的遗产。本院认为自 2008 年刘某与薛某领取结婚证后，双方一直以夫妻关系生活至薛某死亡。结合刘某提供的薛某收入证明、薛某患病的证明，以及刘某支付医疗费的证据，本院可以认定刘某与薛某共同生活期间对薛某尽到了较多的扶养义务。

对当事人双方的诉讼标的，第三人认为有独立请求权的，有权提起诉讼。第三人因不能归责于本人的事由未参加诉讼，但有证据证明发生法律效力的判决、裁定、调解书的部分或者全部内容错误，损害其民事权益的，可以自知道或者应当知道其民事权益受到损害之日起六个月内，向作出该判决、裁定、调解书的人民法院提起诉讼。人民法院经审理，诉讼请求成立的，应当改变或者撤销原判决、裁定、调解书；诉讼请求不成立的，驳回诉讼请求。本案中，德某与张某在未通知刘某的情况下达成的调解协议侵犯了刘某的合法权益，故对刘某要求撤销（2017）京 0114 民初 16853 号民事调解书的请求，本院予以支持。

综上所述，依照《中华人民共和国继承法》第十四条、《中华人民共和国民事诉讼法》第五十六条之规定，判决如下：

撤销（2017）京 0114 民初 16853 号调解书第一、二项内容。驳回德某的全部诉讼请求。

德某不服原审判决，提起上诉。北京市第一中级人民法院认为：根据本案查明的事实，刘某与薛某于 2008 年 9 月 5 日经民政部门登记结婚，之后双方共同生活直至薛某死亡，双方的婚姻关系后虽被确认无效，但根据刘某提交的相关证据，可以认定刘某对薛某尽了较多的扶养义务。根据继承法关于“继承人以外的对被继承人扶养较多的人，可以分给他们适当的遗产”的规定，刘某有权对未参加的对被继承人薛某遗产分割的原诉案件提出撤销之诉。一审法院根据查明的事实，认定德某与张某在未通知刘某的情况下达成的调解协议侵犯了刘某的合法权益，对刘某要求撤销（2017）京 0114 民初 16853 号民事调解书的请求予以支持，符合法律规定，判决并无不当。德某主张其与张某就涉案房屋达成的调解协议合法有效，无证据支持，对其所述，不予采信。综上所述，德某的上诉请求不能成立，应予驳回；一审判决认定事实清楚，适用法律正确，应予维持。依照《中华人民共和国民事诉讼法》第一百七十条第一款第（一）项之规定，判决如下：

驳回上诉，维持原判。

【法官后语】

第三人撤销之诉是赋予案外人对错误生效裁判的自我救济程序，主要是保护受错误生效裁判损害的未参加原诉的第三人的权益。

本案在处理过程中出现了两种观点。一种观点认为，刘某和薛某的婚姻关系被法院生效判决确认无效，刘某不是法定继承人，在德某诉张某的法定继承纠纷案件中，刘某既不属于有独立请求权的第三人，也不属于无独立请求权的第三人，其主体不适格，故不能提起第三人撤销之诉，应当裁定驳回起诉。另一种观点认为，虽然刘某和薛某的婚姻无效，但作为法定继承人德某、张某以外的对被继承人薛某尽了较多扶养义务的人，根据继承法相关规定，刘某可以获得适当的遗产，但德某和张某在法定继承纠纷的诉讼中未通知刘某参加诉讼，德某和张某达成的调解协议侵犯了刘某的合法权益，故刘某有权提起第三人撤销之诉撤销原调解书中的相关内容。

我们认为，第二种观点是适当的。根据继承法第十四条的规定，继承人以外的对被继承人扶养较多的人，可以分配给他们适当的遗产。本条是关于酌情分得遗产权的规定，该请求权为独立的请求权，在继承人以外的对被继承人扶养较多的人依法取得遗产的权利受到侵害时，其有权以独立的主体资格起诉。当然，其分得的遗产份额并非固定，具体份额需要根据生活状况、遗产的数额、继承人的情况等综合予以认定。

继承人以外对被继承人扶养较多的人，主要是指在被继承人生前对被继承人有较多的物质扶助、经济支持、精神抚慰或联系较为紧密的非继承人。之所以将该类人的权利以法律的形式予以确认，主要是基于被继承人财产处分意思的延续、维持扶养关系的稳定以及行为报偿理论。对被继承人负有法定扶养义务的继承人，法律已经通过法定继承人的范围和顺序的规定对其加以保护，而那些与被继承人没有任何血缘、婚姻关系的人，无法定义务，却在被继承人生前尽到了较多的扶养义务，如不对此类行为予以适当的回报和鼓励，不仅有违公平，更不利于弘扬良好的社会风气。可见，遗产酌情分配请求权既是基于对被继承人生前财产处分意思的延续和保障弱者生存权利的需要，亦是对他人的扶养扶助行为报偿的需要。

民法典第一千一百三十一条再次对酌情分得遗产权进行了确认，顺应了学术界和司法界的普遍观点，符合我国的实际国情。当代家庭结构的变化以及共同生活方式的改变，出现非法定抚养义务人或者熟人相互协助扶养的扶养模式，是对传统家庭内部扶养方式的一种有效补充，法律对该类互相帮助扶养关系加以规范和鼓励，便是酌情取得遗产请求权的应有之义。

再回归到本案，虽然刘某和薛某的婚姻关系被法院确认为无效，但综合本案查明的事实和证据，该婚姻登记是基于薛某对刘某隐瞒了结婚的事实，使用未及时办理婚姻状况变更登记的户口本，导致婚姻登记机构对薛某的实际婚姻状况作出错误判断办理结婚登记。而刘某在整个过程中主观上不存在恶意，对于婚姻的无效亦不存在过错，相反，刘某从登记结婚后一直与薛某共同生活，并照顾薛某的生活起居直至薛某生病死亡。因此，刘某作为对被继承人扶养较多的继承人以外的人，有权部分分得被继承人遗产，不违背公序良俗。刘某获得遗产的权利因德某和张某达成调解书遭受侵害，属于因不能归责于本人的事由未参加原审诉讼的有独立请求权的第三人，因此刘某主体适格，有权提起第三人撤销之诉，又因其获得遗产的权利受到侵害，故最终判决撤销原审调解书的相关内容。

编写人：北京市昌平区人民法院　程杰　张焱

53

书证提出命令的适用前提分析

——谭某诉周某等继承案

【案件基本信息】

1. 裁判书字号

北京市第一中级人民法院（2019）京01民终324号民事判决书

2. 案由：继承纠纷

3. 当事人

原告（被上诉人）：谭某

被告（上诉人）：周某

被告：周甲、周乙

【基本案情】

周丙与周某、周甲系兄妹、姐弟关系，周乙系周丙堂妹，谭某与周丙系朋友关系。周丙未生育子女，父母均先于其去世。2011 年 7 月 23 日，周丙因中毒死亡。周某、周甲于2013 年将涉案房屋以 290 万元的价格出售，且将周丙的存款取走。上述款项由周某、周甲平分。谭某向法庭提交署名为周丙的《遗嘱》复印件一份，载明涉案房产由周某、周甲、周乙、谭某共同享有，钱款由上述四人平均享有，落款日期为2010 年9 月20 日。2011 年，周某向公安机关申请要求调查周丙死因，并提交《关于周丙死因立案调查的申请》（以下简称《申请》），其中提到“周甲发现遗嘱，谭某是四个平分遗产的继承人之一，除了我和周甲是法定继承人外，还有一人是周乙”。该《申请》未予受理。谭某要求确认周丙所立遗嘱有效，并继承涉案房屋出售价格的 1/4 即 725000 元，以及周丙存款、现金的 1/4 即 140411 元。周某、周甲、周乙认为谭某提供的遗嘱是复印件，不能出示原件，不认可遗嘱真实性，并表示不清楚遗嘱原件的下落。

【案件焦点】

谭某提交的遗嘱复印件是否真实，能否作为认定本案事实的证据。

【法院裁判要旨】

北京市海淀区人民法院经审理认为：根据在案证据可以认定遗嘱的存在及其内容与谭某提交的《遗嘱》复印件内容的一致性，同时亦可推定该遗嘱原件处于被告一方控制之下。现三人不能提供遗嘱原件，亦不能就复印件进行反证，故根据《最高人民法院关于民事诉讼证据的若干规定》（以下简称《证据规则》）第七十五条规定的证据推定原则，法院对该复印件的真实性和遗嘱效力予以确认。周甲、周某应直接给付谭某相应款项。

依照《中华人民共和国继承法》第十六条、第二十二条第一款、第二十五条第二款、第二十七条第（一）项，《中华人民共和国民事诉讼法》第六十四条第一款、第六十五条第一款、第七十条第一款及《证据规则》第七十五条规定，判决：

一、确认周丙设立的遗嘱有效；

二、涉案房屋售房款及周丙遗留钱款的四分之一份额归谭某所有。

北京市第一中级人民法院经审理认为，本案二审争议焦点是：一审法院在认定

"遗嘱真实"的程序和结论方面是否符合法律规定。周某主张谭某没有在举证期限届满前提出申请，原审法院也没有书面裁定责令周某出示原件，违反法定程序。关于一审法院是否违反《最高人民法院关于适用〈中华人民共和国民事诉讼法〉的解释》（以下简称《解释》）第一百一十二条规定的问题，法院认为，适用书证提出命令的前提在于因一方当事人控制书证拒不提交，从而导致负有举证责任一方因欠缺书证证据而产生了案件事实真伪不明的状态。那么从另一角度而言，如果负有举证责任一方提供的证据虽然没有提交书证原件，但如果结合其他案件事实能够作出判断从而排除案件事实真伪不明的状态时，就无需适用《解释》第一百一十二条之规定处理。因而，本案程序是否有问题，就转变为谭某所提供的遗嘱复印件是否已经能够证明案件事实的问题。

谭某并非被继承人周丙的亲属，因此其持有遗嘱复印件而非原件符合常理。周某对遗嘱真实性不予认可，但未提供任何证据证明。相反，依据一审卷宗记录记载，以及周某提交给公安机关的《申请》，周某对遗嘱内容的描述与本案遗嘱复印件高度一致，法院认为谭某所提供的证据证明标准已经达到高度可能性。根据《中华人民共和国民事诉讼法》第七十条以及《解释》第一百一十一条第二款之规定，遗嘱复印件应作为认定本案事实的证据，一审认定遗嘱真实的结论正确。在此基础上，本案不应该适用证明妨害规则处理。一审法院虽然在证据认定中适用了《证据规则》规定，但不影响本案结论。

北京市第一中级人民法院依照《中华人民共和国民事诉讼法》第七十条、第一百七十条第一款第（一）项，《解释》第一百零八条第一款、第一百一十一条第二款、第三百三十四条规定，判决：

驳回上诉，维持原判。

【法官后语】

当事人控制书证原件拒不提交，法院是否应作出"书证提出命令"，应审查该行为是否导致案件事实真伪不明。若结合其他案件事实能够判断待证事实具有高度可能性，从而排除真伪不明的状态，则无需适用证明妨害规则处理。

一、本案的法律适用

一审法院根据证据推定原则认定本案遗嘱复印件真实时，适用了《证据规则》

第七十五条，该条款是证明妨害规则的一般规定。但2015年《解释》第一百一十二条系对《证据规则》第七十五条的修改，针对的亦是书证适用中的证明妨害问题。两个条文具有前后衔接的新旧关系，故依据《解释》第五百五十二条有关解释适用问题的规定，在处理涉及证明妨害问题时，应适用《解释》第一百一十二条处理。

依据该条款规定并结合最高人民法院《民事诉讼文书样式》中有关“申请书证提出命令”的民事裁定文书样式及解释可知，适用《解释》第一百一十二条的“书证提出命令”时，应该遵循相应的程序要求，即申请人首先要证明或依据日常生活经验推定，书证在被申请人控制之下；申请人应提出书面申请；人民法院应该出具民事裁定书并对拒不提交后果予以告知。如果本案应该适用该规范，那么显然一审法院在程序方面具有瑕疵。然而，生效裁判认为，本案并非当然适用《解释》第一百一十二条之规定处理。这就涉及证明妨害规则和“书证提出命令”的适用条件问题。

二、“书证提出命令”的适用条件

“书证提出命令”系《解释》所创设的制度，《解释》的相关规定对作出该命令的程序性限定条件、操作程序和责任后果进行了明确。最高人民法院新修订的《证据规则》（以下简称《新证据规则》，2020年5月1日施行）第四十五条至第四十八条对书证提出命令的申请条件、审查处理、客体范围及后果作出更为详细系统的规定，从而确立了我国“书证提出命令”制度的基本内容。其中第四十六条第二款规定，当事人申请提交的书证不明确、书证对于待证事实的证明无必要、待证事实对于裁判结果无实质性影响、书证未在对方当事人控制之下等情形，人民法院不予准许。上述规定可见，并非所有在对方当事人控制之下的书证，都应适用“书证提出命令”。

法院作出“书证提出命令”，意味着以公权力对证据控制人施加义务和负担，故应慎重考虑发出命令的必要性。对当事人的申请是否准许，应综合考量待证事实是否因该书证不被提出而真伪不明，除了该证据之外，负有举证责任的当事人是否无法通过其他证据证明案件的主要事实。本案审理时，《新证据规则》虽未施行，但依据证明妨害规则的基本法理亦可知“书证提出命令”的作出前提，是因欠缺书证证据而导致案件事实真伪不明。而本案中，当事人提交了遗嘱复印件，根据《民事诉讼法》第七十条之规定可知，当事人提交的复印件只会影响到证据的证明力，并非没有任何证明效力；《解释》第一百一十一条第二款规定，对当事人提交的复印件等，人民法院应当结合其他证据和案件具体情况，审查判断书证复制品等能否作为认定案件事实的根据。本案一审笔录及《申请》等其他证据显示，周某对遗嘱内容的描述与本案遗嘱复印件高度一致。因此，结合案件相关事实并遵照上述原则，可以确认遗嘱复印件真实有效。此时，本案待证事实已经不因遗嘱原件未被提出而真伪不明，故已无适用书证提出命令之必要。

编写人：北京市第一中级人民法院　王国庆　葛媛媛

十、人身安全保护令

54

家庭成员间互殴是否构成家庭暴力

——冉某申请邓某人身安全保护令案

【案件基本信息】

1. 裁判书字号

重庆市巴南区人民法院（2019）渝0113民保令88号民事裁定书

2. 案由：人身安全保护令

3. 当事人

申请人：冉某

被申请人：邓某

【基本案情】

冉某（女）与邓某（男）系夫妻，二人常为家庭琐事发生矛盾，感情一般。2019年8月，二人又为家庭琐事发生口角，继而发生抓扯，冉某先用手掐邓某脖子，后被邓某推倒导致冉某头部撞击墙面，造成其后脑软组织伤。冉某被推倒后拿起餐桌上的玻璃茶杯砸向邓某面部，导致邓某左脸被玻璃划伤。邓某又将冉某推倒在地，并骑在冉某身上扇其耳光。后冉某报警求助，经警察核实，二人对互殴的事实供认不讳。冉某担心回家后会再次遭遇家庭暴力，故通过派出所向人民法院申请作出人身安全保护令。案件在审查过程中，邓某认为与冉某之间是互殴，自己也是家庭暴力的受害者，故也向人民法院申请人身安全保护令。

【案件焦点】

1. 冉某与邓某之间相互殴打，本案属于一般的夫妻纠纷还是家庭暴力；2. 如果属于家庭暴力，在此类互殴型暴力中，应当如何甄别家庭暴力施暴者和受害者。

【法院裁判要旨】

重庆市巴南区人民法院经审查认为：本案系家庭暴力纠纷，并非一般的普通夫妻纠纷，故冉某可以就此申请人身安全保护令。具体到本案中，冉某和邓某二人虽是互殴，但从二人的体能和身高等身体状况比较，邓某占据明显的优势，而且从双方的伤害情形和严重程度对比，冉某后脑构成软组织伤，面部多处瘀青，邓某则是面部被玻璃碎片划伤，此外无其他明显伤痕，冉某的受伤程度比邓某更严重。而且通过法院询问，邓某曾对冉某有过施暴史，冉某鲜有反抗。虽然本案中是冉某先动手，但根据上述情况综合判断，冉某才是本次互殴暴力中的受害者。故应当对冉某的人身安全保护令予以准许，对邓某的申请予以驳回。

【法官后语】

家庭暴力是指发生在家庭成员之间，以及家庭成员以外共同生活的成员之间，一方通过暴力或胁迫、侮辱、经济控制等手段实施侵害另一方的身体、性、精神等方面的人身权利，以达到控制另一方的目的的行为。家庭暴力的核心是控制。加害者往往有通过身体或经济等手段伤害受害者，以使受害者因恐惧对其屈从或顺服的主观故意。一般夫妻纠纷则是在日常生活当中因生活琐事等各种原因产生的夫妻之间的摩擦，此种摩擦可以表现为争吵、冷战甚至是轻微的暴力，如一方对另一方进行了推搡。在一些轻微暴力中，可能有因过失导致比较严重后果的行为，例如夫妻双方在争吵过程中，一方推搡另一方导致其跌倒后骨折。但一般夫妻纠纷通常是偶发性的，夫妻间即使有轻微暴力，一方也没有意图通过实施此种暴力来达到控制另一方的主观故意，其与家庭暴力有着本质区别。具体到本案中，邓某有实施家庭暴力的主观故意，邓某实施的暴力行为也符合家庭暴力长时间和周期性的特点，故应当认定本次互殴属于家庭暴力，而非一般的夫妻纠纷。

本案所涉家庭暴力系互殴，如何甄别互殴暴力中的施暴者和受害者，是本案的关键。审判实践中，可以从查清谁先动手，实施暴力的动机，暴力的类型，各自受伤部位以及双方庭审互动情况，并通过追问细节等方面综合判定。具体到本案中，从双方实施暴力动机来看，冉某长期遭受邓某的威胁和辱骂，邓某在本次争吵中再次对其威胁辱骂，长期的忍辱负重使得冉某奋起而反抗之，于是先动手掐住了邓某的脖子，冉某实施暴力的动机是反抗邓某的长期暴力。而邓某实施暴力的动机，正如前文分析，是为了控制冉某不说出让其不满意的言语。从暴力的类型来看，冉某在本次暴力中实施了两个行为，一是掐邓某的脖子，二是用玻璃杯砸向邓某。虽然第一个暴力是冉某先动手，但冉某在掐邓某脖子之前邓某已经对其实施了语言暴力。第二个暴力是在邓某推倒冉某后实施的还击，两个暴力行为都是抵抗型暴力。邓某实施的暴力行为，一是推倒冉某导致其头部撞击墙面，二是骑在冉某身上扇其耳光，两个行为都属于攻击型暴力，尤其是第二个行为，性质特别恶劣，如未被及时阻止，极有可能酿成严重后果。从双方庭审的互动情况来看，冉某向法院申请人身安全保护令，在听证时，邓某虽不否认殴打了冉某的事实，但一直强调自己脸部被玻璃划伤，自己也是受害者，在与冉某的婚姻中，各种对冉某的不满，等等，如果法院要为冉某作出人身安全保护令，那么自己也要申请人身安全保护令寻求保护。邓某一直在庭审中霸占话语权，并当庭贬低对方，甚至还通过也要申请人身安全保护令的方式试图将自己转变为受害人的角色。子女往往是家庭内部生活的见证者，其证言可以起到关键作用。综上分析，邓某为了达到冉某从言语上顺从自己的目的，对其实施了攻击型暴力，冉某为了反抗实施了抵抗型暴力，双方在表面上呈现为互殴，实质确是邓某对冉某实施了家庭暴力，邓某才是家庭暴力的施暴者。

编写人：重庆市巴南区人民法院　张林

图书在版编目（CIP）数据

中国法院2021年度案例．婚姻家庭与继承纠纷／国家法官学院，最高人民法院司法案例研究院编．—北京：中国法制出版社，2021.4

ISBN 978－7－5216－1719－1

Ⅰ.①中…　Ⅱ.①国…　②最…　Ⅲ.①婚姻家庭纠纷－案例－中国②继承法－民事纠纷－案例－中国　Ⅳ.①D920.5

中国版本图书馆CIP数据核字（2021）第045680号

责任编辑：李小草　韩璐玮（hanluwei666@163.com）　　封面设计：温培英　李宁

中国法院2021年度案例．婚姻家庭与继承纠纷

ZHONGGUO FAYUAN 2021 NIANDU ANLI. HUNYIN JIATING YU JICHENG JIUFEN

编者/国家法官学院，最高人民法院司法案例研究院

经销/新华书店

印刷/三河市紫恒印装有限公司

开本/730毫米×1030毫米　16开　　印张/15.25　字数/196千

版次/2021年4月第1版　　2021年4月第1次印刷

中国法制出版社出版

书号ISBN 978－7－5216－1719－1　　定价：58.00元

北京西单横二条2号

邮政编码100031　　传真：010－66031119

网址：http：//www.zgfzs.com　　**编辑部电话：010－66070084**

市场营销部电话：010－66033393　　**邮购部电话：010－66033288**

（如有印装质量问题，请与本社印务部联系调换。电话：010－66032926）